教育部高等学校机械类专业教学指导委员会规划教材

汽车电子控制系统设计

杨新桦 编著

清华大学出版社
北京

内 容 简 介

本书主要介绍汽车电子控制系统设计的基础理论、基本方法、开发流程、通行标准以及常用工具,目的是帮助读者了解和掌握汽车电子控制系统设计和开发的基础知识,具备初步从事汽车电子控制系统分析、设计的能力。本书内容主要分为三篇,第一篇主要介绍控制理论基础知识,包括经典控制理论、现代控制理论和智能控制技术;第二篇主要介绍汽车电子学中有关汽车电子控制系统软硬件相关知识以及汽车电子开发中通行的标准;第三篇以基于模型的控制系统开发流程为主线,介绍汽车电子控制系统开发的V型流程以及常用的MATLAB工具,以及汽车电子控制系统的功能安全标准。本书附录附带了7个从易到难,循序渐进的上机实验,可以帮助读者通过上机实操练习控制系统分析、建模与设计的方法以及MATLAB/Simulink 相关的工具的使用。

版权所有,侵权必究。举报: 010-62782989, beiqinquan@tup.tsinghua.edu.cn。

图书在版编目(CIP)数据

汽车电子控制系统设计/杨新桦编著. —北京:清华大学出版社,2022.1
教育部高等学校机械类专业教学指导委员会规划教材
ISBN 978-7-302-59837-4

Ⅰ. ①汽⋯ Ⅱ. ①杨⋯ Ⅲ. ①汽车－电子系统－控制系统－系统设计－高等学校－教材 Ⅳ. ①U463.6

中国版本图书馆 CIP 数据核字(2022)第 007307 号

责任编辑:许　龙
封面设计:常雪影
责任校对:欧　洋
责任印制:刘海龙

出版发行:清华大学出版社
　　　　网　　址: http://www.tup.com.cn, http://www.wqbook.com
　　　　地　　址: 北京清华大学学研大厦A座　　邮　编: 100084
　　　　社 总 机: 010-83470000　　　　　　　　邮　购: 010-62786544
　　　　投稿与读者服务: 010-62776969, c-service@tup.tsinghua.edu.cn
　　　　质量反馈: 010-62772015, zhiliang@tup.tsinghua.edu.cn
印 装 者: 三河市天利华印刷装订有限公司
经　　销: 全国新华书店
开　　本: 185mm×260mm　　印　张: 15.75　　字　数: 382千字
版　　次: 2022年2月第1版　　　　　　　　　印　次: 2022年2月第1次印刷
定　　价: 45.00 元

产品编号: 092014-01

前言
FOREWORD

现代汽车工业极大地受到社会文化、工业水平、经济发展的影响，同时又极大地影响社会文化、工业水平和经济发展。随着我国社会经济文化翻天覆地发展，汽车工业也发生了巨大的变化，整车企业每年推出大量的新车型以满足市场需求。但是随着汽车工业的发展和社会消费水平的提升，人们对于汽车产品的需求也在发生巨大变化。汽车电子系统由于能够极大地提升汽车产品的各项性能、提高产品附加价值、提升产品吸引力，已经成为汽车产品研发的核心内容。新能源汽车技术和自动驾驶技术的核心技术也是汽车电子技术。汽车市场的需求与新技术的发展要求当代汽车电子控制系统的研发技术也必须紧跟技术的发展。这就要求新的电子系统不仅像汽车其他部件那样成本低廉，使用可靠，开发迅速，不同车型的适用性良好，还要求新的技术层出不穷，软件系统更新迭代速度快。

技术的发展对于高等院校车辆工程专业的人才培养提出了新的要求。传统车辆工程专业课程教学主要以介绍汽车电子控制系统的结构和原理为主，主要解决"为什么"和"是什么"的问题。而现代汽车技术的发展，以及构建创新型社会的需求要求我们的学生还必须学会"怎么做"。本书主要介绍从事汽车电子控制系统开发必须具备的基础理论知识、必须了解的软硬件常识、必须符合的行业标准、必须遵循的开发流程以及必须掌握的常用开发工具。本书第一篇主要介绍汽车电子控制系统开发过程中可能涉及的控制理论基础知识；第二篇介绍汽车电子控制系统软硬件常识以及通行的标准；第三篇介绍基于模型的汽车电子控制系统的具体方法、流程和工具，以及如何满足功能安全相关标准。本书力图在有限的篇幅内系统地介绍汽车电子控制系统开发中关键的、核心的内容，帮助车辆工程专业的本科生和研究生具备初步从事汽车电子控制系统开发的知识和能力，为从事汽车电子控制技术教学的教师提供一本适用的教材，为有志于从事汽车电子控制系统开发的工程师提供一本有价值的参考书。

本书使用了几个 Simulink 的示例，这些示例已获得 MathWorks 公司的转载批准，这里对 MathWorks 公司表示感谢。

本书在撰写过程中还得到了 MathWorks 公司许悦伊博士、樊朝祥工程师、阮卡佳工程师的大力支持、帮助和指导，他们提出了很多宝贵的意见和建议，也提供了很多有价值的参考资料，在此向他们表示由衷的感谢。感谢我的同事徐哲博士在章节安排上提供的宝贵建议和意见，也感谢我的研究生谭水平、张兴、张龙雨、王侠超、魏福裕、陆益飞、胡燕果和本科生丛皓川在资料收集、例题验算、文字校对等方面所做的工作。

  本书是作者多年从事科研、教学工作的总结，先汇编为教案和讲义继而整理成书，从动笔撰写到最终成书历时近两年时间。由于作者水平有限，本书必然存在许多不足之处，恳切希望读者和同行不吝指正。

作　者
2021 年 6 月于重庆

目 录
CONTENTS

绪论 ··· 1
- 0.1 控制系统基本概念 ······························ 1
  - 0.1.1 什么是系统 ······························ 1
  - 0.1.2 什么是控制 ······························ 2
  - 0.1.3 什么是控制系统 ························· 2
  - 0.1.4 什么是控制系统工程 ···················· 3
  - 0.1.5 什么是车辆电子控制系统工程 ········· 3
  - 0.1.6 汽车电子控制系统设计的基本原则 ···· 4
- 0.2 控制系统的一般要求 ···························· 5
- 0.3 控制系统设计的一般步骤 ······················ 5
- 0.4 汽车电子控制系统设计的一般方法和步骤 ··· 7
  - 0.4.1 整车电子系统的开发 ···················· 7
  - 0.4.2 V形开发流程 ····························· 8
  - 0.4.3 汽车电子控制系统开发平台 ············ 9
- 习题 ·· 10
- 本章参考文献 ······································· 10

第一篇 控制理论基础

第1章 经典控制理论 ······························ 13
- 1.1 控制系统的微分方程 ·························· 13
- 1.2 使用传递函数描述系统 ······················· 14
  - 1.2.1 传递函数的定义 ························· 14
  - 1.2.2 系统的时域性能指标 ··················· 16
  - 1.2.3 典型环节的传递函数 ··················· 17
  - 1.2.4 系统的方块图 ··························· 19
- 1.3 系统的零极点模型 ····························· 20
- 1.4 系统的稳定性 ··································· 20
- 1.5 经典控制理论的控制系统设计方法 ········· 22
  - 1.5.1 时域分析法 ······························ 22

  1.5.2 根轨迹法 ·········· 22
  1.5.3 频率分析法 ·········· 23
 1.6 非线性系统分析 ·········· 24
  1.6.1 非线性系统的特点 ·········· 24
  1.6.2 非线性系统的分析方法 ·········· 24
 1.7 z 变换与离散时间系统 ·········· 25
  1.7.1 z 变换 ·········· 25
  1.7.2 离散时间系统的系统函数 ·········· 25
 1.8 基本控制规律 ·········· 26
  1.8.1 双位控制规律 ·········· 26
  1.8.2 比例控制规律 ·········· 26
  1.8.3 积分控制规律 ·········· 26
  1.8.4 微分控制规律 ·········· 27
  1.8.5 PI 控制规律 ·········· 27
  1.8.6 PD 控制规律 ·········· 27
  1.8.7 PID 控制规律 ·········· 28
  1.8.8 控制规律的选用 ·········· 28
习题 ·········· 28

第 2 章 现代控制理论 ·········· 30

 2.1 基本概念 ·········· 30
  2.1.1 系统的状态、状态变量和状态空间 ·········· 30
  2.1.2 状态空间模型 ·········· 31
  2.1.3 状态空间的线性变换与标准型 ·········· 34
  2.1.4 传递函数模型与状态空间模型的关系 ·········· 36
 2.2 李雅普诺夫稳定性分析 ·········· 37
  2.2.1 基本概念 ·········· 37
  2.2.2 李雅普诺夫稳定性定义 ·········· 38
  2.2.3 李雅普诺夫稳定性基本定理 ·········· 40
 2.3 系统的能控性与能观性 ·········· 43
  2.3.1 线性系统的能控性及其判别 ·········· 43
  2.3.2 线性系统的能观测性及其判别 ·········· 44
  2.3.3 能控性、能观测性与传递函数的关系 ·········· 45
 2.4 控制系统的状态空间综合 ·········· 46
  2.4.1 反馈控制系统的基本结构与特点 ·········· 46
  2.4.2 状态观测器 ·········· 51
 2.5 最优控制理论 ·········· 54
  2.5.1 最优控制问题的数学描写 ·········· 54
  2.5.2 最优控制问题的求解 ·········· 56

2.5.3　最优控制理论在汽车悬架中的应用 ·············· 57
　习题 ··· 58

第3章　智能控制 ·· 59
　3.1　智能控制理论的基本内容 ··· 59
　3.2　专家控制 ·· 59
　　3.2.1　专家系统 ··· 59
　　3.2.2　专家控制 ··· 60
　3.3　模糊控制 ·· 62
　　3.3.1　模糊逻辑基础 ·· 62
　　3.3.2　模糊控制器设计 ·· 64
　　3.3.3　发动机怠速的模糊控制实例 ··································· 66
　3.4　人工神经网络控制 ·· 70
　　3.4.1　神经网络系统基础 ··· 70
　　3.4.2　控制中的常用神经网络——BP神经网络 ················ 76
　　3.4.3　基于神经网络的智能控制 ······································ 76
　3.5　机器学习 ·· 77
　3.6　深度学习 ·· 78

本篇参考文献 ·· 80

第二篇　汽车电子学

第4章　汽车电子控制系统的硬件 ·· 83
　4.1　控制器 ·· 83
　　4.1.1　控制器的硬件结构 ··· 83
　　4.1.2　核心运算器 ··· 84
　　4.1.3　使用硬件替代软件 ··· 87
　4.2　传感器 ·· 88
　　4.2.1　传感器的分类 ·· 88
　　4.2.2　传感器的信号处理 ··· 88
　4.3　执行器 ·· 91
　　4.3.1　执行器的类型 ·· 91
　　4.3.2　执行器的控制 ·· 92
　习题 ··· 94

第5章　汽车电子控制系统的软件 ·· 95
　5.1　软件的控制和调节功能 ··· 95
　5.2　软件的诊断功能 ·· 97

  5.2.1　故障的识别 97
  5.2.2　故障信号的去抖和自愈 97
  5.2.3　故障存储 98
  5.2.4　故障诊断仪读取故障信息 98
 5.3　软件的程序开发与测试 99
  5.3.1　汽车电子控制系统软件的编程语言 99
  5.3.2　软件的测试 99
  5.3.3　旁路技术 101
 5.4　汽车电子控制系统软件架构 101
 5.5　汽车电子控制系统的实时操作系统 102
  5.5.1　实时操作系统的任务 103
  5.5.2　OSEK/VDX 105
 5.6　数据与应用程序的标定 107
  5.6.1　标定的概述 107
  5.6.2　标定协议 108
 习题 109

第6章　AUTOSAR 标准 110
 6.1　AUTOSAR 标准概述 110
 6.2　开发符合 AUTOSAR 标准的系统 112
  6.2.1　使用 AUTOSAR 开发环境开发系统 112
  6.2.2　使用 MATLAB/Simulink 开发符合 AUTOSAR 标准的系统 113
 习题 114

第7章　汽车软件开发能力评定标准 115
 7.1　SPICE 项目背景 115
 7.2　Automotive SPICE 116
  7.2.1　Automotive SPICE 简介 116
  7.2.2　过程参考模型 116
  7.2.3　度量框架 118
  7.2.4　过程评估模型 120

本篇参考文献 123

第三篇　汽车电子控制系统设计

第8章　计算机辅助控制系统设计概述 127
 8.1　计算机辅助控制系统设计的概念 127
  8.1.1　计算机辅助控制系统设计的发展 127

8.1.2　计算机辅助控制系统设计的要素及步骤 ………………………………… 128
　8.2　计算机辅助控制系统设计的发展趋势 ……………………………………………… 129

第9章　基于 MATLAB 的控制系统设计工具 …………………………………………… 130
　9.1　控制系统的表达 ……………………………………………………………………… 130
　　　9.1.1　线性系统的模型表达 ………………………………………………………… 130
　　　9.1.2　控制系统的典型连接 ………………………………………………………… 131
　9.2　控制系统的分析 ……………………………………………………………………… 132
　　　9.2.1　时域分析 ……………………………………………………………………… 132
　　　9.2.2　频域分析 ……………………………………………………………………… 133
　9.3　Simulink 的建模与仿真 ……………………………………………………………… 133
　　　9.3.1　Simulink 模块库与建模方法 ………………………………………………… 134
　　　9.3.2　机电液的物理联合建模与仿真——Simscape ……………………………… 143
　　　9.3.3　基于有限状态机原理的建模工具——Stateflow …………………………… 150
　习题 ………………………………………………………………………………………… 152

第10章　基于模型的控制系统设计 ………………………………………………………… 153
　10.1　概述 ………………………………………………………………………………… 153
　10.2　基于模型的控制系统设计工作流程 ……………………………………………… 154
　10.3　模型在环仿真 ……………………………………………………………………… 158
　　　10.3.1　直流电机转速控制系统的模型在环仿真 ………………………………… 158
　　　10.3.2　时间步长对控制效果的影响 ……………………………………………… 162
　　　10.3.3　控制器采样周期的影响 …………………………………………………… 163
　　　10.3.4　模型参数的估计与验证 …………………………………………………… 165
　10.4　代码生成 …………………………………………………………………………… 167
　10.5　软件在环仿真与处理器在环仿真 ………………………………………………… 170
　　　10.5.1　软件在环仿真 ……………………………………………………………… 170
　　　10.5.2　处理器在环仿真 …………………………………………………………… 171
　10.6　硬件在环仿真 ……………………………………………………………………… 172
　习题 ………………………………………………………………………………………… 172

第11章　汽车电子控制系统的功能安全 …………………………………………………… 173
　11.1　功能安全标准 ……………………………………………………………………… 173
　11.2　危害分析与风险评估 ……………………………………………………………… 175
　　　11.2.1　危害分析与风险评估的概念 ……………………………………………… 175
　　　11.2.2　危害分析与风险评估的步骤 ……………………………………………… 175
　　　11.2.3　ASIL 分解 …………………………………………………………………… 178
　11.3　预期功能安全 ……………………………………………………………………… 180
　11.4　开发符合功能安全标准的系统 …………………………………………………… 180

11.4.1 开发流程、方法、工具 ………………………………………………………… 180
11.4.2 需求管理与需求模型 ………………………………………………………… 181
11.4.3 软件架构设计 ………………………………………………………………… 193
11.4.4 单元开发与验证 ……………………………………………………………… 194
习题 …………………………………………………………………………………………… 197

本篇参考文献 …………………………………………………………………………… 198

附录 A 上机实验指导

上机实验一　MATLAB 控制工具箱的使用 …………………………………………… 201
上机实验二　Simulink 系统建模方法 …………………………………………………… 205
上机实验三　Stateflow 的使用 …………………………………………………………… 212
上机实验四　SimScape 的建模方法及参数估计工具箱 ……………………………… 217
上机实验五　电驱小车速度控制器设计 ………………………………………………… 225
上机实验六　需求管理与电驱小车控制器测试 ………………………………………… 230
上机实验七　电驱小车控制器的软件在环仿真 ………………………………………… 239

绪 论

在现代汽车各个总成中,控制技术,特别是电子控制技术得到了越来越多的应用,极大地提高了汽车的动力性、经济性,同时使得汽车的排放水平、乘坐的舒适性、娱乐性、智能化水平得到了根本性的提高。现代汽车电子化的变革是不可阻挡的,并且还在以极高的速度进行演化和发展。可以预期,未来汽车的电子化、智能化水平决定了汽车工业的发展水平。

具备汽车电子控制系统分析、研究、测试能力,是汽车研发能力的重要组成部分。因此,本书以系统的观念介绍汽车电子控制系统开发的基础理论、基础知识、基本方法、通行规范和标准,以及从事汽车电子控制系统开发应当具备的软、硬件知识。

本书的篇章安排如下:第一篇介绍控制理论基础知识,具体包括经典控制理论、现代控制理论、最优控制与智能控制,通过这部分章节的学习掌握控制系统分析、建模的数学基础;第二篇介绍汽车电子学相关内容,包括汽车电子控制系统软件开发、硬件结构原理等;第三篇介绍基于模型的汽车电子控制系统开发技术,重点掌握基于 MATLAB/Simulink 的控制系统分析设计工具。

0.1 控制系统基本概念

0.1.1 什么是系统

系统是由相互作用和相互依赖的若干组成部分结合成具有特定功能的有机整体,而且这个有机整体又是它从属的更大系统的组成部分。系统总是包含很多不同功能的组成部分,这些不同功能的组成部分之间相互作用,相互影响,它们的组合可以实现某种或者某些更高价值的特定的功能。比如电子控制系统,一般包括控制器、执行器和传感器,它们各自的功能都不同。传感器负责检测系统的状态和输出;控制器接收传感器的信号,并按照预先设定的程序进行分析处理,向执行器发送控制信号;执行器接收到控制器的信号,将一定的能量作用到被控对象上,以改变被控对象的状态或者输出。电子控制系统这三个部分的功能各不相同,但是它们的结合,就可以实现更高级的控制功能,使得被控对象实现有目的的运动。

人工构造的系统一般都是有目的的,我们通常希望构造出性能最佳的系统。为了保证系统能够达到最佳的效果,我们需要谨慎地选择不同功能和性能的部件,并且测试不同的部件组合能够达到的效果,从中选取满足各种要求的最佳的组合。实际上,系统总是把具有不同性质、不同功能的部件结合在一起,形成或者产生更高价值的功能,实现"1+1>2"的效果。比如混合动力电动汽车，它包括驱动电机、电池、发动机、变速器、逆变器、驱动桥、车轮等部件和总成。各个总成的功能各不相同，它们按照不同形式组合到一起，就形成了汽车。组合的方式可以多种多样，为了达到最佳的效果，我们就需要找到各个总成的最佳性能以及它们之间最佳的组合。每个部件的最佳并不意味着组合得到的系统就是最佳，这是由系统部件相互作用、相互依赖关系决定的。

图 0-1　反馈系统

如果我们将系统看作一个黑箱，则系统的构成就包括三个因素：输入、处理、输出。一些系统还包括反馈。包括反馈的系统如图 0-1 所示。

系统的作用就在于根据给定的输入，经过处理得到一组最优的输出结果。以汽车悬架为例，地面的波形是悬架系统的输入，通过悬架系统减振后，车身的振动是其输出。我们希望车身的振动加速度越小越好，但是这受到悬架减振系统本身以及人体感受的各种条件的限制。因此，这个系统的问题就是在现有条件下，如何使得人体的感受最佳。

0.1.2　什么是控制

"控制"是按照预定目标，改变系统行为或性能的方法学。

首先，控制一定是有预定的目标。这意味着在执行控制的动作之前，必须确定控制目标。因此，没有目标就无从谈起"控制"。控制目标往往需要具备专业知识才能获得。比如自动变速器挡位的选择，什么时候切换哪个挡位就需要具备与之相关的车辆工程专业知识，而纯粹研究控制工程的人是无法确定这个目标的。

方法学在本书中特指汽车电子控制系统这个特定的技术领域采用的普遍的研究方法和基本原则。

0.1.3　什么是控制系统

控制系统是依靠调节能量输入的方法使某些物理量受到控制的系统。通常，控制系统由控制器、被控对象、反馈测量装置、执行器等部分组成。控制器根据反馈测量装置反馈的信号按预定的控制规律调节执行器能量输入，以使被控对象产生所希望的输出。

控制系统的分类，按照是否有反馈信号，分为开环控制系统和闭环控制系统；按照反馈的物理量与执行的物理量是否一致，分为直接控制系统和间接控制系统；按照描述系统的微分方程的类型，分为线性控制系统和非线性控制系统，线性控制系统满足叠加原理。

闭环控制系统有反馈回路将系统的输出反馈到系统的输入端（图 0-2），可以根据系统的输出进行动态调整，因此这种控制也称为"调整"或者"调节"。而开环控制没有反馈环节（图 0-3），仅仅是根据"输入量"进行"控制"。因此开环系统的"控制"与闭环系统的"调节"是两种不同的方法。

"直接控制"与"间接控制"的区别在于反馈给控制器的物理量与执行器执行的物理量是否一致。例如，一个控制小车位置的控制系统，如果传感器能够直接检测到小车的位置，则该系统为直接控制系统。如果我们通过速度传感器反馈小车的速度信号，控制器通过速度

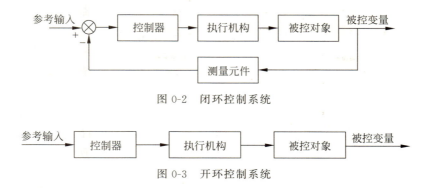

图 0-2　闭环控制系统

图 0-3　开环控制系统

信号积分得到位移量来估计小车的位置,这种控制系统就是间接控制系统。显然,直接控制系统的性能一般会优于间接控制系统的性能。但是实际运用中,大多数控制系统都很难直接检测到被控的物理量,往往需要通过其他的物理量进行转换,这就存在误差、干扰、状态估计等问题。

0.1.4　什么是控制系统工程

系统工程是系统科学的一个工作领域。钱学森院士给出了系统工程的概念:系统工程是组织管理系统的规划、研究、设计、制造、试验和使用的科学方法,是一种对所有系统都具有普遍意义的科学方法。

系统工程是以系统为对象,应用数学和计算机等工具对系统的构成要素、组织结构、信息交换和反馈控制等功能进行分析研究,从而达到最优设计、最优控制和最优管理的目标,是为更加合理地研制和运用系统而采取的各种组织管理技术的总称,是一种工程学的方法论。

既然要分析控制系统,首先就需要建立系统的数学模型,利用这个数学模型来分析系统的运动规律,寻找可能的控制方法,这就需要对控制系统进行"模拟",接下来才能谈"优化"。这里的优化不是仅仅某方面的性能最优,而是综合性能最优,包括技术最优和经济最优,也就是效果费用最优。

0.1.5　什么是车辆电子控制系统工程

车辆电子控制系统工程是从系统工程的观点出发,以数学方法和工程方法为工具,综合运用车辆、微电子技术和自动控制理论,对汽车某个电子控制系统进行研究、设计、制造、试验的普遍方法,使某些功能和要求达到最优[1]。

简单地讲就是用系统的观念解决最优化问题。针对汽车电子控制系统来说,就是以车辆电子控制系统为对象,应用数学和计算机工具对电子控制系统的传感器、控制器、执行器、被动对象以及它们之间的通信、反馈控制等进行分析研究,从而达到性能最优的目标。这其中不仅包括控制系统分析、设计、寻优,也包括汽车电子控制系统规划、研发技术、试验测试技术等内容。

汽车电子控制系统工程应当包括以下基本内容：

(1) 建立汽车各个分系统的模型，然后分析分系统，确定各个分系统的控制目标；

(2) 利用自动控制理论，选择最佳控制方式；

(3) 协调各个分系统的关系，实现综合控制，保证汽车总体的性能水平；

(4) 研究人-车-环境系统的控制规律；围绕分系统的控制目标，实现各组成部分的有机结合；

(5) 对汽车电子控制系统结构和要素进行分析，并论述系统的最优化途径；

(6) 讨论汽车电子控制系统的可靠性问题；

(7) 研究汽车电子控制系统的设计。

0.1.6 汽车电子控制系统设计的基本原则

汽车电子控制系统在设计中必须遵循以下基本原则：

1. 整体性原则

整体性原则是系统工程的一个基本原则，即考虑汽车电子控制系统的设计问题应从整车出发，要把机械设计和电子设计逻辑地、合理地综合在一起，而不是采用叠加原理，仅仅把各种电子系统简单相加，杂乱无章地合并在一起。随着汽车电子技术的发展，装在汽车上的电器、电子设备越来越多，如果继续采用叠加原理进行电子控制系统设计，就如同在100年以前建成的具有坚固厚墙的房子上设法增加名目繁多的各种电线，这样既不合理又不美观，并且使老房子不堪重负。在设计汽车电子控制系统时，必须用全新的思想考虑问题。应该自上而下地进行体系结构设计，尽可能采用总线技术，使用普遍采用的、能减少导线用量及节约空间的多路传输控制技术和光纤传输信息技术，以及各种通用规范和标准。

2. 协调性原则

由于汽车是一个有机的整体，汽车上任何部件的作用都会影响汽车的整体性能，所以当各个子系统按各自不同的性能指标进行优化控制时，这些可控子系统的简单叠加不一定能获得良好的综合性能，这就引出了综合控制的概念。所谓综合控制就是协调控制。例如，对主动悬架来说，若其控制策略按平顺性最优进行设计，那么它应该包含抗侧倾的内容，而汽车侧倾对操纵稳定性的贡献是使其具有一定的不足转向特性，换言之，主动悬架就这一方面而言破坏了汽车的操稳性。四轮转向系统如果按照操稳性的性能指标进行设计，只考虑横摆响应特性，就会破坏主动悬架的抗侧倾的特性。因此，我们在设计汽车电子控制系统时，必须综合考虑各个子系统之间的关系，进行协调控制。

3. 满意性原则

众所周知，汽车驾驶安全第一。因此在设计汽车电子控制系统时要确保控制系统的灵敏度。但另一方面，驾驶汽车也是一种乐趣，因此要求驾驶员具有路感，并充分体现人在驾驶车辆中的积极作用。由此可见，驾驶乐趣和行驶安全特性必须在汽车电子控制系统的设计中有机结合起来，让驾驶员满意，这是目前对汽车设计师的一个新挑战，可以说满意性原则也是汽车电子控制系统设计的一项重要原则。

4. 适应性原则

由于汽车的使用环境很复杂，行驶条件和工况随机变化，所以汽车电子控制系统还应当具有较强的适应性，这就是适应性原则。针对这个问题，我们可以采用反馈控制、预测控制、自适应控制、鲁棒控制和模糊控制等方法，提高系统的适应性。

5. 可靠性原则

由于汽车在使用过程中，特别是电子系统，会受到各种信号的干扰，这种干扰可能来自自身，也可能来自其他车辆或者环境，在某些情况下可能会导致汽车上的电子装置失效或者功能紊乱。这在汽车电子控制系统领域称为电磁兼容性。这就要求该系统具备一定的可靠性，在一定的环境中能够保持自身的功能。这就是电子系统的可靠性要求。

0.2 控制系统的一般要求

无论何种控制系统，一般都要求满足三个基本要求：系统是稳定的，系统的响应速度要快，系统的响应要准确，归纳起来说就是"稳""快""准"。此外，我们还希望控制系统能够有较好的鲁棒性。

稳定性是控制系统正常工作的首要条件，是指系统处于平衡状态下，受到扰动作用后，恢复原有状态的能力。不稳定的系统无法正常工作。关于稳定性的定义及其判定方法，我们将在1.4节做详细介绍。

响应的快速性是指当系统的输出量与给定的输入量之间产生偏差时，这种偏差消除的快慢程度。也可以是给定输入量与对应的稳态输出量之间的偏差。

响应的准确性是指在过渡过程结束后，输出量与给定的输入量，或者同给定输入量相应的稳态输出量的偏差。也称为静态误差或者稳态精度。

系统的鲁棒性也就是"系统的健壮性"，具体是指系统在自身参数的摄动下，能够维持自身功能的能力。在实际问题中，系统特性或参数的摄动常常是不可避免的。产生摄动的原因主要有两个方面：一个是由于测量的不精确使特性或参数的实际值会偏离它的设计值（标称值）；另一个是系统运行过程中受环境因素的影响而引起系统特性或参数的缓慢漂移。因此，良好的鲁棒性意味着系统非常强健，具有良好的抗干扰能力。

我们希望系统的以上性能尽可能高。但是过高的性能会导致成本成倍地增加。这里的成本不仅包括经济上的成本，也包括技术上的成本，也就是在技术上实现的难度。比如我们需要研发更快的运算器，研发传输速率更高的总线，研发响应速度更快、测量精度更高的传感器等。

0.3 控制系统设计的一般步骤

一般而言，控制系统设计的步骤如图0-4所示。

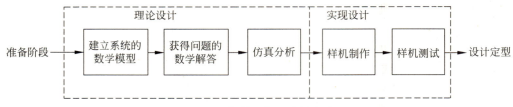

图 0-4 控制系统设计的步骤

在开始控制系统设计之前,我们需要进行一系列的准备工作,包括对设计的对象进行机理分析和理论抽象;明确被控对象的特点及要求;限定控制系统的工作条件及环境,确定安全保护措施及等级;明确控制方案的特殊要求;确定技术经济指标;制定试验项目及指标。

然后就可以进入理论设计阶段。理论设计的任务是:建立被控对象的数学模型,把被控对象的控制特性用数学表达式加以描述,作为选择控制方案和控制器设计的依据;确定控制算法及电子控制单元(ECU)的结构,选择微处理器、确定存储器大小等,完成主要软、硬件设计以及各种接口的选择和设计;确定控制系统的初步结构及参数,进行系统性能分析、优化。

理论设计首先应当建立系统的数学模型。在此阶段,根据具体对象和环境等要求,对系统进行必要的简化,忽略次要的、影响不大的因素,然后根据系统的物理特性,建立系统的物理模型。比如一个电路系统,我们可以根据基尔霍夫定律建立其电路的数学方程;一个弹簧-质量系统,我们可以根据牛顿定律建立其运动方程。

有了数学方程,接下来就是如何求解这些方程。通常我们列写的系统方程都是微分方程和微分方程组。由于现实工程中的问题通常都是比较复杂的,这就需要用到数值求解的方法进行求解。

接下来设置系统数学模型的初始状态及约束条件,使用计算机工具对系统进行求解,观察系统在不同的初始状态、不同的输入条件下是如何运行的,技术指标是否满足要求。同时也可以研究系统的运动规律,测试各种不同的控制策略和控制算法。这个过程就是仿真分析。在这一步中,应尽可能对控制系统进行测试,调整我们的控制策略和控制算法,使控制性能达到最佳。这样就获得了一个理论上最佳的控制系统。控制系统的理论设计阶段就结束了。

接下来就可以制作物理样机进入设计实现阶段了。在设计实现阶段,控制系统通常被分解为很多子系统,各个子系统测试完毕以后再组装到一起,进行系统级的测试。在此阶段中,应完成系统仿真、各种测试工作,最后进行各模块的组装。

样机制作是第四步,具体包括被控对象的物理实现、控制硬件的制作、软件的编写等工作。

物理样机完成以后还需要对其进行测试。通常不会直接在实际的工作环境中对物理样机进行测试,而是在此之前,进行实验室的测试。这就需要搭建测试试验环境,比如准备测试使用的测试台架、试验仪器等。在实验室测试完毕以后,最终在实际的工作环境中再进行检验。

所有测试工作完成以后,样机就可以定型了。设计定型需要形成各种技术文件,包括设计图样、电子元器件明细表、系统操作程序及说明书、维修及故障诊断说明书及使用说明书等。

汽车电子控制系统的设计也可以按照这个流水线型的步骤来进行。但是设计过程中任何一个环节出现错误,或者出现考虑不周的情况,就可能导致整个设计过程从头再来,这将极大地增加开发成本和延长研发周期。对于汽车这种特殊的产品,其研发周期越短,研发成本越低,市场风险越小,获利越大。如果开发周期太长,市场变化的风险越大,产品定位就可能偏移市场的需求。因此,汽车电子控制系统的设计几乎不可能按照一般控制系统的设计步骤进行,而需要更快、更好的设计方法。

0.4 汽车电子控制系统设计的一般方法和步骤

0.4.1 整车电子系统的开发

由于整车电子系统包含多个功能各异的子系统,因此它的开发通常遵循"分而治之"(divide and conquer)的原则。从整车电子系统的角度可以将其分为动力传动系统、底盘、车身和多媒体等子系统,这些子系统又可以细分为更小的子系统或者组件。这些子系统和组件可以进行独立并行开发、测试,然后对测试结果进行评估。在底层子系统和组件开发完毕后将它们集成到不同层级的子系统中,再进行系统测试和评估,最后集成为整车电子系统。

这种方法不仅需要在子系统和组件的开发中明确分工,还要求当必须决定如何分工以及最后集成系统时,开发团队良好的合作以确定系统空间布置、生产制造、功能实现等问题。此外,车辆子系统和部件的开发通常是通过车辆制造商和供应商之间的密切合作来完成的。因此,明确的任务分配也是成功开发的基本要求。在此过程中,来自不同公司的不同学科的工程技术人员必须共同理解开发过程中的关键问题,并对问题解决的过程有共同的理解。此外,对项目责任的划分也应该是明确的。

一个典型的汽车电子控制系统的开发通常遵循如图 0-5 所示的开发流程[2]。在处理一个汽车电子控制系统开发时,通常按照系统的构成将其分为控制器硬件、控制软件、设定值发生器①、传感器和执行器几个部分。通过将复杂系统分解为方便开发的子系统来进行分别的开发、验证和测试后,进行整个系统的集成。当然在系统集成时,各个子系统的开发团队需要突破子系统的限制进行紧密的合作。

电子控制系统的开发需要全面彻底地遵循合理的、经过实践检验过的方法,比如 CMMI(Capability Maturity Model Integration)、SPICE(Software Process Improvement and Capability Determination)[3] 或者是 V-Model。汽车电子控制系统还需要满足相关的汽车行业标准,比如 OSEK 和 ASAM(Association for Standardization of Automation and Measuring Systems)。

在当前汽车产业全球化生产制造的大背景下,整车企业与零部件配套商之间是一种跨

---

① 设定值发生器(setpoint generator):是指乘员对车辆电子控制系统的目标值或者设定值进行设置或者操作的信号发生器,比如加速踏板、制动踏板、定速巡航系统的操控装置等。

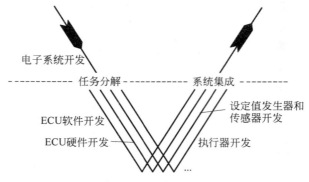

图 0-5 电子控制系统开发流程

企业的合作模式,不仅涉及技术层面,还涉及商业模式、知识产权、责权划分等法律和组织方面的问题。本书仅限讨论汽车电子系统开发过程中技术方面的问题。

0.4.2　V 形开发流程

目前,汽车电子控制系统设计广泛采用的设计方法是基于模型的快速控制原型技术。这种方法由于很像字母 V,因此也称为 V 形的开发流程,如图 0-6 所示。

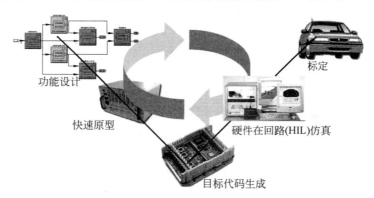

图 0-6　汽车电子控制系统开发流程

首先在系统功能需求分析的基础上,对控制系统进行理论建模和功能设计,这部分与传统方法理论设计部分一致。

完成了系统和控制算法建模以后,通过"基于模型的控制系统设计"技术,可以将控制算法的模型转化为控制器的目标代码,比如 C 语言。这种代码是产品级的。

有了控制代码以后,就可以将其下载到"快速原型"(Rapid Control Prototype,RCP)系统的控制器中。这里的控制器不是产品级的控制器,而是通用控制器,可以替代最终的控制器进行台架测试和实车测试。因此,此时可以不用理会控制器硬件的设计是否完成而直接进入设计实现阶段的台架试验和实车试验,这就是硬件在环仿真(Hardware In-Loop,HIL)。甚至还可以在部分被控对象没有完成的情况下,将这部分被控对象用理论模型进行替代,进行整个系统的测试,这称为半硬件在环仿真。比如,我们只有发动机,没有车身和底盘,就可以搭建整车和道路的仿真模型,然后在发动机测试台架上将发动机输出的转速、扭矩等测试结果,发送到仿真模型,仿真模型仿真计算整车的速度、加速度等信息,再将计算结果反馈给控制器,控制器根据控制算法控制发动机的喷油量、点火正时等,这样就可以测试该发动机安装到整车上以后的各项性能,实现快速开发。

硬件在环仿真完成以后,就可以进入实车标定环节了。由于在理论设计和台架试验时不可能做到与实际使用环境、实际被控对象的完全一致,因此一些控制参数需要根据实车测试的结果进行修订。这个过程就是"控制参数的标定"。

由于在上述开发过程中可以实现控制算法、试验测试与硬件的并行开发,这就缩短了开发周期;此外,以上开发步骤中,任何一个环节出现错误,都可以很方便地对控制算法、控制模型进行修改,极大地降低了技术风险,降低了试验、测试的成本。因此这种方法被汽车电子行业广泛采用。

0.4.3 汽车电子控制系统开发平台

为了方便从事汽车电子控制系统开发的技术人员,很多相关的企业研发了专业的用于控制系统开发的平台,比如 ASCET、dSPACE 等。图 0-7 给出了基于 MATLAB 的 dSPACE 集成开发平台中汽车电子控制系统的开发方法。

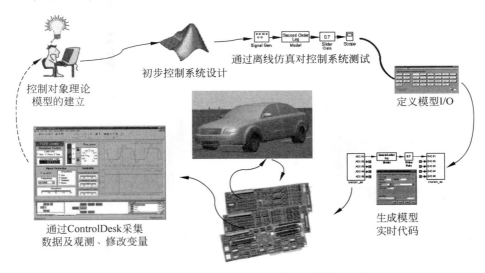

图 0-7　基于 MATLAB/dSPACE 的控制系统集成开发平台

和一般方法类似,首先需要建立控制对象的抽象的理论模型,然后在 MATLAB 建模环境中进行控制系统的初步设计和离线仿真,对控制策略和控制算法进行验证。然后将控制算法的输入和输出变量通过 dSPACE 提供的 I/O 接口模块与控制器(控制板卡)的物理端口进行连接。控制板卡再连接其他的硬件,如传感器、执行器。控制算法可以通过平台提供的工具转化为代码,并下载到控制板卡中。控制板卡相当于一个通用的控制器,可以用于实际被控系统的控制。此外,该平台还提供了用于显示仿真结果的虚拟试验结果显示功能,和用于参数标定、试验测试的虚拟测试平台,帮助开发人员进行参数标定和试验测试。

习 题

1. 以汽车主动悬架电子控制系统为例，说明如何在汽车电子控制系统开发过程中保证其符合协调性原则。
2. 控制系统有哪些基本要求？汽车电子控制系统设计时需要遵循哪些基本原则？
3. 简述基于MATLAB/dSPACE集成开发环境的汽车电子控制系统开发的步骤。

本章参考文献

[1] 庄继德. 汽车电子控制系统工程[M]. 北京：北京理工大学出版社，1998.
[2] Jörg Schäuffele，Thomas Zurawka. Automotive Software Engineering-Principles，Processes，Methods and Tools[M]//SAE International，2005.
[3] ISO/IEC 15504-1：Information Technology—Software Process Assessment—Concepts and Introductory Guide[S]. International Organization for Standardization/International Electrotechnical Commission，1998.

第一篇 控制理论基础

对于任意的控制系统来说,如何控制才能实现控制目标,如何在有限的条件下达到最佳的控制效果都是必须解决的问题。通常要求设计控制系统的人或者控制器本身对于被控系统、执行器、传感器等系统构成的要素的特性做到了如指掌。如0.3节所述,开发控制系统首先需要列写系统微分方程,然后使用数学工具求解,获取系统的运动规律才能进行控制律的设计。因此,了解必要的控制理论知识对于控制系统的设计与开发是必要的。

本书第一篇包含三章,介绍控制工程中涉及的基础理论知识,分别涵盖经典控制理论、现代控制理论和智能控制技术,它们是开展控制系统设计与分析的基础知识。

第 1 章

经典控制理论

1.1 控制系统的微分方程

对于任意的物理系统,不管这个系统是力学的、电学的还是其他类型的,我们都可以按照其物理运动规律,使用微分方程进行描述。一个复杂的系统往往包含多个物理现象,此时只需要对每一个元器件,或者每一个环节分别列写微分方程,然后联立起来就可以得到描述该系统的微分方程组。

【**例 1-1**】 电枢控制的直流电机是一种常用的执行器。它的结构原理如图 1-1 所示。

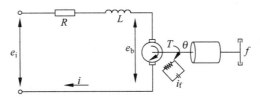

图 1-1 电枢控制的直流电机

电枢绕组的电阻为 R,电感为 L,流过的电流为 i,电机的反电动势为 e_b,通过施加在其上的电压 e_i 控制其电流以及输出转矩 T。电机输出轴(包括负载)的转动惯量为 J,转动角度为 θ,输出轴上受到的黏性摩擦阻力系数为 f。

该电机励磁绕组通过恒定电流 i_f,产生的磁场强度恒定,因此直流电机输出转矩与流过其电枢的电流大小成正比,其比例系数称为力矩常数 K,有

$$T = K \cdot i$$

电枢的反电动势为 $e_b = K_b \cdot \dfrac{\mathrm{d}\theta}{\mathrm{d}t}$,其中 K_b 为反电动势常数。

按照基尔霍夫定律,可以列写电路的微分方程

$$L\frac{\mathrm{d}i}{\mathrm{d}t} + R \cdot i + e_b = e_i$$

若电机输出轴没有负载,则按照牛顿定律可以列写输出轴的受力方程:

$$J\frac{\mathrm{d}^2\theta}{\mathrm{d}t^2} + f\frac{\mathrm{d}\theta}{\mathrm{d}t} = T$$

从这个例子得到的有关电流 i 和转角 θ 及其导数的微分方程满足线性叠加原理,是线性方程。这里给出线性系统与非线性系统的定义。

线性系统：描述该系统的方程为线性方程的系统。线性系统满足叠加性，具体说就是齐次性和可加性。

非线性系统：描述该系统的方程为非线性方程的系统。显然，非线性系统不满足叠加原理。

若方程中的参数或者系数不随时间的变化而变化，这样的系统称为**定常系统**。若方程中的参数或者系数是时间的函数，则称为**时变系统**。

通常现实中的系统都是非线性时变的系统。为了简化问题，可以通过合理的假设将其简化为线性定常系统进行处理。非线性系统也可以通过泰勒级数展开，舍弃高阶项，将其局部线性化。

1.2 使用传递函数描述系统

线性系统微分方程的求解可以通过传递函数进行，这也是研究线性系统特性的一种非常重要的方法，是经典控制理论研究控制系统的主要方法。

1.2.1 传递函数的定义

线性系统的**传递函数**是当系统的初始条件为零时，系统输出的拉普拉斯变换与输入的拉普拉斯变换的比值，常用 $G(s)$ 代表。

设单输入、单输出线性定常系统的微分方程为

$$a_n y^{(n)}(t) + a_{n-1} y^{(n-1)}(t) + \cdots + a_1 \dot{y}(t) + a_0 y(t) \\ = b_m x^{(m)}(t) + b_{m-1} x^{(m-1)}(t) + \cdots + b_1 \dot{x}(t) + b_0 x(t) \tag{1-1}$$

式中，y 为系统的输出；x 为系统的输入；系数 a，b 为与系统有关的常系数；$n \geqslant m$。

若 $y(t)$，$x(t)$ 及其各阶导数的初始值为零，对式(1-1)做拉普拉斯变换，得到

$$(a_n s^n + a_{n-1} s^{n-1} + \cdots + a_1 s + a_0) Y(s) = (b_m s^m + b_{m-1} s^{m-1} + \cdots + b_1 s + b_0) X(s)$$

按照传递函数的定义，有

$$G(s) = \frac{Y(s)}{X(s)} = \frac{b_m s^m + b_{m-1} s^{m-1} + \cdots + b_1 s + b_0}{a_n s^n + a_{n-1} s^{n-1} + \cdots + a_1 s + a_0} \tag{1-2}$$

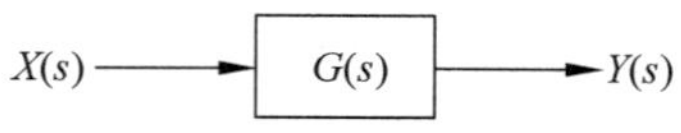

式(1-2)可以变换为 $Y(s) = G(s) \cdot X(s)$。即输入 $X(s)$ 作用到系统上，系统的输出为 $Y(s)$。这个关系可以通过图1-2来表示。

图1-2 系统传递函数框图

【**例1-2**】 有如图1-3所示的弹簧-质量阻尼系统，外界作用力 F 作用在质量体 m 上，质量体的位移 x 为系统的输出，弹簧刚度为 k，阻尼器阻尼系数为 c。试求该系统的传递函数。

解：对质量体进行受力分析，按照牛顿定律得到质量体的运动微分方程

$$m\ddot{x} + c\dot{x} + kx = F$$

对该式作拉普拉斯变换，得到

$$(ms^2 + cs + k)X(s) = F(s)$$

因此,该系统的传递函数为

$$G(s) = \frac{X(s)}{F(s)} = \frac{1}{ms^2 + cs + k} \tag{1-3}$$

【例 1-3】 如图 1-4 所示的 RLC 电路系统,输入电压为 e_i,电容两端电压为电路的输出,电阻为 R,电感为 L,电容为 C。试求该系统的传递函数。

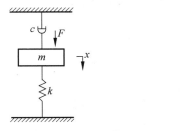

图 1-3 弹簧-质量阻尼系统

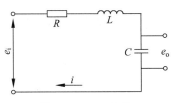

图 1-4 RLC 电路

解:根据基尔霍夫定律,可以列写左、右两个回路的微分方程

$$\begin{cases} L \cdot \dot{i} + R \cdot i + \dfrac{1}{C}\int i \, \mathrm{d}t = e_i \\ \dfrac{1}{C}\int i \, \mathrm{d}t = e_o \end{cases} \tag{1-4}$$

对上式作拉普拉斯变换有

$$\begin{cases} L \cdot s \cdot I(s) + R \cdot I(s) + \dfrac{1}{C \cdot s} I(s) = E_i(s) \\ \dfrac{1}{C \cdot s} I(s) = E_o(s) \end{cases}$$

因此,系统的传递函数为

$$G(s) = \frac{E_o(s)}{E_i(s)} = \frac{1}{LC \cdot s^2 + RC \cdot s + 1} \tag{1-5}$$

对比式(1-3)和式(1-5),这两个系统虽然属于不同的物理系统,但是它们在传递函数的形式上有相似之处:分母都是 s 的二阶多项式。因此它们应该具有类似的运动规律,这种具有相同传递函数形式的系统就称为相似系统。在微分方程中占据相同位置的物理量称为相似量。

利用不同物理现象的相似性,可以通过容易测量的一个物理系统定性地研究另一个不容易实现的系统的运动规律。比如可以使用电路模拟传热、传质、导磁等其他的物理现象。

图 1-5 是一种典型的混入了干扰信号的控制系统的结构图。$G_1(s)$ 是控制器的传函,$G_2(s)$ 是被控对象的传递函数,$H(s)$ 是传感器的传递函数。干扰信号 $N(s)$ 作用在控制器输出信号上。干扰信号还可能作用在被控对象上,也可能作用在传感器上。通常主要考虑最主要的干扰信号。

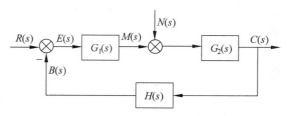

图 1-5　干扰信号混入控制器输出信号的控制系统结构图

1.2.2　系统的时域性能指标

控制系统在时域的响应可以分为动态和稳态两个阶段。其中动态阶段是指系统在输入信号作用下，系统输出量从初始状态过渡到接近最终状态的响应过程。稳态是指时间足够长时，系统输出趋近于稳定时的状态。系统的动态和稳态性能通常使用单位阶跃响应来衡量，并依此定义系统的时域性能指标。

典型系统的单位阶跃响应如图 1-6 所示。

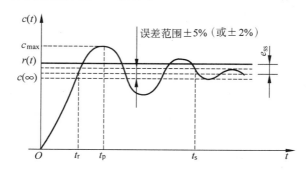

图 1-6　典型系统单位阶跃响应曲线及性能指标

系统的性能指标如下：

(1) 上升时间 t_r：对于有振荡的系统，一般指系统输出响应从 0 开始第一次上升到稳态值所需要的时间。对于无振荡的系统，指响应从稳态值 10% 上升到稳态值 90% 所需要的时间。上升时间越短，系统响应速度越快。

(2) 峰值时间 t_p：指系统输出响应从 0 开始超过其稳态值达到第一个峰值所需要的时间。

(3) 超调量 $\sigma\%$：指在过渡过程曲线上，系统输出响应的最大值 $c_{\max}$ 与其稳态值 $c(\infty)$ 之差与稳态值之比的百分数。即

$$\sigma\% = \frac{c_{\max} - c(\infty)}{c(\infty)} \times 100\%$$

超调量反映的是过渡过程的相对平稳性，超调量越小，系统的相对平稳性越好。

(4) 调节时间 t_s：当系统的输出响应完全进入其新的稳态值的允许误差范围（±5% 或者 ±2%）以内并不再超出此范围时，系统所需要的最短时间就是调节时间。调节时间越短，系统响应越快。

(5) 稳态误差 e_{ss}：是指期望的系统输出与实际输出的最终稳态值之间的差值。e_{ss} 越小，系统稳态精度越高，准确性越好。

1.2.3 典型环节的传递函数

1. 比例环节

比例环节的方块图如图 1-7 所示。系统输入为 $r(t)$，输出为 $c(t)$，K 为放大系数或者称为增益。比例环节系统的方程为 $c(t)=K \cdot r(t)$，传递函数为 $G(s)=K$。

2. 积分环节

积分环节的方块图如图 1-8 所示。积分环节的微分方程为 $T\dfrac{dc(t)}{dt}=r(t)$，传递函数为 $G(s)=\dfrac{1}{Ts}$，其中 T 称为时间常数。

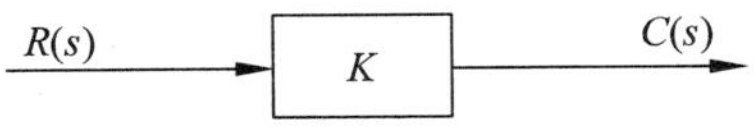

图 1-7　比例环节 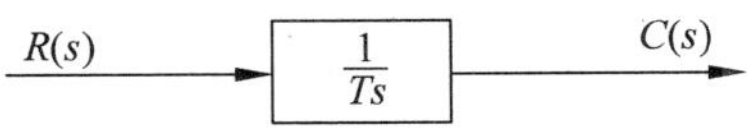　　　　　　图 1-8　积分环节

3. 微分环节

微分环节的方块图如图 1-9 所示。微分环节的方程为 $c(t)=\tau\dfrac{dr(t)}{dt}$，其中 τ 为时间常数，系统传递函数为 $G(s)=\tau s$。

4. 惯性环节

惯性环节的方块图如图 1-10 所示。惯性环节的微分方程为 $T\dfrac{dc(t)}{dt}+c(t)=r(t)$，其中 T 为时间常数，系统传递函数为 $G(s)=\dfrac{1}{Ts+1}$。

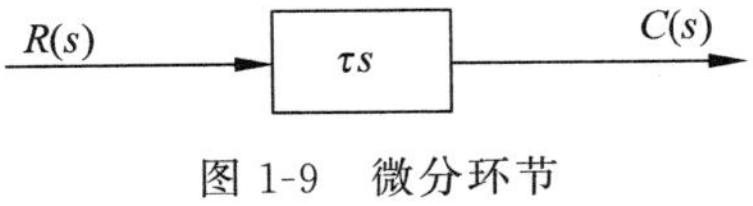

图 1-9　微分环节 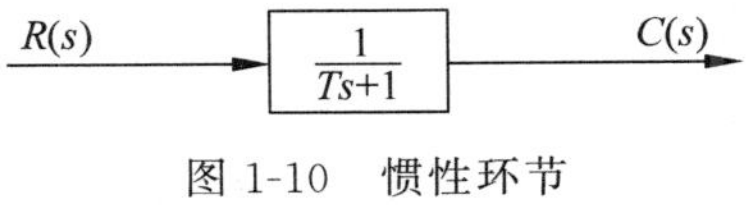　　　　　　图 1-10　惯性环节

5. 比例微分环节

比例微分环节的方程为 $c(t)=T\dfrac{dr(t)}{dt}+r(t)$，系统传递函数为 $G(s)=Ts+1$。可见，比例微分环节的传递函数恰与惯性环节的传递函数相反，互为倒数。

6. 二阶振荡环节

由例 1-2 和例 1-3 推导出的系统传递函数[式(1-3)、式(1-5)]可以看到,这些系统传递函数的分母为二阶多项式形式,这也是二阶振荡环节的传递函数通常的形式。

二阶振荡环节的微分方程一般形式为 $T^2 \dfrac{d^2 c(t)}{dt^2} + 2T\xi \dfrac{dc(t)}{dt} + c(t) = r(t)$,系统传递函数为 $G(s) = \dfrac{1}{T^2 s^2 + 2T\xi s + 1} = \dfrac{\omega_0^2}{s^2 + 2\xi\omega_0 s + \omega_0^2}$。其中,$\omega_0 = \dfrac{1}{T}$,为系统固有圆频率;$\xi$ 为系统阻尼比。

7. 延迟环节

信号通过延迟环节后,输出与输入相比除了在时间上滞后以外,在其他方面完全一致,因此又称为纯滞后环节。

延迟环节的微分方程为 $c(t) = r(t - \tau_0)$,其中 τ 为延迟时间。

系统的传递函数为 $G(s) = \dfrac{1}{e^{\tau_0 s}} \approx \dfrac{1}{\tau_0 s + 1}$。延迟环节的方块图见图 1-11。

8. 闭环反馈系统的传递函数

闭环反馈系统的方块图如图 1-12 所示。系统的输出通过反馈环节 $H(s)$ 反馈到比较器,与输入比较后的偏差量作为控制量作用到被控系统 $G(s)$ 上。

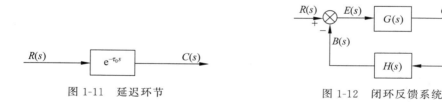

图 1-11 延迟环节　　　　图 1-12 闭环反馈系统

根据该方块图可以得到以下关系:
$$C(s) = E(s)G(s)$$
$$E(s) = R(s) - B(s) = R(s) - C(s)H(s)$$
消去 $E(s)$ 后,可以得到
$$C(s) = G(s)[R(s) - H(s)C(s)]$$
因此闭环反馈系统传递函数可以推导得到
$$G'(s) = \dfrac{G(s)}{1 + H(s)G(s)}$$
若反馈环节为直接反馈,即 $H(s) = 1$,则 $G'(s) = \dfrac{G(s)}{1 + G(s)}$。

9. 串联系统的传递函数

两个如图 1-13 所示的系统串联,其系统的传递函数为

$$G(s) = \frac{X_3(s)}{X_1(s)} = \frac{X_2(s)X_3(s)}{X_1(s)X_2(s)} = G_1(s) \cdot G_2(s)$$

图 1-13　串联系统

即两个串联系统的传递函数为串联子系统传递函数的乘积。这个结论也可以推广到多个系统的串联。

10．并联系统的传递函数

两个或者多个系统的输入相同，而输出为它们的输出的代数和，这样的系统就是并联系统（图 1-14）。按照图 1-14，两个系统的并联关系，有如下表达式成立：

$$C_1(s) = R(s)G_1(s)$$
$$C_2(s) = R(s)G_2(s)$$
$$C(s) = C_1(s) \pm C_2(s)$$

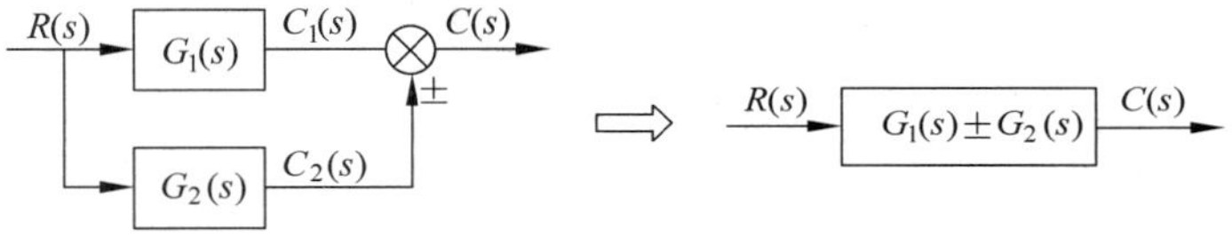

图 1-14　并联系统

因此并联系统的传递函数为

$$G(s) = \frac{C(s)}{R(s)} = \frac{C_1(s) \pm C_2(s)}{R(s)} = G_1(s) \pm G_2(s)$$

即两个并联系统的传递函数为并联子系统传递函数的代数和。显然，上述结论也可以推广到多个子系统的并联情况。

1.2.4　系统的方块图

从上面的例子可以看到，使用方块图描述系统可以方便快捷地表达系统的特性，也能从中获取系统的某些特性，比如系统是否有时滞、是否有振荡等。因此，使用方块图描述系统也是控制系统分析和设计的重要方法。

方块图中有一些常用的环节，比如误差检测器（图 1-15）、直接反馈系统（图 1-16）、闭环反馈系统（图 1-12）。

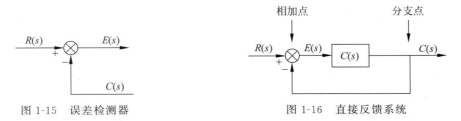

图 1-15　误差检测器　　　　　图 1-16　直接反馈系统

方块图中的直线箭头代表流过该线路的是信号。在控制系统中,这种信号是不衰减的,在分支点不会由于信号分流而损失信息,因此可以任意地进行分支。

此外,使用单线箭头表示该信号线中包含的信息为标量,如果使用双线箭头,则代表向量。由于经典控制理论中讨论的一般是单输入/单输出的系统,因此信号一般都是标量,使用单线箭头。

方块图可以使用代数法则进行变换,因此一个复杂系统的方块图可以简化为一个形式上简单,但是传递函数复杂的方块图。方块图简化的原则是:前向通路中传递函数的乘积必须保持不变;回路中传递函数的乘积必须保持不变。具体简化方法参见文献[1]。

使用方块图描述系统的意义不仅在于可以对系统进行直观的表达,在控制系统建模仿真工具中也大量地使用了这种方法,以方便对复杂系统进行描述,比如 MathWorks 公司的 MATLAB/Simulink,ETAS 公司的 ASCET 以及波音公司开发的 MSC easy 5 都采用了类似方块图建模的方法搭建系统仿真模型。这种方法也称为图块化建模方法。方块图是现代汽车电子控制系统研发的重要方法和手段的基础。

1.3 系统的零极点模型

式(1-2)是系统传递函数的一般形式。通过对分子和分母多项式进行因式分解,可以得到系统的零极点模型,如下:

$$G(s) = \frac{K(s-z_1)(s-z_2)\cdots(s-z_i)(s-z_m)}{(s-p_1)(s-p_2)\cdots(s-p_j)(s-p_n)} \tag{1-6}$$

式中,z_i 称为零点;p_j 称为极点。在 s 平面内分别用"o"和"×"表示,s 平面内绘制出零极点,这样的图称为系统的零极点图。

式(1-6)中分母多项式就是系统的特征多项式,极点就是特征方程的根,而分子多项式的根则是零点。由于式(1-2)中分子和分母多项式系数均为实数,因此传递函数若有复零点或者复极点,它们必然是共轭出现。

1.4 系统的稳定性

对于控制系统而言,稳定性是首要的要求。只有稳定的系统,才能正常地控制。

一个处于某平稳状态的线性定常系统,若在外部扰动作用下偏离了原来的平衡状态,而当扰动消失后,系统仍能回到原来的平衡状态,则称该系统是稳定的。显然,稳定性是系统恢复自身运动状态的一种能力,是系统的固有特性,它只与系统本身的结构参数有关,与外部干扰以及初始条件无关。

这里不加推导地给出**系统稳定的充要条件**:系统的所有极点都分布在 s 平面的左半平面,也就是系统的特征根全部具有负实部。

【例 1-4】 某系统的微分方程为:$\dddot{y}(t)+\ddot{y}(t)-2\dot{y}(t)=10x(t)$,求系统极点,绘制单位阶跃输入下的时域响应图。

解：对该系统作拉普拉斯变换，得到系统传递函数：$G(s) = \dfrac{10}{s^3 + s^2 - 2s}$。

可以在 MATLAB 命令行中使用 tf2pz() 函数求取零极点模型，也可以直接对分母多项式进行因式分解，得到该系统极点为 $(-2, 0, 1)$；绘制零极点图如图 1-17 所示。

使用 step() 函数绘制系统单位阶跃输入下的响应，如图 1-18 所示。对应的 MATLAB 命令如下：

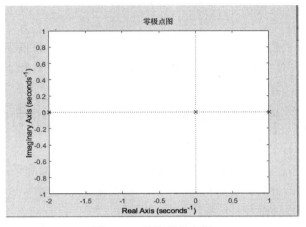

图 1-17　系统零极点图

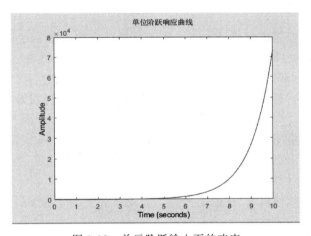

图 1-18　单元阶跃输入下的响应

```
num = [10]; den = [1 1 -2 0];
G = tf(num,den);
pzmap(G);
title('零极点图');
figure(2);
t = 0:0.1:10;
step(num,den,t);
title('单位阶跃响应曲线');
```

从图 1-17 中可以看到,该系统有一个极点位于 s 平面的右半平面;从图 1-18 中可以看到,该系统单位阶跃输入下输出不收敛,系统不稳定。

若极点恰好位于 s 平面的虚轴上,即系统的特征根的实部为零,这样的系统处于临界稳定状态,在工程上仍然认为其不稳定。因为这样的系统,其本身的结构参数一旦发生变化或者受到扰动,系统就可能改变稳定性状态,既可能变成稳定系统,也可能变为不稳定的系统。

此外,稳定系统的极点距离虚轴越远,系统进入稳定的状态越快,响应速度越快,性能越好。这个距离称为**稳定性裕度**。稳定性裕度越大,代表系统在结构参数变化时越不容易进入不稳定的状态。

稳定性的判别方法还有劳斯判据、奈奎斯特稳定性判据,这里不做更多的介绍。现代控制理论中,李雅普诺夫对于系统的稳定性有新的定义,也有不同的判别方法,详见 2.3 节。

1.5 经典控制理论的控制系统设计方法

对控制系统的分析与设计主要是从系统的稳定性、稳态性能和动态性能三个方面进行。经典控制理论中常用的分析方法有时域分析法、根轨迹法和频率分析法。本节将对这三种方法做概念性和原理性的介绍,不做更深入的探讨。

1.5.1 时域分析法

时域分析法是根据系统的微分方程或者传递函数直接求解系统的时间响应,然后根据响应的表达式或描述曲线来分析系统的性能。这种方法直观、准确,易于理解,一般适合一阶和二阶系统,而高阶系统需要借助计算机或者其他间接方法进行分析。此外,高阶系统的结构与参数与系统动态性能之间的关系不明确,通过时域分析很难给出改进性能参数的途径。

由于控制系统的输出响应不仅与其自身的结构参数有关,还与系统的初始状态以及输入信号有关,因此为了便于研究,规定系统在零时刻是相对静止的,也就是零初始状态。此外,为了能够对比各种控制系统的性能,一般使用一些典型的信号作为输入信号,比如单位阶跃信号、斜坡信号、脉冲信号、正弦信号等。在 1.2.2 节研究系统的动态性能指标时,使用的就是单位阶跃信号作为输入。

1.5.2 根轨迹法

系统的零极点可以确定系统的稳定性,而零极点的位置决定了系统的动态性能。根轨迹法是通过开环系统的零极点的分布确定系统闭环极点的图解法,还可以确定系统应该具有的结构和参数,也可用于校正装置的综合,在工程中有广泛的应用。

所谓根轨迹就是当开环系统的参数在变化时,闭环系统的特征根在复平面上的运动轨迹。根轨迹法的具体内容可以参见文献[1]。在 MATLAB 中,提供了根轨迹绘制的函数,如 rlocus、rlocfind 等。

1.5.3 频率分析法

频率分析法是以控制系统的频率特性作为数学模型,通过频率特性的图线,分析系统的性能,还能反映系统结构和参数对于性能的关系,进而获得改进系统结构参数以提高系统性能的方法。频率分析法特别适合于那些解析法难以列写数学表达式的系统,因此在工程中应用也很广泛。

线性系统在正弦信号输入的作用下,其稳态输出为相同频率的正弦信号。在不同频率的正弦输入信号作用下,其稳态输出的幅值和输入信号幅值的比值与信号频率之间的关系称为系统的**幅频特性**。幅频特性表征了系统在稳态响应下对不同频率的正弦信号的振幅的衰减或放大的特性。而系统稳态输出与输入信号之间相位之差与频率的关系称为系统的**相频特性**。相频特性表征了系统在稳态下不同频率的正弦信号输入时,系统的输出在相位上产生的超前或者滞后情况。采用复数符号模和辐角表示的振幅比和相位差就是系统的**频率特性**。

按照以上定义,若输入信号为 $r(t)=A_r\sin(\omega t+\varphi_1)$,系统的稳态输出为 $c(t)=A_c\sin(\omega t+\varphi_2)$,该系统的幅频特性为 $A(\omega)=\dfrac{A_c}{A_r}$,相频特性为 $\varphi(\omega)=\varphi_2-\varphi_1$。

频率特性为 $G(j\omega)=A(\omega)e^{j\varphi(\omega)}$。

工程上往往使用频率特性的图像进行分析,而不是使用其函数表达式。下面介绍三种常用的频率特性的图示方法。

1. 幅相频率特性曲线

幅相频率特性曲线简称幅相曲线,是指频率 ω 由 $0\rightarrow+\infty$ 变化时,在极坐标系中表示的频率特性 $G(j\omega)$ 的模 $|G(j\omega)|$ 与辐角 $\angle G(j\omega)$ 随 ω 变化的曲线,也称为极坐标曲线或者奈奎斯特(Nyuist)曲线。这个曲线也是 ω 由 $0\rightarrow+\infty$ 变化时矢量 $G(j\omega)$ 的端点的轨迹。

2. 对数频率特性曲线

对数频率特性曲线又称伯德(Bode)图,它包括对数幅频特性图和对数相频特性图。频率特性 $G(j\omega)$ 的对数幅频特性的定义为

$$L(\omega)=20\lg A(\omega)=20\lg|G(j\omega)|$$

使用对数频率特性曲线极大地简化了作图和运算,拓宽了频率视界,因此在工程中应用非常广泛。

3. 对数幅相特性曲线

对数幅相特性曲线又称尼柯尔斯(Nichols)曲线,它在直角坐标系中以相频特性 $\varphi(\omega)$ 为线性分度的横轴,对数幅频特性 $L(\omega)$ 为线性分度的纵轴,以频率 ω 为参变量的图线。利用尼柯尔斯曲线可以求取系统闭环频率特性及其特征量。

1.6 非线性系统分析

工程实践中的控制系统都存在或多或少的非线性特性,所谓线性只是相对的。因此,使用线性系统的分析方法必然存在很多限制。通常采用在静态工作点附近进行泰勒级数展开,忽略高阶项的近似线性化的方法进行处理。这种方法局限在静态工作点附近的极小范围内工作,否则会出现系统性能指标急剧下降,甚至导致系统不稳定。因此研究非线性系统的控制非常重要。

1.6.1 非线性系统的特点

(1) 系统的响应具有与输入不同的函数结构。

对于线性系统,当输入为谐波输入时,其稳态输出为同频率,且振幅、相位有所不同的谐波函数;而对于非线性系统,则还有许多高次谐波,故为非正弦的周期函数。对于线性系统,若系统稳定时,则对于任意输入系统均稳定,因为它仅由系统参数确定。而对于非线性系统,则在某些输入下是稳定的,在另一些输入下是不稳定的。

(2) 系统的性能不仅与系统的结构参数有关,还与初始条件有关。

线性系统的稳定性由其闭环极点唯一确定,与初始条件无关。而非线性系统的稳定性不仅与系统结构有关,还与初始条件有关。而且当初始条件不同时,系统的运动规律可能有本质上的区别。

(3) 非线性系统不适用于叠加原理。

(4) 非线性系统有自振荡。

当线性系统由于自身参数而处于临界稳定状态时,会出现等幅振荡,但是这种振荡不能持久,一旦系统参数稍有变动,就会收敛或者发散,变为稳定或者不稳定。而非线性系统除了稳定与不稳定状态,也会出现一定幅值和频率的等幅振荡,不同的是它具有一定稳定性,不会受到扰动就改变,这就是非线性系统的自振荡。改变系统参数,可以改变自振荡的幅值和频率。

非线性系统还有多值响应、跳跃谐振、分谐波振荡、频率捕捉和异步抑制等特点。

1.6.2 非线性系统的分析方法

经典控制理论中非线性系统的研究方法是描述函数法和相平面法。

1. 描述函数法

描述函数法是线性系统频率响应法在非线性系统的推广。它是对非线性特性在正弦信号作用下的输出进行谐波线性化处理之后得到的,是非线性特性的近似描述。

使用描述函数法研究非线性系统的内容包括:系统的稳定性;系统是否能产生自振荡,以及自振荡的幅值与频率的确定;消除自振荡的方法。描述函数法不受系统阶次的限制,但是必须满足一定的假设条件才能使用。

2. 相平面法

相平面法是基于时域分析法的一种求解一阶、二阶非线性系统的图解方法。

相平面法是应用相平面①上的曲线(相轨迹②或相轨迹族)来描述系统的运动过程。它既可以分析系统的稳定性,也可以分析时间响应,求稳态、动态性能指标。缺点是不能应用在高阶系统中。

1.7　z 变换与离散时间系统

1.7.1　z 变换

z 变换是分析与表征离散时间系统的一个十分有用的数学工具。离散序列 $x[n]$ 的 z 变换的定义是

$$X(z) = \sum_{n=-\infty}^{\infty} x[n] z^{-n}$$

式中,z 是一个复变量。这个表达式定义的 z 变换又称为双边 z 变换。若 $n \geq 0$,就得到单边 z 变换,其表达式如下:

$$X(z) = \sum_{n=0}^{\infty} x[n] z^{-n}$$

因为控制系统采样一般从时间 0 开始,所以本书涉及的 z 变换都是单边 z 变换。

z 变换的实质是序列 $x[n]$ 乘以实指数序列后的离散时间傅里叶变换,或者说是离散时间序列的拉普拉斯变换[4],这部分内容本书不做过多介绍。

正是由于 z 变换与拉普拉斯变换的关系,使得 z 变换在离散时间系统的分析与表征中起着非常重要的作用,因为它能够将离散系统的差分方程变换为代数方程;还比离散时间傅里叶变换有更广的适用范围。z 变换是分析线性定常差分方程表征的离散系统的有力工具,也是离散的数字控制系统表征和分析的有力工具。

1.7.2　离散时间系统的系统函数

离散时间系统的系统函数 $H(z)$ 是单位抽样响应 $h[n]$ 的 z 变换,表达式为

$$H(z) = \sum_{n=-\infty}^{\infty} h[n] z^{-n}$$

也定义为系统零状态响应的 z 变换与系统输入的 z 变换之比:

---

① 相平面:将系统的运动的速度和加速度作为坐标的平面。
② 相轨迹:二阶系统状态的运动对应在相平面上的点的运动轨迹。

$$H(z)=\frac{Y(z)}{X(z)}$$

这个表达式与连续系统的传递函数的定义类似,只不过是将离散系统从时间域变换到 z 频域进行研究,方法与连续系统相同。

同样,这里不加推导地给出离散时间系统稳定性判别的方法:一个因果而稳定的系统,其 $H(z)$ 的全部极点必定位于单位圆[①]以内。

1.8 基本控制规律

控制器的控制规律是指控制器接收被控量的测量值与给定值(目标值)进行比较后,依据何种规律发出控制信号。控制规律不同,在相同的输入条件下,控制器发出的控制信号就不同,控制效果也就不同。

基本控制规律通常有四种:双位控制规律、比例控制规律、积分控制规律和微分控制规律。除基本控制规律外,还有几种常用的控制规律,如比例积分控制规律、比例微分控制规律以及比例积分微分控制规律。

1.8.1 双位控制规律

双位控制规律就是系统根据测量值与目标值的比较结果决定的控制器的输出,只有两种状态,不是最大就是最小,不是全开就是全关。这种控制规律简单易行,控制效果也有限。

1.8.2 比例控制规律

比例控制规律就是比例控制器的输出信号 $u(t)$ 与输入的偏差信号 $e(t)$ 之间呈线性比例关系,可以用下式表示:

$$u(t)=K_{\mathrm{p}}e(t)$$

式中,K_{p} 为比例放大系数。

K_{p} 越大,控制器输出信号越大,比例控制的作用越强。比例控制规律的特点是无时滞。偏差一出现,控制器立即输出控制信号,因此它是各种控制规律中最基本的控制。比例控制规律的另一个特点是有差控制。如果没有偏差,控制器就没有输出,进而在此情况下失去控制效果,导致系统稳定性下降。此外,这种控制规律难以消除稳态误差,只能通过减小比例系数降低系统稳态误差。

1.8.3 积分控制规律

积分控制器的输出信号 $u(t)$ 与输入的偏差信号 $e(t)$ 之间的关系式为

---

① 单位圆:复数 z 平面内,半径为 1 的圆。

$$u(t) = \int \frac{1}{T} e(t) \mathrm{d}t$$

式中，T 为积分时间。T 越小，积分器输出越大，积分控制效果越强。该表达式表明，积分控制器输出信号的变化速度正比于输入的偏差信号。偏差越大，控制信号变化速度越大，反之则越小。随着时间的延长，积分结果越大，积分控制效果越强。

当控制系统受到扰动而产生偏差时，积分控制规律积分时间短，控制效果有限，产生迟缓、滞后的控制作用，不能及时抑制偏差的增加，对于控制不利。积分控制是一种无差控制，即当偏差为零时，控制器输出才会维持在一个固定值。这种效果可以提高系统的稳态精度，因此凡是要求有很高稳态精度的系统都会采用积分控制规律，但是积分的过渡过程变化缓慢，系统的稳定性较差，实际工程中多与其他控制规律混合使用。

1.8.4 微分控制规律

微分控制器输出信号 $u(t)$ 与输入的偏差量 $e(t)$ 之间的关系为

$$u(t) = T_\mathrm{D} \frac{\mathrm{d}e(t)}{\mathrm{d}t}$$

式中，T_D 为微分时间。T_D 越大，在相同的偏差变化率的作用下，微分控制器输出越大，微分控制作用就越大。

微分控制器根据偏差的变化进行控制，也就是根据偏差变化的趋势进行控制，因此微分控制器具有超前控制的特点。由于微分有放大高频信号的特点，因此它一般不单独使用，需要其他控制规律的配合，主要应用于时间常数和容积延迟[①]大的被控对象。

1.8.5 PI 控制规律

PI 控制规律的表达式为

$$u(t) = u_\mathrm{P}(t) + u_\mathrm{I}(t) = \frac{1}{\delta}\left[e(t) + \int \frac{1}{T_\mathrm{I}} e(t) \mathrm{d}t\right]$$

PI 控制器是比例控制器与积分控制器的结合。比例控制器在控制起始阶段快速反应，随后积分控制器的作用增强，最终达到消除稳态误差的目的。这种控制器存在的问题是，只要偏差不为零，积分器就不会停止积分，导致输出进入深度饱和，控制器失去作用。PI 控制器一般适用于负荷变化不大、对象滞后小、被控量不允许存在稳态误差的场合。

1.8.6 PD 控制规律

PD 控制规律的表达式为

$$u(t) = u_\mathrm{P}(t) + u_\mathrm{D}(t) = \frac{1}{\delta}\left[e(t) + T_\mathrm{D} \frac{\mathrm{d}e(t)}{\mathrm{d}t}\right]$$

---

① 容积延迟：又称容积滞后、容量滞后，是指由于被控对象的容量系数和阻力，导致的过渡滞后时间。

PD 控制器的稳态误差比纯的比例控制器小,而微分控制器具有超前控制的作用,当微分时间合适时,能够大大改善系统的动态特性。PD 控制有利于减小稳态误差,提高系统响应速度。PD 控制器适用于负荷变化大,容量滞后较大,被控量允许存在稳态误差的场合。

1.8.7　PID 控制规律

PID 控制规律结合了三种控制规律的优点,兼顾了动态与静态控制要求,控制效果优良,其表达式为

$$u(t) = u_P(t) + u_I(t) + u_D(t) = \frac{1}{\delta}\left[e(t) + \frac{1}{T_I}\int e(t)dt + T_D \frac{de(t)}{dt}\right]$$

在 PID 控制器中,比例控制器起主要作用,积分与微分控制器起辅助控制作用。

1.8.8　控制规律的选用

以上介绍了多种控制规律,在选用时需要根据具体情况具体分析,选择恰当的控制规律。一般可以参考以下规则:

(1) 广义被控对象控制通道时间常数不大、负荷变动不大以及控制要求不高的场合可以选用比例控制规律。

(2) 广义被控对象控制通道的时间常数较小、负荷变动不大,但是被控量不允许有稳态误差的场合可以选用 PI 控制规律。

(3) 广义被控对象控制通道的时间常数或者容积延迟都较大、负荷变动较大,应考虑引入微分控制规律。若被控量允许有稳态误差,可以选用 PD 控制规律;若不允许有稳态误差,则选用 PID 控制规律。

(4) 若广义被控对象控制通道的时间常数、容积延迟或者纯延迟都较大、负荷变动也很大、控制质量要求又较高,此时 PID 控制规律也不能满足要求,则需要采用更加复杂的控制系统。

习　题

电枢控制的直流电机的原理如图 1-19 所示。该电机输出转矩与流过电枢绕组电流成

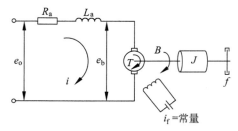

图 1-19　电枢控制的直流电机原理图

正比,比例系数为 K,称为力矩常数。励磁绕组的电流恒定为 i_f,因此电机磁场强度保持恒定。电枢绕组产生的反电动势与电机转速成正比,比例系数为 K_b。电机输出转角为 θ,转矩为 T,电机和负载折合到电机轴上的黏性摩擦系数为 f,折合到电机输出轴上的转动惯量为 J,e_b 为电枢绕组的反电动势,R_a 为电枢绕组的电阻,L_a 为其电感。

(1) 请推导该电机的传递函数。

(2) 若电枢的电阻、电感和转动惯量很小,试分析不带负载的电机的输出特性。

第 2 章 现代控制理论

经典控制理论主要针对单输入/单输出(Single-Input Single-Output,SISO)的线性定常系统,对于多输入/多输出(Multi-Input Multi-Output,MIMO)的非线性时变系统无能为力。此外,经典控制理论中分析设计控制系统的方法不够直观,且难以理解;在理论上没有找到控制问题的最佳解答,属于试凑法,需要丰富的经验。

现代控制理论在时域研究控制系统,对控制效果的展现直观而易于理解;可以处理多输入/多输出的非线性时变系统;在理论上能够找到满足控制性能要求的数学解答。此外,现代控制理论易于使用计算机进行求解,因此具有更大的优越性、先进性。

现代控制理论对于描述系统动态特性的数学模型的要求较高,需要更多的数学知识,在控制系统设计与实现时,对控制设备和系统所处的环境的要求也高。因此在实际工程中,应当根据具体的目标、要求和客观条件,选择合适的控制理论方法。

本章主要介绍现代控制理论的基础知识、基本理论,以及汽车电子控制系统开发中本科及研究生阶段可能涉及的知识,更多的内容请参见文献[5]。

2.1 基 本 概 念

2.1.1 系统的状态、状态变量和状态空间

定义 2-1 **系统的状态**是指能够完全描述系统时间域动态行为的一个变量数量最小的组合。这个变量组合中的变量称为**状态变量**。

上述定义中,"完全描述"是指这个变量组合具备以下条件:给定系统初始时刻($t=t_0$)的状态和系统在其后($t \geqslant t_0$)的输入,则系统在其后的任何时刻的状态就完全而且唯一地确定了。而所谓的"一个变量数量最小的组合"是指组合中的各个状态变量之间是线性无关的,也就是相互独立的。在状态变量组合中状态变量的数量称为系统的阶数。若要完全描述一个 n 阶系统,则其必须有 n 个相互独立的状态变量。一般记这 n 个状态变量为 $x_1(t)$, $x_2(t), \cdots, x_n(t)$。

定义 2-2 这 n 个状态变量为分量构成的 n 维状态向量,称为状态变量向量,简称为**状态向量**,表示为

$$\boldsymbol{X}(t) = \begin{bmatrix} x_1(t) \\ x_2(t) \\ \vdots \\ x_n(t) \end{bmatrix}$$

定义 2-3 以系统的 n 个状态变量为坐标轴,可以构成一个 n 维的欧氏空间,称为 n 维**状态空间**,记为 $\mathbf{R}^n$。n 维状态空间也可以理解为 n 维状态向量表示的所有可能的状态的集合。若状态向量 $x(t)$ 是属于 n 维状态空间的,则可以表示为 $x(t) \in \mathbf{R}^n$。

2.1.2 状态空间模型

状态空间模型是应用状态空间分析法对动态系统建立的一种数学模型,是应用现代控制理论对系统进行分析和综合的基础。状态空间模型由描述系统的动态特性行为的状态方程和描述系统输出变量与状态变量以及输入之间的变换关系的输出方程组成。

1. 线性时变系统的状态空间模型

【**例 2-1**】 试列写例 1-4 的 RLC 电路的状态空间模型。

解:选取电流 i 和电容两端电压 e_o 作为状态变量 $\begin{bmatrix} x_1 & x_2 \end{bmatrix}$,输入 $u = e_i$,根据式(1-4)可以得到系统状态变量的变化率与状态变量之间的如下关系式:

$$\begin{cases} L\dot{i} + Ri + e_o = e_i \\ \dot{e}_o = \dfrac{i}{C} \end{cases} \Rightarrow \begin{cases} \dot{i} = -\dfrac{R}{L}i - \dfrac{1}{L}e_o + e_i \\ \dot{e}_o = \dfrac{1}{C}i \end{cases}$$

可以得到如下的状态空间表达式:

$$\begin{bmatrix} \dot{x}_1 \\ \dot{x}_2 \end{bmatrix} = \begin{bmatrix} -\dfrac{R}{L} & -\dfrac{1}{L} \\ \dfrac{1}{C} & 0 \end{bmatrix} \begin{bmatrix} x_1 \\ x_2 \end{bmatrix} + \begin{bmatrix} 1 \\ 0 \end{bmatrix} u$$

$$y = \begin{bmatrix} 0 & 1 \end{bmatrix} \begin{bmatrix} x_1 \\ x_2 \end{bmatrix}$$

上式就是该系统的状态空间表达式。

对于任意的线性定常系统,其运动微分方程可以写作如下的形式:

$$y^{(n)} + a_1 y^{(n-1)} + \cdots + a_{n-1}\dot{y} + a_n y = u$$

若初始时刻 t_0 时,系统的初值已知,则对给定的输入 $u(t)$,上述方程有唯一解,即系统在 $t \geq t_0$ 任何时刻的状态都唯一确定。

因此按照如下方法选取状态变量可以完全描述系统的动态特性:

$$x_1 = y$$
$$x_2 = \dot{y}$$
$$\vdots$$
$$x_n = y^{(n-1)}$$

则该系统的微分方程可以改写为

$$\dot{x}_1 = x_2$$
$$\dot{x}_2 = x_3$$
$$\vdots$$

$$\dot{x}_{n-1} = x_n$$
$$\dot{x}_n = -a_n x_1 - a_{n-1} x_2 - \cdots - a_1 x_n + u$$

写成矩阵的形式：

$$\begin{cases} \dot{X} = AX + BU \\ Y = CX \end{cases} \quad (2\text{-}1)$$

其中，$X = \begin{bmatrix} x_1 \\ x_2 \\ \vdots \\ x_n \end{bmatrix}$，$A = \begin{bmatrix} 0 & 1 & 0 & \cdots & 0 \\ 0 & 0 & 1 & \cdots & 0 \\ \vdots & \vdots & \ddots & & \vdots \\ 0 & 0 & \cdots & 0 & 1 \\ -a_n & -a_{n-1} & \cdots & -a_2 & -a_1 \end{bmatrix}$，$B = \begin{bmatrix} 0 \\ 0 \\ \vdots \\ 0 \\ 1 \end{bmatrix}$，$C = \begin{bmatrix} 1 & 0 & \cdots & 0 \end{bmatrix}$。

这就是线性定常系统的状态空间表达式的一般形式，这种形式的状态空间表达式也称为能控标准型。系统的能控性将在 2.3 节做介绍。

一般来说，多输入/多输出（MIMO）的线性时变系统的状态空间模型具有如下一般形式：

$$\begin{cases} \dot{X} = A(t)X + B(t)U \\ Y = C(t)X + D(t)U \end{cases} \quad (2\text{-}2)$$

式中，$A(t)$ 为系统矩阵；$B(t)$ 为控制矩阵；$C(t)$ 为输出矩阵；$D(t)$ 为直接传递矩阵。

可以使用如图 2-1 所示的方块图对该系统进行描述。图 2-1 中，双线箭头代表传递的信号是多维向量。矩阵 $A(t)$ 由系统自身结构参数决定，表征的是系统内部各个状态变量之间的关联，称为系统矩阵；矩阵 $B(t)$ 是对输入的变化，决定如何处理输入信号或者各个输入变量是如何影响状态变量的，因此称为控制矩阵或者输入矩阵；矩阵 $C(t)$ 决定输入与状态变量之间的关系，称为输出矩阵；矩阵 $D(t)$ 是输入对输出的直接作用，称为直接传递矩阵。上述矩阵都是时间的函数，说明系统是时变的。

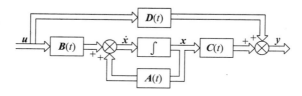

图 2-1 多输入/多输入出线性时变系统的方块图

方块图是计算机辅助控制系统仿真分析的有力工具，它既可以形象地表示输入、输出和状态之间的信息传递关系，还有助于快速建立控制系统的仿真模型。

某两输入/两输出的线性定常系统的状态空间表达式如下，可以绘制如图 2-2 所示的方块图。

$$\begin{bmatrix} \dot{x}_1 \\ \dot{x}_2 \end{bmatrix} = \begin{bmatrix} a_{11} & a_{12} \\ a_{21} & a_{22} \end{bmatrix} \begin{bmatrix} x_1 \\ x_2 \end{bmatrix} + \begin{bmatrix} b_{11} & b_{12} \\ b_{21} & b_{22} \end{bmatrix} \begin{bmatrix} u_1 \\ u_2 \end{bmatrix}$$

$$\begin{bmatrix} y_1 \\ y_2 \end{bmatrix} = \begin{bmatrix} c_{11} & c_{12} \\ c_{21} & c_{22} \end{bmatrix} \begin{bmatrix} x_1 \\ x_2 \end{bmatrix} + \begin{bmatrix} d_{11} & d_{12} \\ d_{21} & d_{22} \end{bmatrix} \begin{bmatrix} u_1 \\ u_2 \end{bmatrix}$$

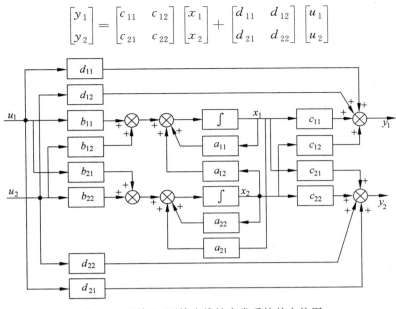

图 2-2 两输入/两输出线性定常系统的方块图

【例 2-2】 某系统的运动方程为 $\dddot{y} + 6\ddot{y} + 11\dot{y} + 6y = 6u$。试列写其状态空间表达式,并绘制其方块图。

解:选取如下的状态变量:

$$x_1 = y$$
$$x_2 = \dot{y}$$
$$x_3 = \ddot{y}$$

因此系统的微分方程可以改写为

$$\dot{x}_1 = x_2$$
$$\dot{x}_2 = x_3$$
$$\dot{x}_3 = -6x_1 - 11x_2 - 6x_3 + 6u$$

因此,系统的状态方程为 $\begin{bmatrix} \dot{x}_1 \\ \dot{x}_2 \\ \dot{x}_3 \end{bmatrix} = \begin{bmatrix} 0 & 1 & 0 \\ 0 & 0 & 1 \\ -6 & -11 & -6 \end{bmatrix} \begin{bmatrix} x_1 \\ x_2 \\ x_3 \end{bmatrix} + \begin{bmatrix} 0 \\ 0 \\ 6 \end{bmatrix} [u]$;

输出方程为:$y = \begin{bmatrix} 1 & 0 & 0 \end{bmatrix} \begin{bmatrix} x_1 \\ x_2 \\ x_3 \end{bmatrix}$。

系统的方块图见图 2-3。

2. 非线性时变系统的状态空间模型

非线性时变系统的状态空间模型的一般形式为

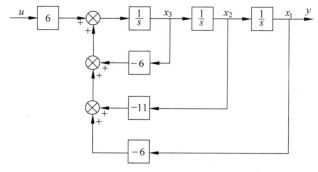

图 2-3 系统的方块图

$$\begin{cases} \dot{\boldsymbol{x}} = f(\boldsymbol{x},\boldsymbol{u},t) \\ \boldsymbol{y} = g(\boldsymbol{x},\boldsymbol{u},t) \end{cases}$$

式中，$\boldsymbol{x}$ 为 n 维状态向量；$\boldsymbol{u}$ 为 r 维输入向量；$\boldsymbol{y}$ 为 m 维输出向量；f 和 g 分别为 n 维和 m 维关于状态 $\boldsymbol{x}$、输入 $\boldsymbol{u}$ 和时间 t 的非线性向量函数。

$$f(\boldsymbol{x},\boldsymbol{u},t) = \begin{bmatrix} f_1(\boldsymbol{x},\boldsymbol{u},t) & f_2(\boldsymbol{x},\boldsymbol{u},t) & \cdots & f_n(\boldsymbol{x},\boldsymbol{u},t) \end{bmatrix}$$
$$g(\boldsymbol{x},\boldsymbol{u},t) = \begin{bmatrix} g_1(\boldsymbol{x},\boldsymbol{u},t) & g_2(\boldsymbol{x},\boldsymbol{u},t) & \cdots & g_m(\boldsymbol{x},\boldsymbol{u},t) \end{bmatrix}$$

其中，$f_i(\boldsymbol{x},\boldsymbol{u},t)(i=1,2,\cdots,n)$，$g_j(\boldsymbol{x},\boldsymbol{u},t)(j=1,2,\cdots,m)$ 分别为 n 维和 m 维关于状态 $\boldsymbol{x}$、输入 $\boldsymbol{u}$ 和时间 t 的非线性函数。这些非线性函数显含时间 t，表明系统的结构和参数随时间的变化而变化。

3. 线性离散系统的状态空间表达式

线性离散系统的状态空间表达式的一般形式是

$$\begin{cases} \boldsymbol{x}(k+1) = G(k)\boldsymbol{x}(k) + H(k)\boldsymbol{u}(k) \\ \boldsymbol{y}(k) = C(k)\boldsymbol{x}(k) + D(k)\boldsymbol{u}(k) \end{cases}$$

式中，$\boldsymbol{x},\boldsymbol{y},\boldsymbol{u}$ 分别为状态向量、输出向量和控制向量；$\boldsymbol{x}(k),\boldsymbol{y}(k),\boldsymbol{u}(k)$ 分别为系统在采样时刻 kT 采样得到的值。

离散时间状态方程的求解主要有两种方法：z 变换和差分方程的迭代法。这里不做过多介绍。

2.1.3 状态空间的线性变换与标准型

1. 状态空间的线性变换

在例 2-1 中，如果选取不同的状态变量，比如选取电容的电量与电流作为状态变量，则会得到结构形式不同的状态空间表达式，那么描述同一个系统的不同形式的状态空间表达式以及它们的状态变量之间必定存在一定的关系。

设线性定常系统的状态空间表达式为

$$\begin{cases} \dot{X} = AX + BU \\ Y = CX + DU \end{cases} \tag{2-3}$$

式中,各个符号的含义见 2.1.2 节。

若取另一组新的状态变量 W 对上述表达式进行变换,且已知 W 是原状态变量 X 的线性组合,即两组状态变量之间存在非奇异线性变换关系:

$$X = PW \tag{2-4}$$

式中,P 为 $n \times n$ 非奇异变换矩阵。将式(2-4)代入式(2-3),可得到新的状态空间表达式:

$$\begin{cases} \dot{W} = P^{-1}APW + P^{-1}BU = \bar{A}W + \bar{B}U \\ Y = CPW + DU = \bar{C}W + \bar{D}U \end{cases} \tag{2-5}$$

其中,$\bar{A} = P^{-1}AP, \bar{B} = P^{-1}B, \bar{C} = CP, \bar{D} = D$。

显然,P 矩阵有无穷多个,因此就存在无穷多组变换,并且这种变换从状态空间的角度来看,其实质是状态空间的坐标变换。

2. 基本概念

定义 2-4 系统的特征值: 由式(2-3)所描述的线性定常系统的系统矩阵 A 的特征值,也就是该系统的特征值,亦即特征方程 $|\lambda I - A| = 0$ 的根。

一个 n 阶系统,系统矩阵 A 为 $n \times n$ 方阵,有且仅有 n 个特征值。对于物理上存在的系统,A 为实数方阵,其 n 个特征值或为实数,或为共轭复数对。

定义 2-5 设 λ_i 是 $n \times n$ 矩阵 A 的一个特征值,若存在一个 n 维非零向量 P_i 使得

$$AP_i = \lambda_i P_i$$

成立,则称 P_i 为 A 对应于该特征值 λ_i 的**特征向量**。

设 $\lambda_1, \lambda_2, \cdots, \lambda_n$ 为系统矩阵 A 的特征值,而 $P_1, P_2, \cdots, P_n$ 是矩阵 A 分别对应于这些特征值的特征向量,当 $\lambda_1, \lambda_2, \cdots, \lambda_n$ 两两互异时,$P_1, P_2, \cdots, P_n$ 线性无关,因此,由这些特征向量组成的矩阵 P 必定是非奇异的。这里,

$$P = \begin{bmatrix} P_1 & P_2 & \cdots & P_n \end{bmatrix} = \begin{bmatrix} P_{11} & P_{12} & \cdots & P_{1n} \\ P_{21} & P_{22} & \cdots & P_{2n} \\ \vdots & \vdots & & \vdots \\ P_{n1} & P_{n2} & \cdots & P_{nn} \end{bmatrix}$$

3. 状态方程的规范化

定义 2-6 所谓规范化,就是将系统矩阵 A 变换为对角线规范型,或约当(Jordan)规范型。所谓约当规范型,就是由多个约当块 J_i 组成的块对角矩阵。显然,对角线规范型是约当规范型的特例。

设线性定常系统的状态方程为式(2-3),其系统矩阵 A 的特征值 $\lambda_1, \lambda_2, \cdots, \lambda_n$ 互不相同时,必存在非奇异矩阵 P,通过等价变换 $X = PW$,使得变换后的状态方程化为对角线规范型,即

$$\dot{W} = \bar{A}X + \bar{B}U$$

式中，$\bar{A} = P^{-1}AP = \begin{bmatrix} \lambda_1 & & & 0 \\ & \lambda_2 & & \\ & & \ddots & \\ 0 & & & \lambda_n \end{bmatrix}$，对角线上的元素 $\lambda_i (i=1,2,\cdots,n)$ 为系统矩阵 A 的特征值；变换矩阵 P 是以 A 的特征向量 $P_1, P_2, \cdots, P_n$ 为列向量构成的矩阵。P 矩阵并非唯一，在求取特征向量时，通常取其基本解。

定义 2-7 友矩阵，即具有如下形式的矩阵：

$$A = \begin{bmatrix} 0 & 1 & 0 & \cdots & 0 \\ 0 & 0 & 1 & \cdots & 0 \\ \vdots & \vdots & \vdots & & \vdots \\ 0 & 0 & 0 & \cdots & 1 \\ -a_n & -a_{n-1} & -a_{n-2} & \cdots & -a_1 \end{bmatrix}$$

可以证明，对于线性定常系统，如果其特征值 $\lambda_1, \lambda_2, \cdots, \lambda_n$ 两两互异，且系统矩阵 A 为友矩阵，则可选取以下范德蒙德矩阵作为变换矩阵，即

$$P = \begin{bmatrix} 1 & 1 & \cdots & 1 \\ \lambda_1 & \lambda_2 & \cdots & \lambda_n \\ \lambda_1^2 & \lambda_2^2 & \cdots & \lambda_n^2 \\ \vdots & \vdots & & \vdots \\ \lambda_1^{n-1} & \lambda_2^{n-1} & \cdots & \lambda_n^{n-1} \end{bmatrix}$$

将系统状态方程化为对角线规范型。按照式(2-5)通过 P 矩阵就可以得到变换后的对角线规范型。

2.1.4　传递函数模型与状态空间模型的关系

线性系统传递函数模型与状态空间模型都是描述系统的数学模型，因此它们之间存在一定的联系。对于单输入/单输出(SISO)的线性系统，其传递函数模型可以通过拉普拉斯反变换转换为微分方程，再选取状态变量，列写状态空间表达式；同理，状态空间表达式也可以通过拉普拉斯变换转变为传递函数。但是对于多输入/多输出(MIMO)线性系统的状态空间表达式就要根据输入对输出的关系转换为多个传递函数的串联、并联或者混联的形式。

设系统的状态空间表达式为

$$\begin{cases} \dot{x}(t) = Ax(t) + Bu(t) \\ y(t) = Cx(t) + Du(t) \end{cases} \quad (2-6)$$

假设系统状态的初值 $x(t)$ 为 0，对上式进行拉普拉斯变换，得到

$$\begin{cases} (sI - A)X(s) = BU(s) \\ Y(s) = CX(s) + DU(s) \end{cases}$$

消去 $X(s)$，有

$$Y(s) = C(sI-A)^{-1}BU(s) + DU(s) = [C(sI-A)^{-1}B + D]U(s)$$

于是有

$$G(s) = C(sI-A)^{-1}B + D \tag{2-7}$$

这就是状态空间表达式与传递函数之间的转换关系式。

由于 $(sI-A)^{-1} = \dfrac{\text{adj}(sI-A)}{|sI-A|}$，假定 $C(sI-A)^{-1}B$ 的矩阵乘积中不出现分子、分母之间的消除现象(传函模型中零极点对消现象)，那么 $G(s)$ 的极点就是 $|sI-A|=0$ 的根。状态空间表达式中的系统矩阵(A 矩阵)表达的是系统自身的运动，A 矩阵的特征根就是其传递函数模型的极点，其实部的正负同样可以用于判断系统的稳定性。

2.2 李雅普诺夫稳定性分析

1.4 节中给出了系统稳定性的定义，可知线性系统输出的稳定性取决于其特征方程的根，与初始条件与状态空间分布没有关系。对于稳定的线性系统，由于只存在唯一的孤立平衡态，因此可以笼统地讨论线性系统在整个状态空间的稳定性。而非线性系统的稳定性是相对系统状态空间的各个平衡态而言的，很难笼统地讨论非线性系统在整个状态空间的稳定性。非线性系统不同的平衡态有着不同的稳定性，且其稳定性还具有局部性特征。

在图 2-4 所示的小车运动图中，当小车初始位于 B 点静止时，小车在外界干扰下在 B 点附近来回运动，在摩擦力的作用下最终停在 B 点。此时，小车是稳定的。但是如果小车的外界干扰力很大，也可能到达 C 点，并下滑到 D 点，在 D 点稳定下来，这也是稳定的。

如果小车在初始时刻位于 C 点并静止，当小车受到外界干扰，它可能下滑到 B 点，也可能下滑到 D 点，且最终静止。还有一种可能是外界干扰太大，小车越过 A 点不知所踪。

图 2-4 小车的运动分析图

从这个例子看来，非线性系统的稳定性比较复杂，不同的初始位置稳定性不同；且稳定性还具有局部性特征。在介绍李雅普诺夫稳定性分析法之前，先就涉及的概念和定义作说明，以进一步学习稳定性的理论。

2.2.1 基本概念

1. 平衡状态

设系统状态方程为 $\dot{X} = f(X,t)$，其中 X 为 n 维状态变量组成的向量，$f(X,t)$ 为 n 维的关于状态向量 X 和时间 t 的非线性向量函数。

定义 2-8 动态系统 $\dot{X} = f(X,t)$ 的**平衡状态**是使

$$f(X,t) \equiv 0 (\forall t) \tag{2-8}$$

的状态，用 X_e 来表示。

显然,对于线性定常系统 $\dot{X}=AX$ 的平衡状态 X_e 是满足 $AX_e=0$ 的解。当矩阵 A 非奇异时,该系统只有一个孤立的平衡状态[①] $X_e=0$;而当矩阵 A 奇异时,则存在无限多个非孤立的平衡状态,且这些平衡状态构成状态空间的一个子空间。

对于非线性系统通常有一个或者几个孤立的平衡状态,它们都和式(2-8)所确定的常值解相对应。例如,系统

$$\begin{cases} \dot{x}_1 = -x_1 \\ \dot{x}_2 = x_1 + x_2 - x_2^3 \end{cases}$$

就有 3 个平衡状态,即

$$X_{e1} = \begin{bmatrix} 0 \\ 0 \end{bmatrix}, \quad X_{e2} = \begin{bmatrix} 0 \\ -1 \end{bmatrix}, \quad X_{e3} = \begin{bmatrix} 0 \\ 1 \end{bmatrix}$$

系统的稳定性都是针对某个平衡状态进行研究的。由于线性定常系统通常只有唯一的一个平衡点,因此可以笼统地论述系统的稳定性问题,而没有强调某个平衡点。而对于存在多个平衡状态的非线性系统,各个平衡点可能表现出不同的稳定特性,需要分别加以讨论。

2. 状态向量的范数

定义 2-9 范数:度量 n 维空间点间的距离。对 n 维空间中任意两点 X_1 和 X_2 之间的距离的范数记为 $\|X_1-X_2\|$。由于所需要度量的空间和度量的意义不同,因此存在各种范数的定义。在工程中常用的是 2-范数,即欧几里得范数:

$$\|X_1 - X_2\| = \sqrt{\sum_{i=1}^{n} (x_{1,i} - x_{2,i})^2}$$

其中,$x_{1,i}, x_{2,i}$ 分别为向量 X_1 和 X_2 的各个分量。

若将坐标原点设置为平衡状态,则范数 $\|X\|$ 就是向量在 n 维空间中至坐标原点的距离。

3. 球域

定义 2-10 在 n 维状态空间中,球域 $S(\varepsilon)$ 表示在此空间中的任意一点至状态空间原点的距离(范数)都小于 ε。

2.2.2 李雅普诺夫稳定性定义

1. 稳定和一致稳定

设 X_e 为系统 $\dot{X}=f(X,t)$ 的一个孤立的平衡状态。如果对任意选定的正实数 $\varepsilon>0$ 或球域 $S(\varepsilon)$,都对应存在另一个正实数 $\delta(\varepsilon,t_0)>0$ 或球域 $S(\delta)$,使得当 $\|X_0-X_e\|\leqslant\delta$ 时,从任意初态 X_0 出发的 X 的状态轨迹恒有

$$\|\phi(t;X_0,t_0)-X_e\|\leqslant\varepsilon \quad (t\geqslant t_0)$$

[①] 若在某一个平衡状态充分小的邻域内不存在别的平衡状态,则该状态称为孤立的平衡状态。

则称平衡状态 X_e 在李雅普诺夫意义下是**稳定**的。

一般来说,决定球域 $S(\delta)$ 的实数 δ 与 ε 有关,也与 t_0 有关。如果 δ 与 t_0 无关,则进一步称平衡状态 X_e 是**一致稳定**的。

图 2-5 是在李雅普诺夫意义下稳定性在二维空间中的几何表示,它给出了更为清晰、直观的稳定性概念。从图中可知,$X_e=0$ 为二阶系统的平衡状态,若对于每一个 $S(\varepsilon)$,都存在一个 $S(\delta)$,使得当 $t\to\infty$ 时,从 $S(\delta)$ 出发的状态轨迹(即系统响应)总不会超出 $S(\varepsilon)$。可见,对于平衡状态 X_e 为李雅普诺夫意义下稳定的系统,其响应的幅值是有界的。

2. 渐近稳定

如果平衡状态 X_e 是稳定的,而且当 $t\to\infty$ 时,轨迹不会超过 $S(\varepsilon)$,最终还会收敛于 X_e,即

$$\lim_{t\to\infty}\|\phi(t;X_0,t_0)-X_e\|\leqslant\mu \quad (\mu \text{ 为任意小量})$$

则称平衡状态 X_e 在李雅普诺夫意义下是**渐近稳定的**,其在二维空间的几何表示如图 2-6 所示。

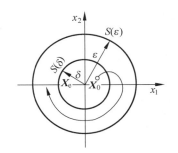
图 2-5 二维空间的稳定性几何图示

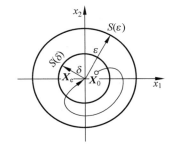
图 2-6 二维空间的渐近稳定的几何图示

实际上,在李雅普诺夫意义下的渐近稳定才是在经典控制理论中所说的稳定。工程应用系统都要求是在李雅普诺夫意义下渐近稳定。

3. 大范围渐近稳定

如果平衡状态 X_e 是稳定的,而且从状态空间中的任何点出发的状态轨迹都具有渐近稳定性,则称平衡状态 X_e 是**大范围渐近稳定**的。

显然,大范围渐近稳定的必要条件是在整个状态空间中只有一个平衡状态。对于现行系统来说,它只有一个孤立的平衡状态,如果平衡状态是渐近稳定的,则必定是大范围渐近稳定的。对于非线性系统来说,使 X_e 为渐近稳定平衡状态的 $S(\delta)$ 域一般是不大的,或称 $S(\delta)$ 是有一定范围的,也常称这种平衡状态为小范围渐近稳定。

一般来说,对于非线性系统往往很难做到大范围渐近稳定,因此在工程实际中一般只要求确定一个足够大的渐近范围,使得初始扰动不超过它就可以了。

4. 不稳定

如果对于某个大于零的实数 ε 和无论多么小的大于零的实数 δ,由球域 $S(\delta)$ 内出发的

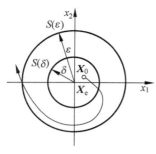

图 2-7 二维空间的不稳定几何表示

状态轨迹至少有一条最终会超出球域 $S(\varepsilon)$，则称平衡状态 $\boldsymbol{X}_e$ 为**不稳定**。当然，这种情况并不意味着状态轨迹一定要趋于无穷远。不稳定在二维空间中的几何表示如图 2-7 所示。

需要特别指出的是，在经典控制理论中定义的稳定性是指输入/输出的稳定性，也就是如果输入是有界的，系统产生的输出也是有界的。而李雅普诺夫稳定性讨论的是系统状态在平衡状态邻域的稳定性问题。这两种稳定性没有必然的联系。对于线性定常系统，若系统是渐近稳定的，则一定是输入/输出稳定的，且在输入信号为零后其输出亦将趋于零；反之，若系统不是渐近稳定的，则不尽然。

2.2.3 李雅普诺夫稳定性基本定理

1. 李雅普诺夫第一法

李雅普诺夫第一法又称间接法，是通过研究动态系统的一次近似数学模型的稳定性来分析非线性系统平衡状态稳定的方法。它的基本思想是针对非线性化不是很严重的系统，先将其非线性方程在平衡状态附近进行泰勒级数展开，得到线性化方程；然后求解线性方程的特征值，根据特征值判定原非线性系统在零输入情况下的稳定性。

显然，李雅普诺夫第一法的思路与经典控制理论中稳定性判定的思路是一致的。

【**例 2-3**】 某系统的状态运动方程如下，试判断其在原点处的稳定性。

$$\begin{bmatrix} \dot{x}_1 \\ \dot{x}_2 \end{bmatrix} = \begin{bmatrix} x_2 \\ 2(x_1^2-1)x_2 - x_1 \end{bmatrix}$$

解：由状态方程可知，原点为其平衡状态。将该系统在原点处线性化，系统矩阵为

$$\boldsymbol{A} = \frac{\partial f(\boldsymbol{X})}{\partial \boldsymbol{X}^T}\bigg|_{\boldsymbol{X}=\boldsymbol{X}_e} = \begin{bmatrix} 0 & 1 \\ -2 & -1 \end{bmatrix}$$

系统的特征方程为 $|\lambda\boldsymbol{I}-\boldsymbol{A}| = \lambda^2 + 2\lambda + 1 = 0$，显然 $\lambda_{1,2} = -1$，特征根实部全为负，系统在原点处是渐近稳定的。

2. 李雅普诺夫第二法的数学基础知识

李雅普诺夫第一法只能处理弱非线性定常系统的稳定性分析，不能推广到时变系统，对于强非线性系统也无能为力。李雅普诺夫第二法从能量的观点出发来分析系统的稳定性，又称直接法。

在图 2-1 中，当小车位于 C 点时，其势能最大，动能最小。在小车下滑到 B 点的过程中，势能转化为动能，再从 B 点向 A 点运动，动能转化为势能，如此往复。由于摩擦的存在，能量不断损耗，小车将初始的势能消耗殆尽，最终停止在 B 点。在此过程中，小车没有从外界获得能量，而自身能量不断消耗，因此系统是稳定的。

李雅普诺夫第二法的基本思想：若系统平衡状态渐近稳定，则系统经过激励后，其储存的能量将随时间的推移而衰减，系统能量最终将达到最小值；反之，若系统平衡状态不稳

定,则系统将从外界不断地吸收能量,其储存的能量将越来越大。基于此思想,只要找到一个能合理描述动态系统的 n 维状态的某种形式能量的正性函数,通过考查该函数随时间推移是否衰减,就可以判断系统的稳定性。李雅普诺夫通过定义一个正定的标量函数 $V(X)$ 作为虚构的"广义能量函数",然后根据 $\dot{V}(X)=\mathrm{d}V/\mathrm{d}t$ 的符号特征来判断系统的稳定性。

1) 标量函数的正定性

标量函数亦称纯量函数,其最基本的特性是其定号性,也就是 $V(x)$ 在坐标原点附近的特性:坐标原点邻域函数的值什么条件恒为正,什么条件恒为负。

定义 2-11 设 $V(X)$ 为由 n 维向量 X 定义的标量函数,$X \in \mathbf{R}^n$,Ω 为 $\mathbf{R}^n$ 中包含原点的一个区域,$X \in \Omega$,且在 $X=0$ 处,恒有 $V(X)=0$。如果对所有在 Ω 域中的非零矢量 X,恒有

(1) $V(X) > 0$,则称 $V(X)$ 为**正定的**,如 $V(X) = x_1^2 + x_2^2$。

(2) $V(X) \geqslant 0$,则称 $V(X)$ 为**半正定的**,如 $V(X) = (x_1 + x_2)^2$。

(3) $V(X) < 0$,则称 $V(X)$ 为**负定的**。

(4) $V(X) \leqslant 0$,则称 $V(X)$ 为**半负定的**。

(5) 若 $V(X)$ 可为正,也可为负,则称 $V(X)$ 为**不定的**。

2) 二次型标量函数

设 $x_1, x_2, \cdots, x_n$ 为 n 维向量,则二次型标量函数可表示为

$$V(X) = X^\mathrm{T} P X = \begin{bmatrix} x_1 & x_2 & \cdots & x_n \end{bmatrix} \begin{bmatrix} P_{11} & P_{12} & \cdots & P_{1n} \\ P_{21} & P_{22} & \cdots & P_{2n} \\ \vdots & \vdots & & \vdots \\ P_{n1} & P_{n2} & \cdots & P_{nn} \end{bmatrix} \begin{bmatrix} x_1 \\ x_2 \\ \vdots \\ x_n \end{bmatrix}$$

矩阵 P 称为二次型标量函数 $V(X)$ 的**权矩阵**。如果 $P_{ij} = P_{ji}$,则称 P 为实对称矩阵。

对二次型标量函数 $V(X) = X^\mathrm{T} P X$,若 P 为实对称矩阵,则必存在正交矩阵 T,通过 $X = T\bar{X}$ 变换,使之变为

$$V(X) = (T\bar{X})^\mathrm{T} P T \bar{X} = \bar{X}^\mathrm{T} T^\mathrm{T} P T \bar{X} = \bar{X}^\mathrm{T} (T^{-1} P T) \bar{X}$$

$$= \bar{X}^\mathrm{T} \bar{P} \bar{X} = \bar{X}^\mathrm{T} \begin{bmatrix} \lambda_1 & & & 0 \\ & \lambda_2 & & \\ & & \ddots & \\ 0 & & & \lambda_n \end{bmatrix} \bar{X} = \sum_{i=1}^n \lambda_i \bar{X}_i^2 \quad (2-9)$$

式(2-9)是二次型标量函数的标准型。其中 λ_i 为实对称矩阵 P 的互异的特征值,且均为实数。由此可知,$V(X)$ 为正定的充要条件是实对称矩阵 P 的所有特征值 λ_i 均大于零。

定义 2-12 设对称矩阵 P 为二次型函数 $V(X)$ 的权矩阵,当 $V(X)$ 分别为正定、负定、非负定、非正定与不定时,则对称矩阵 P 相应地正定、负定、非负定、非正定与不定。

矩阵 P 的符号性质与由它决定的二次型标量函数 $V(X)$ 的符号性质完全一致,因此可以通过判别 P 的符号就可以判别 $V(X)$ 的符号。而 P 的符号可由塞尔维斯特(Sylvester)准则来确定。

3) 塞尔维斯特准则

设实对称矩阵 P,其各阶主子行列式为

$$\Delta_1 = P_{11} \; ; \; \Delta_2 = \begin{bmatrix} P_{11} & P_{12} \\ P_{21} & P_{22} \end{bmatrix} \; ; \; \cdots \; ; \; \Delta_n = \det[\boldsymbol{P}]$$

确定矩阵 $\boldsymbol{P}$(或 $V(\boldsymbol{X})$)符号性质的充要条件为

(1) 若 $\Delta_i > 0 (i=1,2,\cdots,n)$,则 $\boldsymbol{P}$(或 $V(\boldsymbol{X})$)为正定的。

(2) 若 $\Delta_i \begin{cases} >0 & i \text{ 为偶数} \\ <0 & i \text{ 为奇数} \end{cases}$,则 $\boldsymbol{P}$(或 $V(\boldsymbol{X})$)为负定的。

(3) 若 $\Delta_i \begin{cases} \geq 0 & i=1,2,\cdots,n-1 \\ =0 & i=n \end{cases}$,则 $\boldsymbol{P}$(或 $V(\boldsymbol{X})$)为半正定(非负定)的。

(4) 若 $\Delta_i \begin{cases} \geq 0 & i \text{ 为偶数} \\ \leq 0 & i \text{ 为奇数} \\ =0 & i=n \end{cases}$,则 $\boldsymbol{P}$(或 $V(\boldsymbol{X})$)为半负定(非正定)的。

3. 李雅普诺夫稳定性定理

定理 2-1 设系统的状态方程为 $\dot{\boldsymbol{X}} = f(\boldsymbol{X},t)$,其平衡状态 $f(0,t)=0(t \geq t_0)$。如果存在具有连续一阶偏导数的标量函数 $V(\boldsymbol{X},t)$,并且满足如下条件:

(1) $V(\boldsymbol{X},t)$ 为正定,即当 $\boldsymbol{X}=0$ 时,$V(\boldsymbol{X},t)=0$,当 $\boldsymbol{X} \neq 0$ 时,$V(\boldsymbol{X},t)>0$;

(2) $\dot{V}(\boldsymbol{X},t)$ 为负定,

则系统在状态空间原点处的平衡状态为渐近稳定。如果当 $\|\boldsymbol{X}\| \to \infty$ 时,有 $V(\boldsymbol{X},t) \to \infty$,则系统在原点处的平衡状态为大范围渐近稳定的。

定理 2-2 设系统的状态方程为 $\dot{\boldsymbol{X}} = f(\boldsymbol{X},t)$,其平衡状态 $f(0,t)=0(t \geq t_0)$。如果存在具有连续一阶偏导数的标量函数 $V(\boldsymbol{X},t)$,并且满足如下条件:

(1) $V(\boldsymbol{X},t)$ 为正定;

(2) $\dot{V}(\boldsymbol{X},t)$ 为半负定;

(3) $\dot{V}[\phi(t,\boldsymbol{X}_0,t_0),t]$ 对任意 t_0 和任意 $\boldsymbol{X}_0 \neq 0$,在 $t \geq t_0$ 时不恒等于零,

则系统在状态空间原点处的平衡状态为大范围渐近稳定。式中 $\phi(t,\boldsymbol{X}_0,t_0)$ 表示 $t \geq t_0$ 时从初始状态 $\boldsymbol{X}_0$ 出发的解。

定理 2-3 设系统的状态方程为 $\dot{\boldsymbol{X}} = f(\boldsymbol{X},t)$,其平衡状态 $f(0,t)=0(t \geq t_0)$。如果存在具有连续一阶偏导数的标量函数 $V(\boldsymbol{X},t)$,且满足:

(1) $V(\boldsymbol{X},t)$ 为正定;

(2) $\dot{V}(\boldsymbol{X},t)$ 为半负定,但在原点外的某一 $\boldsymbol{X}$ 处恒为零,

则系统在原点处的平衡状态在李雅普诺夫意义下是稳定的,但非渐近稳定。

定理 2-4 设系统的状态方程为 $\dot{\boldsymbol{X}} = f(\boldsymbol{X},t)$,其平衡状态 $f(0,t)=0(t \geq t_0)$。如果存在具有连续一阶偏导数的标量函数 $V(\boldsymbol{X},t)$,而且满足:

(1) $V(\boldsymbol{X},t)$ 在原点附近的某一邻域内是正定的;

(2) $\dot{V}(\boldsymbol{X},t)$ 在同一邻域内是正定的,

则系统在原点处的平衡状态是不稳定的。

李雅普诺夫第二法是分析动态系统稳定性的有效方法,但是具体运用时涉及如何选取合适的李雅普诺夫函数的问题。由于各种系统的复杂性,难以建立统一的李雅普诺夫函数的定义方法。目前的处理方法是针对不同的系统,根据它们的特性分别寻找建立李雅普诺夫函数的方法。具体内容请参考其他文献。

2.3 系统的能控性与能观性

系统的能控性与能观性是系统分析和设计的基础,是控制系统最基本的问题。系统的能控性是指输入对被控对象的状态和输出进行控制的可能性;而能观性则反映通过系统的输出确定系统状态的可能性。最优控制系统从原理上讲就是通过控制作用(输入)使得系统按照预期的(最优)轨迹运动,因此系统的能控性是其前提条件。在工程实际中,往往需要通过系统的状态变量形成反馈信号,进而构成闭环控制系统。但是如果系统的状态难以测量,或者不能直接测量,则这样的控制系统就很难构建,这就是系统的能观性问题。

2.3.1 线性系统的能控性及其判别

1. 线性定常离散系统的能控性

定义 2-13 设线性离散系统的状态方程为

$$X(k+1) = AX(k) + BU(k) \tag{2-10}$$

式中,$X(k)$ 为 n 维状态向量;$U(k)$ 为 r 维输入向量;A 为非奇异的 $n \times n$ 常系数矩阵;B 为 $n \times r$ 控制矩阵。如果存在输入控制序列 $U(k), U(k+1), \cdots, U(N-1)$ 使得式(2-10)所描述的系统从第 k 步的状态 $X(k)$ 开始,在第 N 步上达到所要求的状态 $X(N)$(通常取为零状态,即 $X(N) = 0$,其中 N 是大于 k 的有限数),则称该系统在第 k 步上是能控的,$X(k)$ 就称为第 k 步上的能控状态。如果对任意的 $k, X(k)$ 都是能控状态,则称系统是完全能控的,简称系统具有能控性。

定理 2-5 设 n 阶线性定常离散系统的状态方程为 $X(k+1) = AX(k) + BU(k)$,式中符号意义见式(2-10)。系统状态完全能控的充要条件是

$$\text{rank}[B \quad AB \quad A^2B \quad \cdots \quad A^{n-1}B] = n$$

系数矩阵 $[B \quad AB \quad A^2B \quad \cdots \quad A^{n-1}B]$ 又称为系统的能控性矩阵,用 S 表示。

2. 线性定常连续系统的能控性

定义 2-14 设线性定常连续系统的状态方程为

$$\dot{X} = AX + BU \tag{2-11}$$

式中,X 为 n 维状态向量;U 为 r 维输入向量;A、B 分别为 $n \times n, n \times r$ 阶的常系数矩阵。若存在一分段连续的输入控制向量 $U(t)$,能在有限时间区间 $[t_0, t_1]$ 内把系统从初始状态 $X(t_0)$ 转移到任意的终止状态 $X(t_1)$,就称式(2-11)所示系统在 $t = t_0$ 时刻的状态 $X(t_0)$ 是

能控的;若系统在任意 t_0 时刻的初始状态 $\boldsymbol{X}(t_0)$ 都能控,则称系统的状态是完全能控的,简称系统具有能控性。

定理 2-6 式(2-11)所示线性定常连续系统状态完全能控的充要条件是其能控性矩阵满秩,即 $\text{rank}[\boldsymbol{S}] = \text{rank}[\boldsymbol{B} \quad \boldsymbol{AB} \quad \boldsymbol{A}^2\boldsymbol{B} \quad \cdots \quad \boldsymbol{A}^{n-1}\boldsymbol{B}] = n$。

比较定理 2-5 与定理 2-6 可以发现,连续系统与离散系统能控性的判别的充要条件在形式上是一致的,这说明它们之间必然存在内在的联系。实际上,连续系统可以看作离散系统当 $T \to 0$ 时的极限情况。

3. 控制系统的输出能控性

上面讨论的是系统状态的能控性,对于实际系统往往要求其输出是能控的,而不是系统的状态能控。

连续系统和离散系统的输出能控性判别的条件,在形式上也是完全相同的,所以这里仅介绍线性定常连续系统的输出能控性问题。

定义 2-15 对于线性定常连续系统,如果在有限的时间 $[t_0, t_1]$ 内,存在一个适当的控制向量 $\boldsymbol{U}(t)$,能使系统从任意给定的初始输出 $\boldsymbol{Y}(t_0)$ 转移到任意指定的最终输出 $\boldsymbol{Y}(t_1)$,就称系统具有输出能控性,或者称系统是输出完全能控的。

定理 2-7 设线性定常连续系统的状态方程为

$$\begin{cases} \dot{\boldsymbol{X}} = \boldsymbol{AX} + \boldsymbol{BU} \\ \boldsymbol{Y} = \boldsymbol{CX} + \boldsymbol{DU} \end{cases} \tag{2-12}$$

式中,$\boldsymbol{C}$ 为 $l \times n$ 阶常系数输出矩阵;$\boldsymbol{D}$ 为 $l \times r$ 阶常系数直接传递矩阵;$\boldsymbol{Y}$ 为 l 维输出向量;其他符号意义同前。

该系统具有输出能控性的充要条件是 $l \times (n+1)r$ 阶的输出能控性矩阵 $\boldsymbol{S}'$ 的秩为 l,即 $\text{rank}[\boldsymbol{S}'] = \text{rank}[\boldsymbol{CB} \quad \boldsymbol{CAB} \quad \boldsymbol{CA}^2\boldsymbol{B} \quad \cdots \quad \boldsymbol{CA}^{n-1}\boldsymbol{B} \quad \boldsymbol{D}] = l$。

2.3.2 线性系统的能观测性及其判别

1. 线性定常离散系统的能观测性

定义 2-16 设有线性定常离散系统

$$\begin{cases} \boldsymbol{X}(k+1) = \boldsymbol{AX}(k) + \boldsymbol{BU}(k) \\ \boldsymbol{Y}(k) = \boldsymbol{CX}(k) + \boldsymbol{DU}(k) \end{cases} \tag{2-13}$$

式中,$\boldsymbol{X}(k)$ 为 n 阶状态向量;$\boldsymbol{U}(k)$ 为 r 维输入向量;$\boldsymbol{Y}(k)$ 为 l 维输出向量;$\boldsymbol{A}$ 为 $n \times n$ 阶系统矩阵;$\boldsymbol{B}$ 为 $n \times r$ 阶控制矩阵;$\boldsymbol{C}$ 为 $l \times n$ 阶输出矩阵;$\boldsymbol{D}$ 为 $l \times r$ 阶直接传递矩阵。若能根据第 i 步及以后若干步的输入控制信号 $\boldsymbol{U}(i), \boldsymbol{U}(i+1), \cdots, \boldsymbol{U}(N-1)$ 和输出的测量值 $\boldsymbol{Y}(i), \boldsymbol{Y}(i+1), \cdots, \boldsymbol{Y}(N)$ 就能唯一地确定出第 i 步的状态 $\boldsymbol{X}(i)$,则称系统在第 i 步上是能观测的。若系统在任意第 i 步上都能观测,则称系统是完全能观测的,简称系统具有能观测性。

定理 2-8 由式(2-13)所描述的线性定常离散系统完全能观测的充要条件是

$$\text{rank}[Q] = \text{rank}\begin{bmatrix} C \\ CA \\ CA^2 \\ \vdots \\ CA^{n-1} \end{bmatrix} = n$$

其中，n 为系统的阶数。矩阵 $Q = \begin{bmatrix} C & CA & CA^2 & \cdots & CA^{n-1} \end{bmatrix}^T$ 为 $nl \times n$ 阶矩阵，称为系统的能观测性矩阵。

2. 线性定常连续系统的能观测性

定义 2-17 设有如式(2-12)所描述的线性定常连续系统，在任意给定的分段连续输入函数 $U(t)$ 作用下，若能根据系统输出量 $Y(t)$ 在有限时间区间 $[t_0, t_1]$ 内的测量值，唯一地确定系统在 t_0 时刻的初始状态 $X(t_0)$，就称系统在 t_0 时刻是能观测的。若在任意初始时刻 t_0 系统都能观测，则称系统是状态完全能观测的，简称系统具有能观测性。

定理 2-9 由式(2-12)所描述的线性定常连续系统完全能观测的充要条件是

$$\text{rank}[Q] = \text{rank}\begin{bmatrix} C \\ CA \\ CA^2 \\ \vdots \\ CA^{n-1} \end{bmatrix} = n$$

式中，$Q = \begin{bmatrix} C & CA & CA^2 & \cdots & CA^{n-1} \end{bmatrix}^T$ 为 $nl \times n$ 阶矩阵，称为系统的能观测性矩阵。

2.3.3 能控性、能观测性与传递函数的关系

状态空间表达式和传递函数都是从系统的微分方程转换而来的，但是传递函数在完全描述系统上是有条件的，而状态空间方程则完全描述了系统。比如某个使用零极点模型表达的传递函数，若出现 s 右半平面的零极点对消的现象时，这样的系统就可能会从不稳定的系统变为稳定的系统，显然这样的传递函数就没有完全描述系统的特征。这种现象在高阶系统中更为严重。

定理 2-10 卡尔曼-吉伯特定理：一个系统的传递函数只能表示该系统的既能控又能观测的那一部分子系统。

这个定理的推论是，如果给定的系统是不完全能控和不完全能观测的，那么传递函数就不能全面地表示出系统的动态特性。

必须指出的是，同一个系统由于状态变量的选择不是唯一的，所以它分解出来的各个子系统也会因状态变量的选择不同而异；但是，只要系统的输入量与输出量不变，那么不管状态变量如何选择，传递函数都不会改变，也就是能控又能观测的子系统是不变的。

2.4 控制系统的状态空间综合

前面几节介绍的是控制系统的分析问题,基本思路是在建立系统数学模型的基础上,研究系统的动态响应特性、稳定性、能控性和能观测性等性能,以及这些性能与系统的结构、参数和外部作用的关系。本节将要讨论的是控制系统的综合问题,是控制系统分析的逆问题,即利用已知的受控系统的结构和参数,以及所期望的系统运动或要求达到的动态过程的性能指标,来确定施加于系统的控制作用的大小或规律。系统综合主要包括两个方面的问题:

1. 是否可以进行综合的问题

只有对满足可综合的系统,控制命题才成立,才有必要求解控制规律。而对于综合条件不成立的系统,则需要修改其性能指标参数,或者改变受控系统的机理、结构或参数,使之先满足可综合的条件。

2. 控制规律的算法问题

控制规律的算法问题就是研究控制规律的解析求解方法。利用这些算法,对满足可综合条件的系统,确定其控制规律,比如求取相应的状态反馈矩阵或输出反馈矩阵。此外,工程中的一些诸如状态获取、建模误差和参数摄动问题也是需要考虑的。

系统综合的性能指标分为常规型和优化型。常规型系统综合仅仅为了满足某种笼统的指标要求;而优化型则是寻找性能指标函数的极小值或者极大值。如果把综合目标定为使系统性能指标在某种意义下达到最优,则称为最优综合。本节主要介绍基于状态反馈理论的极点配置、状态观测器设计问题。

2.4.1 反馈控制系统的基本结构与特点

反馈控制可以改善系统的动态品质,比如提高瞬态响应性能、增加系统的稳定性、增强抗干扰能力、减少系统对内部参数变化的敏感程度及拓展系统频率宽度等,因此,反馈是所有控制理论领域的主要控制方式。在经典控制理论中通常采用从系统输出端引出反馈量的输出反馈,而在现代控制理论领域则更多地运用状态反馈。状态反馈、输出反馈和采用状态观测器的状态反馈是现代控制工程系统中的三种基本的反馈形式。

1. 状态反馈和输出反馈的结构形式

图 2-8 是多输入/多输出系统的状态反馈基本结构图。状态反馈是将系统的每一个状态变量乘以相应的反馈系数后,反馈到输入端与参考输入相比较形成闭环控制律。受控系统 $\Sigma = (A, B, C, D)$ 的状态空间表达式为

$$\begin{cases} \dot{X}(t) = AX(t) + BU(t) \\ Y(t) = CX(t) + DU(t) \end{cases} \tag{2-14}$$

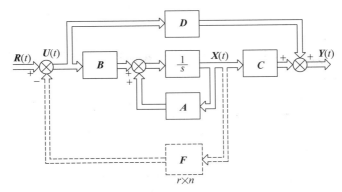

图 2-8　多输入/多输出系统的状态反馈结构图

引入的状态线性反馈规律为

$$U(t) = R(t) - FX(t) \quad (2\text{-}15)$$

式中，$R(t)$ 为 $r \times l$ 阶参考输入矩阵；F 为 $r \times n$ 阶状态反馈矩阵，也称为状态反馈增益矩阵。

将式(2-15)代入式(2-14)，可以得到引入状态反馈后的闭环系统的状态空间表达式：

$$\begin{cases} \dot{X}(t) = (A - BF)X(t) + BR(t) \\ Y(t) = (C - DF)X(t) + DR(t) \end{cases} \quad (2\text{-}16)$$

对比开环系统[式(2-14)]和闭环系统[式(2-16)]可以得到如下结论：

(1) 闭环系统和开环系统同阶数，状态反馈不增加新的状态变量；
(2) 状态反馈对控制矩阵 B 和直接传递矩阵 D 无影响；
(3) 在引入状态反馈后系统矩阵由 A 变为 $(A - BF)$；
(4) 输出矩阵 C 变为 $(C - DF)$，若 $D = 0$，输出矩阵也不变化。

若状态变量不可直接测量，则可以通过输出向量 $Y(t)$ 与控制向量 $U(t)$ 对系统状态向量进行估算，这就是状态观测器。通过状态观测器可以将状态的估计值反馈到输入端，从而实现状态反馈。其结构图如图 2-9 所示。

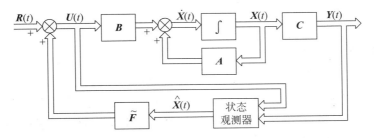

图 2-9　采用状态观测器的状态反馈系统结构图

由于系统的状态变量往往不能全部量测到，在这种情况下，可以采用容易实现的输出反馈。所谓输出反馈，就是利用输出量 $Y(t)$ 构成线性反馈律，使系统成为闭环控制的一种控制方式。根据输出量是反馈至状态微分处，还是参考输入处，形成所谓内输出反馈和外输出反馈两种形式。

图 2-10 为输出量反馈至状态微分处（内输出反馈）的基本结构图。内输出反馈的状态空间表达式为

$$\begin{cases} \dot{X}(t) = AX(t) + BU(t) - HY(t) = (A - HC)X(t) + (B - HD)U(t) \\ Y(t) = CX(t) + DU(t) \end{cases}$$

式中，H 为内输出反馈矩阵，也称为内输出反馈增益矩阵。

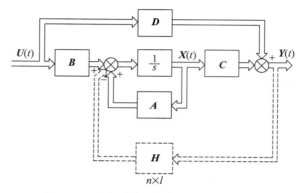

图 2-10　输出反馈至状态微分处的结构图

如果将输出量反馈至参考输入处，就可到如图 2-11 所示的外输出反馈系统的结构图。

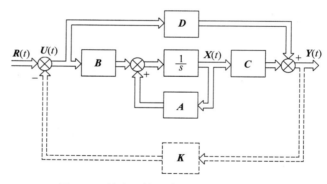

图 2-11　输出反馈至参考输入处的结构图

2. 极点配置

经典控制理论中采用的系统综合的方法，无论是根轨迹法，还是频率响应法，本质上都是极点配置问题。在现代控制理论中，系统的极点实际上就是其状态方程中系统矩阵 A 所对应的特征根。如果通过状态反馈矩阵 F 或者输出反馈矩阵 H/K 的选择，使得闭环系统的极点恰好为一组所期望的极点，就能获得良好的综合性能。

定理 2-11　采用状态反馈对系统 $\Sigma = (A, B, C)$ 能任意配置闭环极点的充要条件是该系统 Σ 具有能控性。

定理 2-12　对系统 $\Sigma = (A, B, C)$ 采用内输出反馈实现闭环极点任意配置的充要条件是该系统 Σ 具有能观测性。

定理 2-13　对具有能控性的单输入/单输出系统 $\Sigma = (A, B, C)$，不能采用外输出反馈

实现闭环系统极点的任意配置。

由于输出反馈和状态反馈极点配置的方法原理上是相同的,因此这里仅介绍状态反馈的配置极点方法。

状态反馈配置极点的方法归纳起来有标准算法、解联立方程算法和阿克曼公式算法等。标准算法适用于系统阶次 $n \geqslant 4$,控制矩阵中非零元素比较多的情况;解联立方程算法适用于低阶系统($n \leqslant 3$)。

标准算法配置极点的一般步骤如下:

(1) 考察系统的能控性条件是否满足,若满足,则继续步骤(2)。

(2) 求出系统矩阵 A 的特征多项式:
$$\det[s\boldsymbol{I} - \boldsymbol{A}] = s^n + a_1 s^{n-1} + \cdots + a_{n-1} s + a_n$$
确定系数 $a_1, a_2, \cdots, a_n$ 的值。

(3) 确定将系统状态方程变换为能控标准型的变换矩阵 $\boldsymbol{P}$。若给定的状态方程为能控标准型,则 $\boldsymbol{P} = \boldsymbol{I}$,此时 $a_1, a_2, \cdots, a_n$ 可直接由能控标准型的状态方程获得。对一般形式的状态方程,线性非奇异变换矩阵 $\boldsymbol{P}$ 可通过下式求出:
$$\boldsymbol{P} = \boldsymbol{S}\boldsymbol{W}$$
式中,$\boldsymbol{S}$ 为系统的能控性矩阵,即 $\boldsymbol{S} = \begin{bmatrix} \boldsymbol{B} & \boldsymbol{A}\boldsymbol{B} & \boldsymbol{A}^2\boldsymbol{B} & \cdots & \boldsymbol{A}^{n-1}\boldsymbol{B} \end{bmatrix}$;

$$\boldsymbol{W} = \begin{bmatrix} a_{n-1} & a_{n-2} & \cdots & a_1 & 1 \\ a_{n-2} & a_{n-3} & \cdots & 1 & 0 \\ \vdots & \vdots & & \vdots & \vdots \\ a_1 & 1 & \cdots & 0 & 0 \\ 1 & 0 & \cdots & 0 & 0 \end{bmatrix}$$

(4) 根据给定的闭环极点,写出期望的特征多项式:
$$f^*(s) = \prod_{i=1}^{n}(s - s_i) = s^n + a_1^* s^{n-1} + \cdots + a_{n-1}^* s + a_n^*$$
由此可得到系数 $a_1^*, a_2^*, \cdots, a_n^*$ 的值。

(5) 计算状态反馈增益矩阵:
$$\widetilde{\boldsymbol{F}} = \boldsymbol{F}\boldsymbol{P}^{-1} = \begin{bmatrix} a_n^* - a_n & a_{n-1}^* - a_{n-1} & \cdots & a_1^* - a_1 \end{bmatrix} \boldsymbol{P}^{-1}$$

【例 2-4】 已知某单输入/单输出系统的传递函数为
$$G(s) = \frac{10}{s(s+1)(s+2)}$$

试确定状态反馈矩阵 $\boldsymbol{F}$,使其闭环极点配置在 $s_1 = -2, s_{2,3} = -1 \pm \mathrm{j}$ 的位置上。

解法 1(标准算法):系统传递函数可以改写为
$$G(s) = \frac{10}{s^3 + 3s^2 + 2s}$$

传递函数没有零、极点对消现象,可知该受控系统能控且能观测。通过传递函数导出状态空间表达式如下:

$$\begin{bmatrix} \dot{x}_1 \\ \dot{x}_2 \\ \dot{x}_3 \end{bmatrix} = \begin{bmatrix} 0 & 1 & 0 \\ 0 & 0 & 1 \\ 0 & -2 & -3 \end{bmatrix} \begin{bmatrix} x_1 \\ x_2 \\ x_3 \end{bmatrix} + \begin{bmatrix} 0 \\ 0 \\ 1 \end{bmatrix} u$$

$$Y = \begin{bmatrix} 10 & 0 & 0 \end{bmatrix} X$$

该状态方程为能控标准型,具有能控性[①],满足状态反馈任意配置闭环系统极点的条件。

由状态方程可知,$a_1 = 3, a_2 = 2, a_3 = 0$。

设该三阶系统的 1×3 阶的状态反馈矩阵 F 为 $F = \begin{bmatrix} f_1 & f_2 & f_3 \end{bmatrix}$。

根据指定的极点,可以求得闭环系统期望的特征方程为

$$(s+2)(s+1-j)(s+1+j) = s^3 + 4s^2 + 6s + 4 = 0 \tag{2-17}$$

显然,$a_1^* = 4, a_2^* = 6, a_3^* = 4$。

由此可以求得状态反馈矩阵的各个元素:

$$\begin{cases} f_1 = a_3^* - a_3 = 4 - 0 = 4 \\ f_2 = a_2^* - a_2 = 6 - 2 = 4 \\ f_3 = a_1^* - a_1 = 4 - 1 = 1 \end{cases}$$

即状态反馈矩阵为 $F = \begin{bmatrix} 4 & 4 & 1 \end{bmatrix}$。

具有指定期望极点的状态反馈系统的方块图如图 2-12 所示。

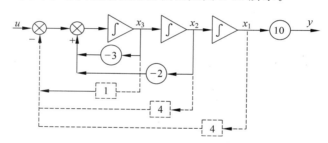

图 2-12 按标准算法配置极点的状态反馈系统方块图

解法 2(解联立方程算法):将系统看作三个子系统的串联形式,绘制串联系统的方块图如图 2-13 所示。

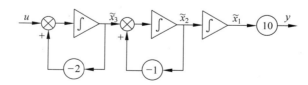

图 2-13 例 2-4 的串联形式的方块图

选取各个子系统的输出 $\tilde{x}_1, \tilde{x}_2, \tilde{x}_3$ 作为状态变量,可以列写出系统的状态方程如下:

[①] 若系统的状态方程能写成或者转换成能控标准型,则系统一定具有能控性;反之,若系统能控,则它的状态方程一定能写成或者转换成能控标准型。

$$\dot{\widetilde{X}} = \begin{bmatrix} 0 & 1 & 0 \\ 0 & -1 & 1 \\ 0 & 0 & -2 \end{bmatrix} \widetilde{X} + \begin{bmatrix} 0 \\ 0 \\ 1 \end{bmatrix} u$$

$$Y = \begin{bmatrix} 10 & 0 & 0 \end{bmatrix} \widetilde{X}$$

设引入的状态反馈增益矩阵为 $\widetilde{F} = \begin{bmatrix} f_1 & f_2 & f_3 \end{bmatrix}$。

闭环系统的特征方程为

$$\det = [s\mathbf{I} - (\widetilde{\mathbf{A}} - \widetilde{\mathbf{B}}\widetilde{\mathbf{F}})] = \begin{vmatrix} s & -1 & 0 \\ 0 & s+1 & -1 \\ f_1 & f_2 & s+2+f_3 \end{vmatrix}$$

$$= s^3 + (3+f_3)s^2 + (2+f_2+f_3)s + f_1 = 0$$

与式(2-17)相比较,可以得到

$$\begin{cases} 3+f_3 = 4 \\ 2+f_2+f_3 = 6 \\ f_1 = 4 \end{cases} \Rightarrow \begin{cases} f_1 = 4 \\ f_2 = 3 \\ f_3 = 1 \end{cases}$$

即 $\widetilde{F} = \begin{bmatrix} 4 & 3 & 1 \end{bmatrix}$。

按照此方法可以绘制状态反馈系统的方块图(图 2-14)。

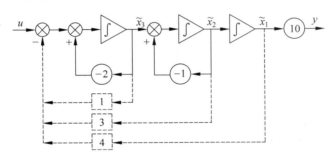

图 2-14 解联立方程算法得到的串联形式被控对象的状态反馈系统方块图

2.4.2 状态观测器

从理论上讲,只要系统是能控的,就能够通过状态反馈将极点配置到任意想要的位置上,使得系统获得满意的动态性能。但是在工程实际中,这要求所有的状态都是在物理上能够量测的,这是很难做到的。比如某些状态变量本身就是没有物理意义的,还有一些状态反馈信号非常微弱,噪声信号反而较大,使得它们在工程中很难应用。Luenberger 提出了状态观测器理论,解决了在确定条件下受控系统的状态重构问题,从而在状态变量不能量测时也能实现状态反馈控制律。由于在噪声环境下的状态观测将涉及随机最优估计理论,也就是卡尔曼滤波技术,所以本节仅讨论在无噪声干扰条件下,单输入/单输出系统状态观测器的设计原理和方法。

1. 状态观测器的概念

如果控制系统具有能观测性,就可以通过系统的输入、输出以及系统结构、参数计算出状态变量,这就是状态重构。通常把能够用以实现状态重构的系统称为状态观测器。

定义 2-18 设线性定常系统 $\Sigma=(A,B,C)$ 的状态向量 X 不能直接量测。如果动态系统 $\hat{\Sigma}$ 以 Σ 的输入 U 和输出 Y 作为其输入量,能产生一组输出量 $\hat{X}$ 渐近于 X,即 $\lim\limits_{t\to\infty}|x-\hat{x}|=0$,则称 $\hat{\Sigma}$ 为 Σ 的一个**状态观测器**。

在实现状态重构时,为了避免使用微分器,一个最直观的想法是仿照受控系统 $\Sigma=(A,B,C)$ 的结构,设计一个相同的系统(通常采用软件模型)来观测状态 X,这就是开环状态观测器,如图 2-15 所示。

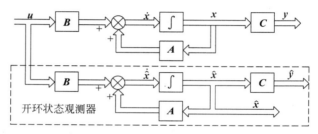

图 2-15 开环状态观测器的结构图

比较系统 Σ 和 $\hat{\Sigma}$ 的状态,有 $\dot{x}-\dot{\hat{x}}=A(x-\hat{x})$,则状态估计的误差 $x(t)-\hat{x}(t)$ 的解为

$$x(t)-\hat{x}(t)=e^{At}[x(0)-\hat{x}(0)]$$

显然,只有当 $x(0)=\hat{x}(0)$ 时,$x(t)=\hat{x}(t)$,状态估计的误差才为零。也就是说对于开环观测器,只有当观测器的初始状态与受控系统的初始状态完全相同时,观测的输出才严格等于受控系统的实际状态;否则,两者可能相差很大,这在工程上很难办到。此外,观测器的模型 $\hat{\Sigma}$ 存在误差,受控系统参数可能发生变化,导致这种开环观测器无法在工程实际中得到应用。

如果利用可以量测的输出信息 $(\hat{Y}-Y)$ 对状态估计误差进行实时修正,便可构成渐近观测器,其结构原理如图 2-16 所示。

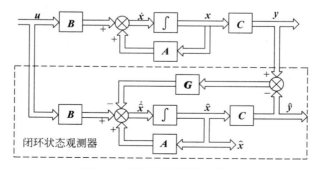

图 2-16 渐近观测器的结构图

根据图 2-16 可以写出状态观测器的状态方程

$$\dot{\hat{X}} = A\hat{X} + BU + G(Y - \hat{Y}) = A\hat{X} + BU + GY - GC\hat{X}$$

即

$$\dot{\hat{X}} = (A - GC)\hat{X} + GY + BU \tag{2-18}$$

式中,G 为 $n \times l$ 阶的状态观测器的输出反馈矩阵。

定理 2-14 对线性定常系统 $\Sigma = (A, B, C)$,状态观测器存在的充要条件是其不能观测的部分是渐近稳定的。

证明略。

2. 状态观测器的设计

要设计状态观测器,首先要解决观测器的极点能不能任意配置的问题。

定理 2-15 线性定常系统 $\Sigma = (A, B, C)$ 的状态观测器

$$\dot{\hat{X}} = (A - GC)\hat{X} + BU + GY$$

可任意配置极点的充要条件是系统具有能观测性。

证明略。

当观测器重构状态向量的维数等于受控系统状态向量的维数时,称其为全维状态观测器。全维状态观测器设计的一般步骤如下:

(1) 判断系统的能观测器。
(2) 求出状态观测器的特征多项式 $f(s) = \det[sI - (A - GC)]$。
(3) 根据状态观测器所期望的极点,求 $f^*(s)$。
(4) 由 $f(s) = f^*(s)$ 确定反馈增益矩阵 G。

【**例 2-5**】 设系统的状态空间表达式为

$$\dot{X} = \begin{bmatrix} 1 & 0 & 0 \\ 0 & 2 & 1 \\ 0 & 0 & 2 \end{bmatrix} X + \begin{bmatrix} 1 \\ 0 \\ 1 \end{bmatrix} u$$

$$Y = \begin{bmatrix} 1 & 1 & 0 \end{bmatrix} X$$

试设计一个全维状态观测器,要求其极点配置在 $s_1 = -3, s_2 = -4, s_3 = -5$ 的位置上。

解:首先判断系统的能观测器。

因为 $\mathrm{rank} \begin{bmatrix} C \\ CA \\ CA^2 \end{bmatrix} = \mathrm{rank} \begin{bmatrix} 1 & 1 & 0 \\ 1 & 2 & 1 \\ 1 & 4 & 4 \end{bmatrix} = 3$,满秩,系统具有能观测性,满足观测器极点任意配置的条件。

设反馈增益矩阵为 $G = \begin{bmatrix} g_1 & g_2 & g_3 \end{bmatrix}^T$,则状态观测器的系统矩阵为

$$A - GC = \begin{bmatrix} 1 & 0 & 0 \\ 0 & 2 & 1 \\ 0 & 0 & 2 \end{bmatrix} - \begin{bmatrix} g_1 \\ g_2 \\ g_3 \end{bmatrix} \begin{bmatrix} 1 & 1 & 0 \end{bmatrix} = \begin{bmatrix} 1-g_1 & -g_1 & 0 \\ -g_2 & 2-g_2 & 1 \\ -g_3 & -g_3 & 2 \end{bmatrix}$$

根据此系统矩阵,可求得状态观测器的特征多项式

$$f(s) = \det[s\boldsymbol{I} - (\boldsymbol{A} - \boldsymbol{GC})] = \det\begin{bmatrix} s-(1-g_1) & g_1 & 0 \\ g_2 & s-(2-g_2) & -1 \\ g_3 & g_3 & s-2 \end{bmatrix}$$

$$= s^3 + (g_1 + g_2 - 5)s^2 + (-4g_1 - 3g_2 + g_3 + 8)s + (4g_1 + 2g_2 - g_3 - 4) = 0$$

又根据期望的极点位置可以得到

$$f^*(s) = (s+3)(s+4)(s+5) = s^3 + 12s^2 + 47s + 60 = 0$$

由 $f(s) = f^*(s)$，可以得到以下关系式：

$$\begin{cases} g_1 + g_2 - 5 = 12 \\ -4g_1 - 3g_2 + g_3 + 8 = 47 \\ 4g_1 + 2g_2 - g_3 - 4 = 60 \end{cases}$$

得到 $g_1 = 120, g_2 = -103, g_3 = 210$，即

$$\boldsymbol{G} = \begin{bmatrix} 120 \\ -103 \\ 210 \end{bmatrix}$$

系统的状态观测器方程为

$$\dot{\hat{\boldsymbol{X}}} = (\boldsymbol{A} - \boldsymbol{GC})\hat{\boldsymbol{X}} + \boldsymbol{B}u + \boldsymbol{G}Y = \begin{bmatrix} -119 & -120 & 0 \\ 103 & 105 & 1 \\ -210 & -210 & 2 \end{bmatrix}\hat{\boldsymbol{X}} + \begin{bmatrix} 1 \\ 0 \\ 1 \end{bmatrix}u + \begin{bmatrix} 120 \\ -103 \\ 210 \end{bmatrix}$$

2.5 最优控制理论

最优控制是现代控制理论的重要分支。所谓最优控制，就是在给定的控制域中，寻找合适的控制律，使系统的某项性能指标取得极值的一种控制方式。

2.5.1 最优控制问题的数学描写

最优控制理论通常是将控制问题严格地抽象为数学问题后再求解的，因此首先介绍如何对一个最优控制问题进行数学描写。

【例 2-6】 最速软着陆问题。

设有一作垂直升降的物体 M，如图 2-17 所示。假定其质量为 m，在其内部装有一个控制器，它可以产生一个作用力 $u(t)$，控制物体 M 的上下运动。由于作用力的大小受限，所以应满足不等式 $|u(t)| \leq f_{max}$，f_{max} 为常数。设已知在 $t = t_0$ 时，物体 M 离地面的高度 $y(t_0) = y_0$，垂直运动速度为 $\dot{y}(t_0) = v_0$。要求在控制器作用力容许的范围内，寻找控制作用 $u(t)$ 的最优变换规律，使物体 M 以最短的时间到达地面，并且到达地面时的速度为零。

建立如图 2-17 所示的坐标系，作用力 $u(t)$ 向上为正，向下为负，可以得到物体 M 的运动方程：

$$\ddot{y}(t) = \frac{1}{m}u(t) - g$$

式中,g 为重力加速度。

选取状态变量 $x_1(t) = y(t), x_2(t) = \dot{y}(t)$,得到系统状态方程如下:

$$\begin{cases} \dot{x}_1(t) = x_2 \\ \dot{x}_2(t) = \frac{1}{m}u(t) - g \end{cases}$$

初始状态为
$$x_1(t_0) = y_0, \quad x_2(t_0) = v_0$$
终止状态为
$$x_1(t_f) = 0, \quad x_2(t_f) = 0$$
约束条件为
$$|u(t)| \leqslant f_{\max}$$
性能指标为

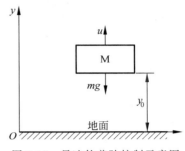

图 2-17 最速软着陆控制示意图

$$J = \int_{t_0}^{t_f} \mathrm{d}t = t_f - t_0$$

式中,t_0 为起始时刻,t_f 为终止时刻。要求时间最短,也就是 J 取极小值,这样得到的控制作用就是最优控制律 $u^*(t)$。

从这个例子可以看到,最优控制问题的数学描述包括如下四个部分:

1. 动态系统的数学模型

对于集中参数的连续时间系统为
$$\dot{X}(t) = f(X(t), u(t), t)$$
对于集中参数的离散时间系统为
$$X(k+1) = f(X(k), u(k), k)$$

式中,$X(t), X(k)$ 为 n 维状态向量;$u(t), u(k)$ 为 r 维控制向量;f 表示 n 维向量函数。

2. 容许控制域(约束条件)

任何实际物理系统,控制变量总是受约束的,一般可写成 $u(t) \in U$。U 表示一个封闭的点集合,称为控制域,把满足等式的 u 称为容许控制。

3. 边界条件(初始和终止条件)

在最优控制问题中,$t = t_0$ 时的初态通常是已知的,而终值(终端)可以是状态空间中的一个确定点,也可以是其中的某一个点集。

4. 性能指标

性能指标也称为性能泛函,或目标函数,是衡量系统在任一容许控制作用下性能好坏的尺度。性能指标是一个标量,其内容与形式取决于最优控制问题所要完成的任务。控制系统的用途不同,所选择的性能指标不同,求得的最优控制律也不同。性能指标是控制作用 $u(t)$ 的函数,可记为 $J(u(t))$ 或 $J(u)$。

最优控制问题的性能指标通常有如下几种形式:

(1) 积分型性能指标——拉格朗日(Lagrange)型

$$J(u) = \int_{t_0}^{t_f} L[X(t), u(t), t] dt \qquad (2\text{-}19)$$

(2) 末值型性能指标——迈耶尔(Mayer)型

$$J(u) = \Phi[X(t_f), t_f] \qquad (2\text{-}20)$$

(3) 综合型性能指标——包尔扎(Bolza)型

$$J(u) = \Phi[X(t_f), t_f] + \int_{t_0}^{t_f} L[X(t), u(t), t] dt \qquad (2\text{-}21)$$

(4) 二次型性能指标

$$J = \frac{1}{2} X^T(t_f) S(t_f) X(t_f) + \frac{1}{2} \int [X^T(t) Q(t) X(t) + u^T(t) R(t) u(t)] dt \qquad (2\text{-}22)$$

式中,$S(t_f)$ 为终端加权矩阵;$Q(t)$ 为误差加权矩阵;$R(t)$ 为控制加权矩阵。

总结:最优控制问题可以表述为,从可以选择的容许控制系统中,寻求一个最优控制 $u^*(t)$,使控制系统的状态轨迹 $X(t)$ 从初态 $X(t_0)$ 出发,经过一段时间转移到终态 $X(t_f)$,且沿着此状态轨迹,其相应的性能指标 J 取极值。此时的状态轨迹称为最优轨迹,记作 $X^*(t)$。

2.5.2 最优控制问题的求解

如前所述,最优控制问题的实质就是求解约束条件下的极值问题。求解最优控制问题的方法有变分法、极小值原理等。

【定理 2-16】 设完全能控的线性定常系统的状态方程为

$$\dot{X}(t) = A(t) X(t) + B(t) u(t)$$
$$Y(t) = C(t) X(t)$$

当 $X(t_0) = X_0$,二次型性能指标为

$$J = \frac{1}{2} \int_0^\infty [X^T(t) Q X(t) + u^T(t) R u(t)] dt$$

式中,$Q \in \mathbf{R}^{n \times n}$ 为半正定常值矩阵,且 $(A, Q^{1/2})$ 能观;$R \in \mathbf{R}^{r \times r}$ 为正定对称常值矩阵。则使性能指标极小的最优控制 $u^*(t)$ 存在,且唯一地由下式确定:

$$u^*(t) = -R^{-1}(t) B^T(t) P(t) X(t) \qquad (2\text{-}23)$$

其中,$P = \lim_{t \to \infty} P(t) =$ 常数矩阵,是代数黎卡提方程

$$PA + A^T P - PBR^{-1} B^T P + Q = 0 \qquad (2\text{-}24)$$

的解。

此时最优性能指标为 $J^* = \frac{1}{2} X^T(0) P X(0)$。最优轨迹 $X^*(t)$ 是下列状态方程的解:

$$\dot{X}(t) = (A - BR^{-1} B^T P) X(t) \qquad (2\text{-}25)$$

按照定理 2-16，求最优控制问题就是寻找 J 的极值，也就是通过黎卡提方程(2-24)求取矩阵 P，进而根据式(2-23)求出反馈控制矩阵和控制律。

2.5.3 最优控制理论在汽车悬架中的应用

图 2-18 为两自由度的汽车悬架系统模型，其中 M_2 为簧载质量，M_1 为非簧载质量，λ_1 为轮胎径向刚度，u 为控制力，x_1、x_2 分别为车轮与车身的垂直位移，x_0 为道路表面对平均值的偏离量，且 $\dot{x} = \xi(t)$，$\xi(t)$ 为白噪声输入。

列写该系统的运动方程如下：

$$\begin{cases} M_1 \ddot{x}_1 = \lambda_1(x_0 - x_1) - u \\ M_2 \ddot{x}_2 = u \end{cases}$$

选取状态变量 $\hat{x}_1 = x_1 - x_0$，$\hat{x}_2 = x_2 - x_0$，$x_3 = \dot{\hat{x}}_1$，$x_4 = \dot{\hat{x}}_2$，系统状态方程为

$$\begin{cases} \dot{\hat{x}}_1 = \hat{x}_3 \\ \dot{\hat{x}}_2 = \hat{x}_4 \\ \dot{\hat{x}}_3 = \dfrac{\lambda_1}{M_1} \hat{x}_1 - \dfrac{u}{M_1} \\ \dot{\hat{x}}_4 = \dfrac{u}{M_2} \end{cases}$$

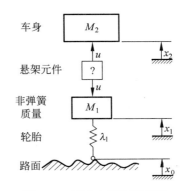

图 2-18 两自由度悬架模型

因此：$A = \begin{bmatrix} 0 & 0 & 1 & 0 \\ 0 & 0 & 0 & 1 \\ -\dfrac{\lambda_1}{M_1} & 0 & 0 & 0 \\ 0 & 0 & 0 & 0 \end{bmatrix}$，$B = \begin{bmatrix} 0 \\ 0 \\ -\dfrac{1}{M_1} \\ \dfrac{1}{M_2} \end{bmatrix}$。

取系统性能的目标函数为

$$J = \int_0^\infty [u^\mathrm{T} R u + \hat{X}^\mathrm{T} Q \hat{X}] \mathrm{d}t$$

其中，$R = [\rho]$，$Q = \begin{bmatrix} q_1 & 0 & 0 & 0 \\ 0 & q_2 & 0 & 0 \\ 0 & 0 & 0 & 0 \\ 0 & 0 & 0 & 0 \end{bmatrix}$。

若系统所有状态都可以测量，那么最优控制律为

$$u = -B^\mathrm{T} P \hat{X} / \rho = -K \hat{X}$$

其中，P 是黎卡提方程[式(2-24)]的解。

若取悬架工作行程、轮胎变形量和控制力的加权系数分别为 $q_1 = 1$，$q_2 = 10$，$\rho = 0.8 \times 10^{-9}$，代入车辆参数(表 2-1)就可以进行数值计算，从而得到状态完全反馈增益矩阵 K。

表 2-1 车辆参数

车轮质量	$M_1 = 28.58$ kg
车身质量	$M_2 = 288.9$ kg
轮胎刚度	$\lambda_1 = 155.9$ kN/m

习 题

1. 在例 2-1 中，选取电流 i 和电量 q 作为状态变量，推导该系统的状态空间表达式。

2. 设车辆巡航控制的物理模型如图 2-19 所示。驱动力可控，为 u，行驶阻力简化为车速的线性函数 bv。试推导该系统的状态方程，并绘制反馈增益为 K 的闭环控制系统方块图。

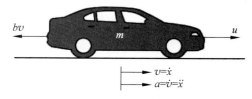

图 2-19 车辆行驶简化模型

3. 已知系统的微分方程为 $\dddot{y} + 6\ddot{y} + 2\dot{y} - 3y = 4u$。

(1) 试绘制系统的方块图。

(2) 推导该系统的传递函数。

(3) 选取状态变量，列写系统的状态空间表达式。

(4) 判断该系统状态的能控性与状态的能观性，以及系统的稳定性。

4. 已知受控系统的传递函数为 $G(s) = \dfrac{1}{(s+2)(s-3)}$。

(1) 试绘制该系统的串联形式的方块图。

(2) 选取状态变量，列写系统状态空间表达式。

(3) 判断其能控性与能观性以及稳定性。

(4) 试设计反馈控制器，使得闭环系统的极点配置在 $s_{1,2} = -4 \pm 6\mathrm{j}$ 处，并绘制反馈控制系统方块图。

5. 图 2-20 为两级形式相同的 RC 电路串联组成的滤波器。试列写出以 u_i 为输入，u_o 为输出的网络的动态微分方程，并将其转换为状态空间表达式。

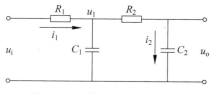

图 2-20 两级 RC 滤波器电路

第 3 章

智 能 控 制

现实世界中的被控对象往往是高度非线性的、时变的,同时还具有不确定性,这些特点使得建立其精确的数学模型非常困难。而经典控制理论和现代控制理论都是建立在精确的数学模型的基础上,在缺少精确数学模型的情形下就很难应用。这就需要应用到智能控制。

3.1 智能控制理论的基本内容

20 世纪 70 年代初,傅京孙、Gloriso 等从控制论角度总结了人工智能技术与自适应、自组织、自学习控制的关系,先后提出智能控制是人工智能技术(AI)与自动控制理论(AC)的交叉;1977 年,Saridis 把运筹学(OR)加入其中,是人工智能与自动控制和运筹学的交叉;1987 年,蔡自兴又将信息论(IT)加入其中。因此,目前广泛认为智能控制是控制论、信息论、人工智能与运筹学这四门学科的交叉融合。

文献[8]给出了智能控制的定义。

定义 3-1 一种控制方式或一个控制系统,如果它具有学习功能、适应功能和组织功能,能够有效地克服被控对象和环境所具有的难以精确建模的高度复杂性和不确定性,并且能够达到所期望的控制目标,那么称这种控制方式为**智能控制**,称这种控制系统为**智能控制系统**。

国内外控制界学者普遍认为,智能控制主要包括三种基本形式:专家控制、模糊控制和神经网络控制。此外,分层递阶智能控制、学习控制和仿人智能控制也被国内多数学者认为属于智能控制的其他三种形式。

3.2 专家控制

3.2.1 专家系统

最早的专家系统是美国斯坦福大学的菲根鲍姆教授(E. A. Feigenbaum)在 1965 年设计的,他把专家系统定义为:"一种智能的计算机程序,它运用知识和推理来解决只有专家才能解决的复杂问题。"

专家系统通常由五个部分组成:知识库、推理机、数据库、解释部分和知识获取,其结构如图 3-1 所示。

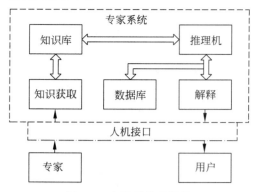

图 3-1　专家系统的结构

1. 知识库

知识库用适当的方式存储从专家那里获取的领域知识、经验,也包括必要的书本知识和常识,是领域知识的存储器。

2. 数据库

数据库是在专家系统中划出的一部分存储单元,用于存放当前处理对象的用户提供的数据和推理得到的中间结果。

3. 推理机

推理机用于控制和协调整个专家系统的工作,它根据当前的输入数据,再利用知识库的知识,按一定推理策略去处理解决当前的问题。推理策略有正向推理、反向推理和正反向混合推理三种方式。

正向推理是从原始数据和已知条件推断出结论,属于数据驱动方式;反向推理则是先提出结论和假设,然后寻找支持这个结论和假设的条件或证据,如果成功则结论成立,推理完成,属于目标驱动方式;正反向混合推理首先运用正向推理帮助系统提出假设,然后运用反向推理寻找支持该假设的证据。

4. 解释

解释也是一组计算机程序,为用户解释推理结果,以便于用户了解推理过程,并回答用户提出的问题,为用户学习和维护系统提供方便。

5. 知识获取

知识获取是通过一组设计的程序,为修改知识库中原有的知识和扩充新知识提供手段,包括删除原有知识,将从专家那里获取的新知识加入到知识库。

3.2.2　专家控制

专家控制是将专家系统的理论和技术同控制理论与技术相结合,在未知环境下,仿效专家的智能,实现对系统的控制。专家控制是专家系统在控制领域的应用。从专家系统的组成来看,只要具备知识库和推理机,就具备了基本的专家系统的功能。若还能提供人机接口和知识获取的方式,则就是完整的专家系统。因此,专家控制可以分为交互专家控制和非交互专家控制两种主要形式。

按照系统控制机理,专家控制系统又分为直接专家控制系统和间接专家控制系统。在直接专家控制系统中,专家控制器向系统直接提供控制信号,对被控对象产生作用,如图 3-2 所示。

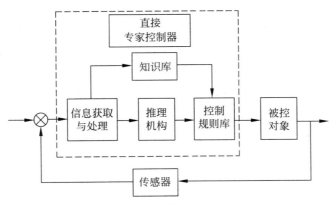

图 3-2　直接专家控制

在间接专家控制系统中,专家控制器间接对被控对象产生作用,又称监控式专家控制或参数自适应控制,如图 3-3 所示。比较典型的间接专家控制器是专家整定 PID 控制,它利用专家知识对 PID 参数进行整定。专家系统对 PID 控制参数的整定过程包括对系统控制性能的判别,过程响应曲线的特征识别,控制参数调整量的确定以及 PID 参数的修改。其结构如图 3-4 所示。

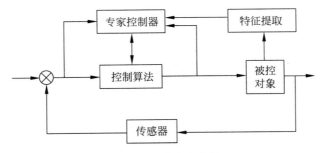

图 3-3　间接专家控制

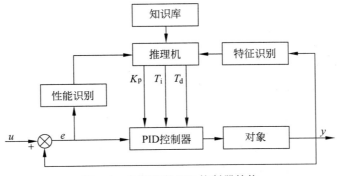

图 3-4　专家整定 PID 控制器结构

3.3 模糊控制

传统的控制方式需要建立被控对象的数学模型,然后根据这一模型精确地计算出所需的控制量来进行控制。当被控对象的数学模型难以建立时,这种传统控制理论的应用就受到了极大的限制。模糊控制是在模糊概念的基础上,利用模糊量实现对系统的合理控制,是从仿人类智能活动的角度去实施控制的。

3.3.1 模糊逻辑基础

1. 基本概念

定义 3-2 论域 U 中的模糊子集 A,是以隶属函数 μ_A 为表征的集合,即由映射

$$\mu_A : U \to [0,1]$$

确定论域 U 中的一个模糊子集 A。$\mu_A(u)$ 称为 U 对 A 的**隶属度**,它表示论域 U 中的元素 u 属于其模糊子集 A 的程度。它在[0,1]闭区间内可连续取值,隶属度也可简记为 $A(u)$。

隶属函数曲线有多种形式,常用的隶属函数的形状见图 3-5。

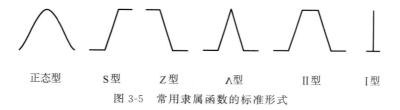

图 3-5 常用隶属函数的标准形式

确定隶属函数的方法有多种,包括模糊统计法、例证法、专家经验法、二元对比排序法等。

定义 3-3 在给定论域 U 上,对于不同的映射(隶属函数)可以确定不同的模糊子集。所有这些子集组成的模糊集合的全体,称为 U 的**模糊幂集**,记为 $F(U)$,即

$$F(U) = \{ A \mid_{\mu_A} : U \to [0,1] \}$$

几点说明:

(1) 论域 U 中的元素是明确的,U 本身是普通集合,只是 U 的子集是模糊集合,故称 A 为 U 的模糊子集,简称模糊集。

(2) $\mu_A(u)$ 的值越接近 1,表示 u 从属于 A 的程度越大;反之,$\mu_A(u)$ 越接近 0,表示 u 从属于 A 的程度越小。

(3) 模糊集合完全由它的隶属函数刻画。

2. 模糊集合及其运算

在电控系统中通常采集的是离散信号,故此处只考虑论域 $U = \{u_1, u_2, \cdots, u_n\}$ 为离散有限集的情况。此时,模糊集合主要有三种表示方法:

(1) Zadeh 表示法

$$A = \frac{A(u_1)}{u_1} + \frac{A(u_2)}{u_2} + \cdots + \frac{A(u_n)}{u_n} \qquad (3-1)$$

(2) 序偶法

$$A = \{(u_1, A(u_1)), (u_2, A(u_2)), \cdots, (u_n, A(u_n))\} \qquad (3-2)$$

(3) 向量法

$$A = \{A(u_1), A(u_2), \cdots, A(u_n)\} \qquad (3-3)$$

注意：式(3-1)中 $A(u_1)$ 与 u_1 的分数线不表示除法，而表示论域中的元素与隶属度之间的对应关系；"+"号也不表示求和，而表示 U 上元素组成集合的总体。

【例 3-1】 在由整数 1,2,3,4,5 组成的论域 $U = \{1,2,3,4,5\}$ 内，定义模糊集合 A, B, C 分别表示小、中、大三个模糊概念。

这个问题实际上是在 $\{1,2,3,4,5\}$ 范围内，刻画小、中、大三个模糊概念。显然，在论域 U 内，5 完全属于大，而 1 完全属于小，而 3 属于中等，于是分别定义

$$A \xrightarrow{\text{def}} [\text{小}] = \frac{1}{1} + \frac{0.5}{2} + \frac{0}{3} + \frac{0}{4} + \frac{0}{5}$$

$$B \xrightarrow{\text{def}} [\text{中}] = \frac{0}{1} + \frac{0.5}{2} + \frac{1}{3} + \frac{0.5}{4} + \frac{0}{5}$$

$$C \xrightarrow{\text{def}} [\text{大}] = \frac{0}{1} + \frac{0}{2} + \frac{0}{3} + \frac{0.5}{4} + \frac{0}{5}$$

它们的隶属函数如图 3-6 所示。

也可以采用序偶表示法：$A = \{(1,1),(2,0.5)\}$。

或者采用向量表示法：$A = \{1,0.5,0,0,0\}$。

定义 3-4 设 A 和 B 为论域 U 上的两个模糊集合，则有如下定义：

(1) **包含**（$\subseteq$）：如果对任意 $x \in U$，均有 $\mu_A(x) \leqslant \mu_B(x)$，则称 B 包含 A，记作 $A \subseteq B$。

(2) **相等**：如果对任意 $x \in U$，都有 $\mu_A(x) = \mu_B(x)$，则称 A 与 B 相等，记作 $A = B$。

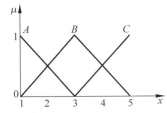

图 3-6 例 3-1 的模糊集合隶属函数曲线

(3) **补集**：模糊集合 A 的补集定义为 $\mu_{\overline{A}}(x) = 1 - \mu_A(x)$。

(4) **模糊全集与模糊空集**：如果对全部 $x \in U$，均有 $\mu_A(x) = 1$，则 $A = U$，称 A 为模糊全集；如果对全部 $x \in U$ 都有 $\mu_A(x) = 0$，则 $A = \varnothing$。

(5) **并集**（**or 运算**）：A 和 B 两个模糊集的并集 $C = A \cup B$ 的隶属函数定义为 $\mu_C(x) = \max[\mu_A(x), \mu_B(x)]$，或写成 $\mu_C(x) = \mu_A(x) \mu_B(x)$。

(6) **交集**（**and 运算**）：A 和 B 两个模糊集的交集 $C = A \cup B$ 的隶属函数定义为 $\mu_C(x) = \min[\mu_A(x), \mu_B(x)]$，或写成 $\mu_C(x) = \mu_A(x) \mu_B(x)$。

由于模糊集合不具有"非此即彼"或"非真即假"的特性，因此模糊集合的运算性质除了不满足互补律外，其余的运算性质和经典集合的运算性质完全相同。

3.3.2 模糊控制器设计

1. 模糊控制器的组成及结构形式

模糊控制器(Fuzzy Controller,FC),也称为模糊逻辑控制器(Fuzzy Logic Controller,FLC)。由于它所采用的模糊控制规则是由模糊逻辑理论中的模糊条件语句描述的,因此,模糊控制器是一种语言型控制器,故有时也称为模糊语言控制器。

模糊控制器的组成一般包括输入量模糊化接口、数据库、规则库、推理机和输出解模糊接口 5 个部分。图 3-7 为模糊控制器的组成框图。

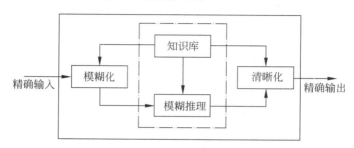

图 3-7 模糊控制器的组成框图

按照控制系统输入变量的数目,模糊控制器分为单变量模糊控制器和多变量模糊控制器。输入量的个数称为模糊控制器的维数。单变量模糊控制器有一个独立的外部输入变量和一个输出变量,因此是一维模糊控制器。一维模糊控制器的输入一般为被控量的测量值与设定值之间的偏差 e。二维模糊控制器的输入应用最广泛的是偏差 e 和偏差的变化率。

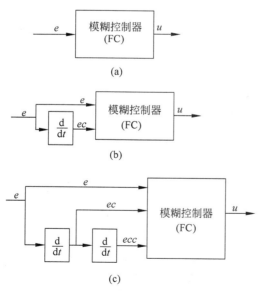

三维模糊控制器的输入可以是偏差 $e,\dot{e}$ 和 $\ddot{e}$,或者 $e,\dot{e}$ 和 $\int e\mathrm{d}t$。三维控制器能得到更好的控制性能,但是比较复杂,运算量大,尤其是完备的控制规则数据库难以建立,因此工程应用较少。这三种形式的单变量模糊控制如图 3-8 所示。

多变量模糊控制器有多个独立的输入变量和一个或多个输出变量。多变量模糊控制器的变量越多,对应的模糊规则推理语句维数会呈指数增长,因此一般要进行降维处理,分解为多个简单的模糊控制器的组合。

图 3-8 单变量模糊控制器的三种结构形式
(a) 一维 FC;(b) 二维 FC;(c) 三维 FC

2. 精确量的模糊化

模糊控制系统工作的第一步就是将精确的输入量转化为模糊语言变量,这个过程称为精确量的模糊化。在模糊控制系统中,模糊控制器的输入变量(偏差 e 和偏差的变化率 $\dot{e}$)以及输出变量(控制量)都是精确量,为了进行模糊推理,它们都需要从物理论域通过量化转化到整数论域,再在整数论域给出若干语言变量值,从而实现整个论域元素的模糊化。

在模糊理论中,把模糊控制器的输入变量以及输出变量的实际变化范围称为这些变量的基本论域。

设偏差 e 的基本论域为 $[-x_e, x_e]$,论域内的量是精确量,并设偏差所取的量化论域为

$$X = \{-n, -n+1, \cdots, 0, \cdots, n-1, n\} \tag{3-4}$$

式中,n 为正整数,是将 $0 \sim x_e$ 范围内连续变化的偏差离散化后分成的档数。由于通常情况下 $x_e \neq n$,因此,定义偏差的量化因子为

$$k_e = \frac{n}{x_e} \tag{3-5}$$

选定量化因子以后,系统的任何偏差值总可以由式(3-5)量化为论域式(3-4)中的某一个元素。

若系统的实际偏差在 $[a,b]$ 之间变化,则可以使用离散化公式[式(3-6)]将 $x' \in [a,b]$ 量化到 $x \in X$。

$$X = \left[\frac{2n}{b-a}\left(x' - \frac{a+b}{2}\right)\right] \tag{3-6}$$

式中,[ ]表示取整。

精确量模糊化以后就需要将其转化为语言变量。最常用的语言变量是负大、负中、负小、零、正小、正中、正大,即 NB、NM、NS、Z、PS、PM、PB 这 7 个语言变量。有时还将零分成"正零"(PZ)和"负零"(NZ)两个值。

语言变量论域上的模糊子集就由隶属函数来描述。

3. 模糊控制规则设计

模糊控制规则,又称模糊控制算法,实质上是将操作者在手动控制时间中积累的经验加以总结而得到的一条条模糊条件语句的几何。利用模糊集合理论和语言变量概念,把用语言归纳的手动控制策略上升为具体的数值运算,根据推理运算结果给出执行机构的控制量,这就是模糊控制规则设计的思路。

例如单输入/单输出模糊控制器输入为偏差 e,对应的输出为控制量 u,那么模糊控制规则可以使用条件语句进行表达:

$$\text{if } e \text{ is } A \text{ then } u \text{ is } B$$

其中,A、B 为模糊子集{NB,NM,…}。

4. 输出信息的模糊判决

模糊推理得到的是一个模糊集合,是反映控制变量不同取值的一种组合,但执行机构只能接受一个精确的控制量,因此就需要从输出的模糊子集中判决出一个精确量。也就是设计一个由模糊集合到普遍集合的映射,将模糊量转换为清晰量,这个映射称为判决,也称为解模糊或逆模糊化。

判决常用的方法有最大隶属度法、取中位数法、加权平均法。

3.3.3 发动机怠速的模糊控制实例

汽车发动机的怠速转速要求平稳。怠速时,发动机通过怠速旁通气道进气,或者直接通过节气门进行控制。怠速旁通气道中使用步进电机控制怠速旁通气道的流通截面,进而控制怠速进气量,达到控制怠速转速的目的。节气门直动式则通过控制节气门控制电机控制节气门的开度来实现。这种形式的节气门在平衡位置通常有9°的开度来实现怠速进气。不管何种控制方式,基本原理都是控制电机的转动从而实现怠速进气量的控制。下面以怠速旁通气道的步进电机的模糊控制器的设计为例,介绍模糊控制器的设计过程。

发动机怠速的模糊控制器的原理如图3-9所示。发动机转速传感器将发动机转速信号反馈给比较器,与设定的怠速转速相比较,形成偏差 e 和偏差的变化率 $\dot{e}$,然后通过二维的模糊控制器输出控制信号给怠速控制电机,进而控制发动机的怠速转速。

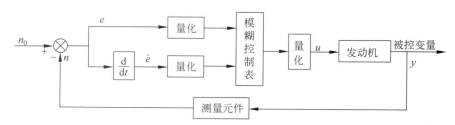

图3-9 发动机怠速的模糊控制器原理

发动机怠速转速的波动一般不会很大,假设其转速偏差 e 的波动范围为[-300,+300],单位为 r/min。偏差的变化率 $\dot{e}$ 的变化范围为[-100,+100],单位为(r/min)/s。设怠速控制的步进电机的工作步数的范围为[0,128]。

设偏差 e 的语言变量的模糊论域为 $e=\{-6,-5,-4,-3,-2,-1,0,1,2,3,4,5,6\}$,偏差变化率 de 的语言变量的模糊论域为 $\dot{e}=\{-6,-5,-4,-3,-2,-1,0,1,2,3,4,5,6\}$,输出 u 的语言变量的模糊论域为 $u=\{-6,-5,-4,-3,-2,-1,0,1,2,3,4,5,6\}$。

把模糊语言变量转速偏差 e 和步进电机工作步数 u 取为7个模糊子集:[负大,负中,负小,零,正小,正中,正大],即[NB,NM,NS,Z,PS,PM,PB]。把模糊语言变量值转速偏差变化率 de 取为8个模糊子集:[负大,负中,负小,负零,正零,正小,正中,正大],即[NB,NM,NS,NZ,PZ,PS,PM,PB]。

在 MATLAB 命令行中输入命令 fuzzy,打开模糊逻辑控制器的编辑器,如图3-10所示。

在 Edit 菜单中选择 Add Variable,单击 Input,增加一个输入信号。将两个输入信号的名称分别修改为 e 和 de,如图3-11所示。双击输入信号 e 的黄色图标,打开输入信号编辑窗口。在窗口中将输入信号 e 的 range 修改为[-6 6],如图3-12所示。然后单击 Edit 菜单,选择 Add Mfs...,打开如图3-13所示的窗口,添加4个输入信号 e 的模糊子集。隶属函数类型保持三角形不变。单击 OK 按钮关闭窗口。

在输入信号隶属函数编辑窗口中修改7个三角形隶属函数。隶属函数的修改依赖于人的经验。本书最终确定的偏差 e 的隶属函数如图3-14所示。输出模糊变量 u 的隶属函数与偏差 e 相同。同样,设计偏差变化率 de 的隶属函数如图3-15所示。

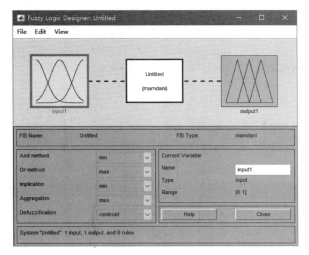

图 3-10 模糊逻辑控制器的编辑器

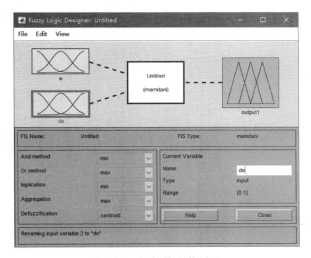

图 3-11 添加输入信号 de

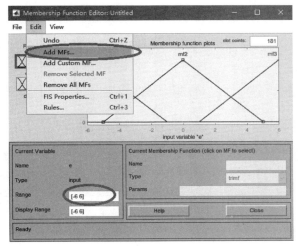

图 3-12 输入信号的编辑窗口

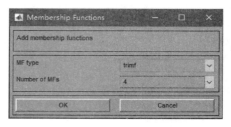

图 3-13 添加 4 个隶属函数

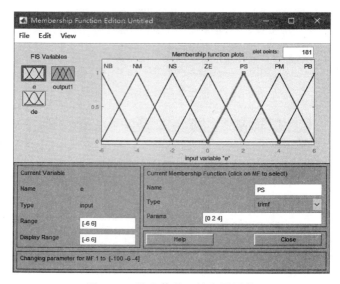

图 3-14 输入信号 e 的隶属函数

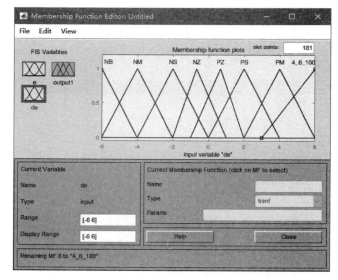

图 3-15 输入信号 de 的隶属函数

输入和输出信号的隶属函数设计完毕后,回到 3-10 图示的窗口,在文件菜单中单击 Export,将模糊控制器命名,并保存到磁盘中。双击"mandan"(中间白色的矩形框),打开模糊逻辑控制规则编辑器窗口,对控制规则进行设计,如图 3-16 所示。

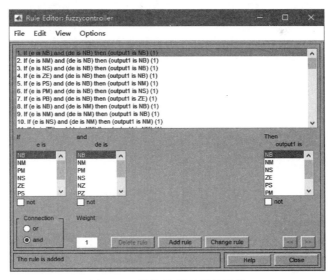

图 3-16　模糊控制逻辑编辑器

在进行模糊逻辑控制规则编辑时要特别注意控制规则是否完全覆盖了所有的情况。在本例中,偏差 e 有 7 个模糊子集,偏差的变化率 de 有 8 个模糊子集,因此控制规则应该有 $7×8=56$ 条。在 View 菜单中可以打开规则观测器(图 3-17)对控制规则进行检查。

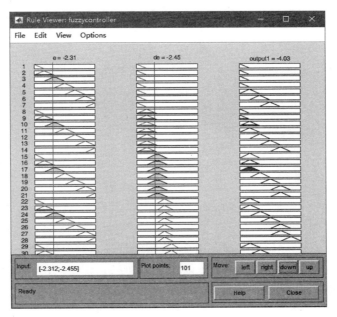

图 3-17　模糊规则观测器

设计完成的模糊逻辑控制器可以通过"File"菜单输出到工作空间,在 Simulink 模型中就可以使用模糊逻辑工具箱中的控制器模块进行调用了(图 3-18)。

图 3-18 Simulink 提供的模糊逻辑工具箱

3.4 人工神经网络控制

人工神经网络(Artificial Neural Networks,ANN)是智能控制方法中的重要组成部分,是模拟人的神经网络结构建立起来的一套理论体系。

3.4.1 神经网络系统基础

1. 神经细胞的结构与功能

生物神经元又称神经细胞,是构成神经系统的基本单元,其结构主要包括细胞体、树突、轴突和突触,如图 3-19 所示。

细胞体由细胞核、细胞质和细胞膜组成,是整个神经元的中枢。树突是细胞体向外伸出的许多树枝状长 1mm 左右的突起,用于接收其他神经系统传入的神经冲动。轴突负责将细胞体处理后的信息向外部输出,每个神经元有且只有一个轴突,是细胞体伸出的所有纤维中最长的一个分支。轴突的尾部分出许多神经末梢,在每个神经末梢长有突触。突触是轴突的终端,是生物神经元之间的连接接口,每个轴突可以拥有数万个神经末梢,因此突触也达数万个。一个生物神经元通过突触与另一个生物神经元相连接,从而实现它们之间的信

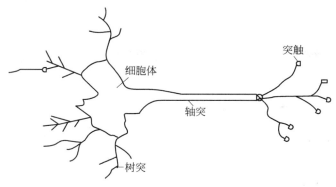

图 3-19 生物神经元的结构示意图

息传输。

每个神经细胞用细胞膜和外部隔开,使细胞内、外有不同的电位。没有输入信号的膜电位约为 $-70\mathrm{mV}$,称为静止膜电位。当有其他神经细胞传入的兴奋信号时,该神经细胞兴奋,膜电位比静止膜电位高 $15\mathrm{mV}$,从而激发出宽度为 $1\mathrm{ms}$、幅值为 $100\mathrm{mV}$ 的电脉冲。兴奋的神经细胞发出一次脉冲,膜电位下降到比静止膜电位更低的位置,再慢慢返回原值,在几毫秒内神经细胞处于疲劳状态,即使再有强大的输入信号也不能使神经细胞兴奋。其过程见图 3-20,这就是细胞膜具有选择性的通透性。

细胞膜具有选择性的通透性可以使用下面的阈值函数进行描述:

$$y = \begin{cases} \bar{y}, & u \geqslant \theta \\ 0, & u < \theta \end{cases} \quad (3\text{-}7)$$

其中,u 为细胞的输入;y 为细胞的输出;θ 是一个阈值,随着神经元的兴奋而变化。

突触是指一个神经元轴突末梢和另一个神经元树突或细胞体之间微小的间隙。神经细胞之间通过突触相连接,这种连接强度根据输入信号和输出信号的强弱而可塑性变化。突触结合强度,

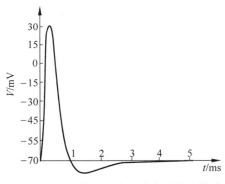

图 3-20 一个神经细胞兴奋发出的电脉冲

即连接权重 w 不是一定的,会根据输入信号和输出信号的强弱可塑性地变化,这使得神经元具有长期记忆和学习功能。

2. 人工神经元模型

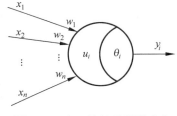

图 3-21 人工神经元的形式化结构模型

从信息处理的角度,神经元是一个多输入/单输出的信息处理单元。一个人工神经元的形式化结构模型如图 3-21 所示,其中 $x_1, x_2, \cdots, x_n$ 表示来自其他神经元轴突的输入信号,$w_1, w_2, \cdots, w_n$ 分别为其他神经元与第 i 个神经元的突触连接强度,θ_i 为神经元的兴奋阈值。

对于每个神经元信息处理过程可描述为

$$\begin{cases} S_i = \sum_{j=1}^{n} \omega_j x_j - \theta_i \\ u_i = g(S_i) \\ y_i = f(u_i) \end{cases} \tag{3-8}$$

其中，S_i 表示神经元 i 的状态；u_i 表示神经元 i 的膜电位变换；y_i 表示神经元 i 的输出；$g()$ 表示活性度函数；$f()$ 为输出函数。输出函数常用以下几种形式：

(1) 单位阶跃函数：$y = \begin{cases} 1, & u \geq 0 \\ 0, & u < 0 \end{cases}$；

(2) 符号函数：$y = \text{sgn}(u) = \begin{cases} 1, & u \geq 0 \\ -1, & u < 0 \end{cases}$；

(3) Sigmoid 函数：$y = \dfrac{1}{1 + e^{-ku}}$；

(4) 双曲正切函数：$y = \dfrac{e^u - e^{-u}}{e^u + e^{-u}}$；

(5) 高斯函数：$y = e^{-(u^2/\sigma^2)}$。

上述输出函数均为非线性函数，都具有突变性和饱和性两个显著特征，正可以模拟神经细胞兴奋产生的神经冲动性和疲劳特性。

3. 神经网络的特点

大量的神经细胞通过突触连接成神经网络，而神经网络模型用于模拟人脑大量神经元活动的过程，其中包括对信息的加工、处理、存储和搜索等过程，它具有如下基本特点。

(1) 具有分布式存储信息的特点。神经网络存储信息的方式与传统计算机的思维方式不同，一个信息不是存储在一个地方，而是分布在不同的位置。网络的某一部分也不只存储一个信息，它的信息是分布式存储的。即使局部网络受损，仍具有能够恢复原来信息的特点。

(2) 对信息的处理及推理具有并行的特点。每个神经元都可根据接收到的信息作独立的运算和处理，然后将结果传输出去，这体现了一种并行处理方式。神经网络对于一个特定的输入模式，通过前向计算产生一个输出模式，各个输出节点代表的逻辑概念被同时计算出来。在输出模式中，通过输出节点的比较和本身信号的强弱而得到特定的解，同时排除其余的解。体现了神经网络对信息并行推理的特点。

(3) 对信息的处理具有自组织、自学习的特点。神经网络各神经元之间的连接强度用权重大小来表示。这种权值可以事先定出，也可以为适应周围环境而不断变化，这种过程体现了神经网络中神经元之间相互作用、相互协同、自组织的学习行为。神经网络所具有的自学习过程模拟了人的形象思维方法，这是与传统符号逻辑完全不同的一种非逻辑非语言的方法。

(4) 具有从输入到输出非常强的非线性映射能力。因为神经网络具有自组织、自学习的功能，所以通过学习它能实现从输入到输出的任意的非线性映射，即它能以任意精度逼近任意复杂的连续函数。

4. 神经网络结构与模型

神经网络链接方式的拓扑结构是以神经元为节点,以节点间的有向连接为边的一种图,其结构大体上可分为层状和网状两大类。层状结构的神经网络由若干层组成,每层中有一定数量的神经元,相邻层中神经元单向连接,一般同层内的神经元不能连接;网状结构的神经网络中,任何两个神经元之间都可能双向连接。

1)前向神经网络

前向网络包含输入层、隐层(一层或者多层)和输出层,如图 3-22 所示为一个三层前向网络。这种网络特点是只有前后相邻两层之间神经元相互连接,各神经元之间没有反馈。每个神经元可以从前一层接收多个输入,并只有一个输出给下一层的各神经元。

2)反馈神经网络

反馈网络指从输出层到输入层有反馈,即每一个节点同时接收外来输入和来自其他节点的反馈输入,其中也包括神经元输出信号引回到本身输入构成的自闭环反馈,如图 3-23 所示。

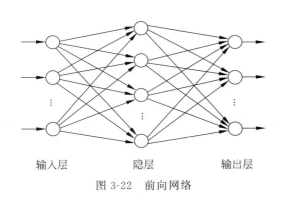

图 3-22　前向网络　　　　　　　图 3-23　反馈网络

3)相互结合型神经网络

相互结合型网络属于网状结构,如图 3-24 所示。构成网络中各个神经元都可能相互双向连接,所有神经元既作输入也作输出。这种网络对信息的处理与前向网络不一样,如果在某一时刻从神经网络外部施加一个输入,各个神经元一边相互作用,一边进行信息处理,直到使网络所有神经元的活性度或输出值收敛于某个平均值为止。

4)混合型神经网络

如图 3-25 所示,在前向网络的同一层间神经元有相互连接的结构,称为混合型网络。这种方式的目的是限制同层内神经元同时兴奋或抑制的神经元数目,以完成特定的功能。

5. 神经网络训练与学习

人脑中的神经元通过许多树突的精细结构收集来自其他神经元的信息,并通过轴突发出电活性脉冲。轴突上的突触结构把来自轴突的电活性变为电作用,从而使与之相连的各种神经元的活性受到抑制或兴奋。

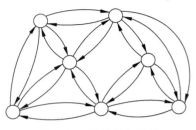

图 3-24　网状结构网络

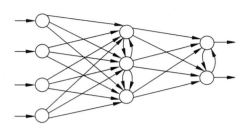

图 3-25　混合型网络

当一个神经元收到兴奋输入,而兴奋输入又比神经元的抑制输入足够大时,神经元把电活性脉冲向下传到它的轴突,改变轴突的有效性,从而使一个神经元对另一个神经元的影响改变,便产生了学习行为。因此,可以认为神经网络学习的本质特征在于神经细胞特殊的突触结构所具有的可塑性连接,而如何调整连接权重就构成了不同的学习算法。

神经网络按照学习方式分为有监督学习(或者称为有教师学习)和无监督学习(无教师学习)两个大类。其后又出现了介于两者之间的强化学习,以及更进一步的深度学习。图 3-26 给出了神经网络的训练与学习过程的示意图。

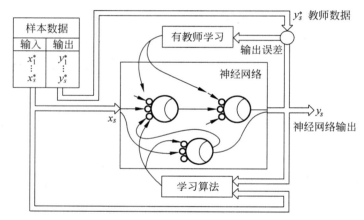

图 3-26　神经网络的训练与学习过程示意图

1) 神经网络的训练

为了应用神经网络解决工程实际问题,必须确定网络中各个节点连接的权重系数 w。从应用环境中选出一些输入、输出样本数据,通过教师示教和监督来不断调整神经元之间的连接强度,直到神经网络得到合适的输入/输出关系为止,这个过程称为对神经网络的训练。这种有教师指导训练过程会使神经网络学习到隐含表示问题的知识,故称这种方式为神经网络有教师学习,或有监督学习。

如图 3-26 上半部分所示,在训练学习中教师提供样板数据集是成对的输入/输出数据集 $\{x_i^*, y_i^*\}$,它代表了实际问题输入/输出关系。训练的过程就是根据网络输入的 x_i^* 和网络输出 y_i^* 的正误程度来反复调整权重的大小,直到网络的实际输出 y_i 全部等于期望的输出为止,训练过程便结束。

2）神经网络的学习

神经网络的学习通常指神经网络无教师监督学习，如图3-26下半部分所示。神经网络学习的目的是根据实际输出数据和期望输出之间的误差，通过某种学习算法自动地、反复地去调整权重直到消除误差或小于允许的误差为止。

要使人工神经网络具有学习能力，需要使神经网络的知识结构变化，也就是使神经元间的结合模式变化，这与把连接权重用什么方法变化是等价的。因此，神经网络可以通过一定的学习算法实现对突触结合强度的调整，使其具有记忆、识别、分类、优化等信息处理功能。

3）神经网络的泛化能力

神经网络通过样本数据集的训练后，当输入出现了样本数据集以外的新数据时，神经网络仍能通过学习获得新的输出，并能严格保持神经网络训练后所获得的输入/输出映射关系的能力，称为神经网络的泛化能力。神经网络的结构、训练样本的数量和质量、不同的学习算法以及参数等都会影响神经网络的泛化能力。

4）神经网络的生长与修剪

通过改变神经网络的结构和参数，从而改变了网络的规模大小，使之更适合于某个问题的求解，这样的过程称为神经网络的生长与修剪。例如对于前向网络的生长算法，可以从单隐层的小网络开始，通过增加一个隐层重新训练，一直持续到再增加一个单元网络后神经系统的性能不再改变为止。神经网络的修剪方法是从相对大的网络开始，然后逐渐剪去不必要的单元，直到获得满意的网络性能为止。

6．神经网络的学习规则

1）联想式学习——Hebb规则

1949年，心理学家Hebb提出了学习行为的突触联系和神经群理论，并认为突触前与突触后两个同时兴奋的神经元之间的连接强度将得到增强。这种思想使用数学描述以后，就被称为Hebb学习规则。Hebb学习规则的哲学基础是联想，在此基础上发展了许多非监督联想学习模型。

2）误差传播式学习

这种学习规则又称为δ学习规则，或者误差纠正规则。该学习规则的最终目的是使设定的某一关于输出误差的目标函数达到最小值。一旦选定了目标函数的形式，误差传播式学习就变成了典型的最优化问题。

3）概率式学习

从统计力学、分子热力学和概率论中关于系统稳态能量的标准出发，进行神经网络学习的方式，称为概率式学习。其典型的代表是Bolzmann机学习规则，是基于模拟退火的统计优化方法，因此又称为模拟退火算法。

4）竞争式学习

在神经网络中的兴奋性或抑制性连接机制中引入竞争机制的学习方式，称为竞争式学习。它属于无监督学习方式，是利用不同层间的神经元发生兴奋性连接，以及同一层内距离很近的神经元间发生同样的兴奋性连接，而距离较远的神经元产生抑制性连接。竞争式学习的本质特征在于神经网络中高层次的神经元对低层次神经元输入模式进行竞争式识别。

3.4.2 控制中的常用神经网络——BP 神经网络

BP(Back Propagation)网络使用误差反向传播算法的多层前向网络,其学习算法的原理是最速梯度下降法。BP 网络的学习阶段包含前向和反向计算两个过程。在前向传播中,输入信息从输入层经过隐层(可以是多层隐层)逐层处理,最后传向输出层。如果输出层的输出结果不能达到期望值,说明网络结构的权重不够合理,就通过反向传播误差信号的方向对权重进行修正,使误差信号达到最小。已经证明,具有 Sigmoid 非线性函数的三层 BP 神经网络能够以任意精度逼近任何连续函数,因此单层隐层的 BP 神经网络的效果与多层隐层的 BP 神经网络的效果相差不大,而其计算量小得多,因此在工程实际中应用较多。但 BP 网络存在以下缺点:

(1) 由于采用非线性梯度优化算法,容易形成局部极小而得不到整体最优;
(2) 迭代算法次数较多,致使学习效率低,收敛速度慢;
(3) BP 网络无反馈连接,影响信息交换速度和效率;
(4) 网络的输入节点、输出节点由问题而定,但隐节点的选取根据经验,缺乏理论指导;
(5) 在训练中学习新样本有遗忘旧样本的趋势,且要求每个样本的特征数目要相同。

BP 神经网络的学习方式分为在线学习和离线学习两种。在线学习又称单步学习,是对训练集合中的每个模式都要根据误差状况更新权重的一种学习方式。其优点是学习过程所需的存储单元较少,但网络整体学习效果劣于离线学习。离线学习又称批处理学习,是指用训练集内所有模式依次训练网络,累加各权重的修正量并统一修正网络权重的一种学习方式。

3.4.3 基于神经网络的智能控制

1. 神经网络控制的基本原理

控制系统的目的在于通过确定恰当的控制量输入,使得系统获得期望的输出特性。图 3-27 是采用神经网络控制器的控制系统结构图。

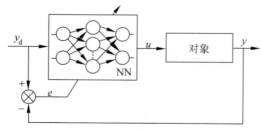

图 3-27 神经网络控制系统结构

设被控制对象的输入 u 和系统输出 y 之间满足以下非线性函数关系:

$$y = g(u) \tag{3-9}$$

控制的目的是确定最佳的控制量输入 u,使系统的实际输出 y 等于期望的输出 y_d。在

该系统中,把神经网络的功能看作从输入到输出的某种映射,或函数变换,并设它的函数关系为

$$u = f(y_d) \tag{3-10}$$

为了满足 $y = y_d$,将式(3-10)代入式(3-9),得到

$$y = g[f(y_d)] \tag{3-11}$$

显然,当 $f() = g^{-1}()$ 时,满足 $y = y_d$ 的要求。

由于要采用神经网络控制的被控对象一般是复杂的且多具有不确定性,因此非线性函数 $g()$ 是难以建立的,可以利用神经网络具有逼近非线性函数的能力来模拟 $g()$。尽管 $g()$ 的形式未知,但根据系统的实际输出 y 与期望输出 y_d 之间的误差,通过神经网络学习算法调整神经网络连接权值直至误差趋近于零,即

$$e = y_d - y \to 0 \tag{3-12}$$

这样的过程就是神经网络逼近 $g^{-1}()$ 的过程,实际上就是对被控对象的一种求逆的过程。由神经网络的学习算法实现逼近被控对象逆模型的过程,就是神经网络实现直接控制的基本思想。

2. 基于神经网络智能控制的类型

基于神经网络的智能控制指由神经网络单独进行控制或由神经网络同其他智能控制方式相融合的控制,其主要有以下形式:

(1) 神经网络直接反馈控制;
(2) 神经网络专家系统控制;
(3) 神经网络模糊逻辑控制;
(4) 神经网络滑模控制;
(5) 神经网络 PID 控制;
(6) 神经网络自适应控制。

3.5 机器学习

学习是一个有特定目的的知识获取和能力增长的过程。学习包含知识获取和能力改善两个方面的内容。所谓知识获取是指获得知识、积累经验、发现规律等;所谓能力改善是指改进性能、适应环境、实现自我完善等[10]。机器学习(Machine Learning)的基本思想是使用计算方法使计算机从数据中"学习"信息,而不依赖于预设的数学模型。可用于学习的样本数量越多,算法性能越好。

机器学习有下面几种定义:

(1) 机器学习是一门人工智能的科学,该领域的主要研究对象是人工智能,特别是如何在经验学习中改善具体算法的性能。
(2) 机器学习是对能通过经验自动改进的计算机算法的研究。
(3) 机器学习是用数据或以往的经验,优化计算机程序的性能标准。

机器学习主要采用两种学习方式:无监督学习和有监督学习。有监督学习根据已知的

输入和输出训练模型，让模型能够预测未来的输出，其学习结果为函数。无监督学习从输入数据中进行分组和解释，进而找出隐藏模式或者系统内在的结构，其学习结果为类别。

常用的无监督学习算法是"聚类"。

监督学习可以分为"分类"与"回归"两种形式。分类针对离散数据，而回归处理连续数据。

机器学习的主要应用包括数据分析与挖掘、模式识别等方面，应用领域涵盖了军事和民用诸多领域。

3.6 深度学习

2006年，Hinton和他的学生Salakhatdinov在《科学》上发表了一篇文章，提出了受限玻耳兹曼机（restricted Boltzmann machine，RBM）模型[11]，并采用逐层贪心预训练加全局微调的方法将多个RBM堆叠得到一个称为深度信念网络（deep belief networks，DBNs）的模型[12]。这一方法打开了训练深度模型的大门，开启了深度学习在学术界和工业界的浪潮。

深度学习的优点主要体现在通过多个层次模型从海量数据中进行逐层特征提取，以最优化损失函数的方式表示学习的能力，这是深度模型能够取得超过人类能力的高识别精度的主要原因。深度学习模型另一个不可忽视的优点是越来越多的深度模型能够提供一种全自动的端到端的数据处理和交付方式进行工作。这里所谓的端到端是指模型直接输入原始数据，如声音、图像等信息，就能够直接输出最终目标，例如输出控制机械手移动的指令来抓取物品。[13]

但是机器学习与深度学习并非智能技术的最终解决方案，它们是基于"以大数据驱动小任务"的范式，其依靠的是通过大量数据训练的分类器解决一项单一的任务。这样的算法在本质上不能理解智能体为何要这样做，也不能理解所识别出来的信息背后包含的含义，比如我们通过输入大量的人的图片，让深度学习计算机能够在图片或者视频中识别出人，但是深度学习算法的计算机却不能识别处于不同姿态的人的心理状态，不能理解图片和视频中人的行为的含义以及识别出的物体之间的因果关系。文献[14]提出了一种以"小数据驱动大任务"的新方法，使得人工智能能够发展出"常识"，进而帮助机器理解识别出的物体"是什么"。这对于发展自动驾驶，提高自动驾驶汽车的智能水平具有指导性的意义。

通常认为自动驾驶包括四个要素：感知、认知、行为规划和行为执行[15]。美国汽车工程师协会将汽车的驾驶分为五级（L0~L5），分别为人工驾驶、辅助驾驶、部分自动驾驶、有条件自动驾驶、高度自动驾驶和完全自动驾驶，人工智能技术在自动驾驶领域得到了广泛的应用。随着车载传感器数量的增多以及传感器技术和信号处理能力的发展，使得机器能够获取比较详细的场景。但是自动驾驶车辆对于环境的认知仍有很多问题亟待解决。从目前技术发展来看，高等级的自动驾驶主要应用于特定的区域，如智慧示范园区、港口、码头、停车场等。

   当前已经出现了能够预测人的行为、能够实现给定任务后自主选择实现任务的手段和方法、还能根据人的状态主动采取行动的智能机器人。这种智能算法通过增加"价值函数"使得智能体获得了行为的标准,再通过构建相互之间的认知驾构获得更高等级的智能活动能力。相信各种智能技术的高速发展,必将助力完全自动驾驶的实现。

本篇参考文献

[1] 于希宁,刘红军.自动控制原理[M].北京:中国电力出版社,2001.
[2] 王艳秋.自动控制原理[M].北京:北京理工大学出版社,2018.
[3] 夏晨.自动控制原理与系统[M].北京:北京理工大学出版社,2017.
[4] 曾禹村,等.信号与系统[M].4版.北京:北京理工大学出版社,2018.
[5] 赵明旺,王杰,汪卫华.现代控制理论[M].武汉:华中科技大学出版社,2020.
[6] 易孟林,陈彬.现代控制工程原理[M].武汉:华中科技大学出版社,2008.
[7] 闫茂德,高昂,胡延苏.现代控制理论[M].北京:机械工业出版社,2016.
[8] 李士勇,李研.智能控制[M].北京:清华大学出版社,2016.
[9] 董海鹰.智能控制理论及应用[M].北京:中国铁道出版社,2016.
[10] 陈海虹,黄彪,等.机器学习原理及应用[M].成都:电子科技大学出版社,2017.
[11] Hinton G E, Salakhatdinov R R. Reducing the dimensionality of data with neural networks[J]. Science,2006,313(5786):504-507.
[12] Hinton G E, Osindero S, Teh Y W. Afast learning algorithm for deep belief nets[J]. Neural Computation,2006,18(7):1527-1554.
[13] 陈蔼祥.深度学习[M].北京:清华大学出版社,2020.
[14] Yixin Zhu, Tao Gao, Lifeng Fan, et al. Dark,beyond deep:A paradigm shift to cognitive AI with humanlike common sense[J]. Engineering,2020,6(20):310-345.
[15] 马库斯·毛雷尔,J.克里斯琴·格迪斯,芭芭拉·伦茨,等.自动驾驶:技术、法规与社会[M].白杰,黄李波,白静华,译.北京:机械工业出版社,2020.

第二篇 汽车电子学

现代汽车电子控制系统是整车安全、节能和环保性能的关键。对于汽车电子控制系统来说有以下几个要求：

（1）实时性要求。控制系统的硬件的响应必须满足高速移动的汽车的安全性和动力系统控制的精确性要求，这就要求控制系统硬件必须在非常短的时间内做出响应。比如，当发动机处于3000r/min的工况下时，若点火正时和喷油脉宽的误差要求在±0.1°CA的范围，对应的绝对时间误差为±5.56μs。

（2）苛刻的环境适应性、安全性和可靠性要求。汽车电子所处的环境可能包括剧烈变化的温度、湿度、振动、光照、电磁辐射以及腐蚀性的液体和气体，这要求汽车电子控制系统能够在这些环境中长期可靠地运行。对于汽车电子系统来说，其环境适应性要求几乎与军用电子相似。此外，为了保证系统在各种故障条件下的安全性，控制系统也必须具备诊断、容错和失效安全等功能。

（3）系列化、批量化、规模化、标准化与低成本的要求。汽车本身是批量化、系列化的产品，与普通消费电子类产品类似，这就要求在汽车电子系统研发阶段就必须考虑系统的可维护性、可扩展性、互换性与兼容性要求，必须满足各种严格的强制性的法规要求，并体现在整个系统研发过程中，进而形成汽车电子产业的独有特点。

在进行汽车电子控制系统开发时，了解汽车电子软件工程相关知识，熟悉汽车电子控制系统常见的各种硬件，以及了解汽车电子控制系统开发过程必须遵循的标准和法规是汽车电子控制工程师必须具备的背景知识。本书第二篇重点介绍与汽车电子控制系统软件、硬件相关的知识，以及在汽车电子控制系统研发过程中需要遵循的标准和法规。

第 4 章

汽车电子控制系统的硬件

4.1 控 制 器

4.1.1 控制器的硬件结构

控制器也就是控制单元,在结构上如图 4-1 所示,包括以下模块:

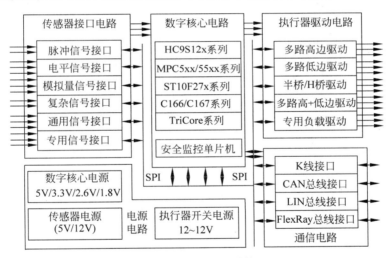

图 4-1 控制单元结构

(1) 传感器接口电路:负责处理传感器反馈的电信号。这部分电路需要根据传感器信号的类型对不同信号进行处理,包括信号的放大、整形、滤波、暂存等功能。如果传感器信号是模拟量信号,比如温度传感器信号,需要 A/D 转换器对信号进行转换。电磁式转速传感器的正弦波形信号,通过放大电路放大、滤波电路滤除高频信号以后,通过过零检测再转换为方波信号。

(2) 数字核心电路,即核心运算器:核心运算器通过内部总线与收发器、I/O 电路进行连接。核心运算器包括算术逻辑运算单元、累加器、状态寄存器、通用寄存器等部件。算术逻辑运算单元的基本功能为加、减、乘、除四则运算,与、或、非、异或等逻辑操作,以及移位、求补等操作。计算机运行时,运算器的操作和操作种类由控制器决定。运算器处理的数据来自存储器;处理后的结果数据通常送回存储器,或暂时寄存在运算器中。另外,为了确保控制器的安全性和可靠性，往往再增加一个监控主单片机的安全监控单片机，形成双单片机结构。

（3）驱动执行器的放大电路，即驱动电路：核心运算器输出的信号也需要通过执行器控制模块进行转换，再送往执行器。送往执行器的控制信号需要根据执行器的类型决定。如果执行器所需要的电压、功率较大，则需要功率放大电路、电压放大电路。如果执行器是模拟电路，则需要将控制器输出的数字信号转换为模拟信号，这就需要 D/A 转换器。

（4）通信电路，即收发器：汽车通信总线的类型比较多，往往同时使用多种总线进行通信。它们需要收发器与总线进行连接。收发器的作用可以理解为控制单元的耳朵和喉舌，它边听边说。另外，它还需要完成信号转换，也就是数字信号与总线电压信号之间的转换。

（5）电源模块：负责为控制单元内部的各种部件提供稳定的直流电压和电流。不同的部件需要的电压不同，比如核心运算器可能需要 5V 或者 3.3V，传感器处理电路中的运算放大器可能需要 12V，驱动电路可能需要 12V 或者 24V，甚至 120V 的高压。它们都需要通过车辆电源系统供电，并经过电源模块将电压调整到合适的范围。

4.1.2 核心运算器

控制单元的核心运算器可以是微处理器，也可以是数字信号处理器（DSP）。微控制器通俗的说法是单片机，也称为微处理器。它是把微型计算机的主要部件集成在一块芯片上的单芯片计算机。如图 4-2 所示，微处理器包括中央处理单元（CPU）、只读存储器、随机存储器、定时器/计数器、I/O 接口、中断和串口。它通过数据总线和地址总线与存储器交换数据和地址；通过 I/O 电路和收发器连接通信接口和诊断接口以及外部电路。监控模块实时监控运算器的状态，防止其死机。电源模块提供稳定的电压和电流。晶振模块提供频率偏差非常小的基准频率。

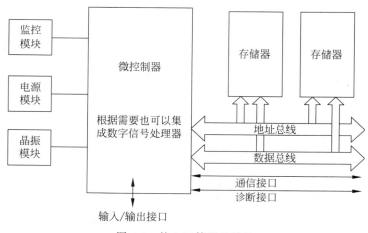

图 4-2 核心运算器的结构

1. 微处理器

微处理器的基本功能是控制和调节。开环系统实现控制功能，闭环系统实现调节功能。

微处理器也可以通过专用的数字信号处理器扩充和完善其功能。比如使用专用的 DSP 处理通信数据的打包与拆解，以降低微处理器的占用率。

微处理器运算效率取决于其数据总线的带宽。带宽越宽，它同时处理的数据量就越大，价格也越高。此外，微处理器执行一个指令所需要的时钟脉冲数量越少，运算效率也越高。很多单片机都内置一些指令以提高运算速度。

2．存储器

存储器分为随机存储器（RAM）和只读存储器（ROM）两个大类。随机存储器读取速度很快，通常作为操作系统或其他正在运行中的程序的临时数据存储介质。RAM 工作时可以随时从任何一个指定的地址写入（存入）或读出（取出）信息。它与 ROM 的最大区别是数据的易失性，即一旦断电所存储的数据将随之丢失。RAM 在计算机和数字系统中用来暂时存储程序、数据和中间结果。

根据存储单元的工作原理不同，RAM 分为静态 RAM（SRAM）和动态 RAM（DRAM）。静态存储单元是在静态触发器的基础上附加门控管而构成的。因此，它是靠触发器的自保功能存储数据的。SRAM 存放的信息在不断电的情况下能长时间保留，状态稳定，不需外加刷新电路，从而简化了外部电路设计。但由于 SRAM 的基本存储电路中所含晶体管较多，故集成度较低，且功耗较大。

DRAM 利用电容存储电荷的原理保存信息，电路简单，集成度高。由于任何电容都存在漏电，因此，当电容存储有电荷时，过一段时间由于电容放电会导致电荷流失，使保存信息丢失。解决的办法是每隔一定时间（一般为 2ms）对 DRAM 进行读出和再写入，使原处于逻辑电平"1"的电容上所泄放的电荷又得到补充，原处于电平"0"的电容仍保持"0"，这个过程称为 DRAM 的刷新。由于需要刷新，因此它的存取速度比 SRAM 慢，而且外围电路也更复杂。

ROM 所存数据，一般是装入整机前事先写好的，整机工作过程中只能读出，而不像随机存储器那样能快速、方便地加以改写。ROM 所存数据稳定，断电后所存数据也不会改变；其结构较简单，读出较方便，因而常用于存储各种固定程序和数据。为便于使用和大批量生产，进一步发展了可编程只读存储器（PROM）、可擦除可编程只读存储器（EPROM）和带电可擦可编程只读存储器（EEPROM）。

只读存储器存储的内容是在芯片设计的过程中确定的，因此不能修改，也称为掩膜存储器。可编程只读存储器（Programmable ROM，PROM）一般可编程一次。PROM 存储器出厂时各个存储单元皆为 1，或皆为 0。用户使用时，再使用编程的方法使 PROM 存储所需要的数据。PROM 需要用电和光照的方法来编写与存放程序和信息，但只能编写一次，第一次写入的信息就被永久性地保存下来。

可擦除可编程只读存储器（Erasable Programmable Read Only Memory，EPROM）可多次编程。它便于用户写入，并能把已写入的内容擦去后再改写，是一种可多次改写的 ROM。擦除存储内容的方法可以采用电的方法（称电可改写 ROM）或用紫外线照射的方法（称光可改写 ROM）。光可改写 ROM 可利用高电压将资料编程写入，擦除时将线路曝光于紫外线下，则资料可被清空，并且可重复使用。通常在封装外壳上会预留一个石英透明窗以方便曝光。

电子可擦除可编程只读存储器（Electrically Erasable Programmable Read-Only Memory，EEPROM）的运作原理类似 EPROM，但是擦除的方式是使用高电场来完成，因此不需要透明窗。

3. 运算单元的电源供给

微处理器的电源模块负责电源供给，它需要提供 5V 或者 3.3V 的直流电，同时保证足够的功率消耗。对于数字电路而言，晶振电路每个时钟周期结束时，都会进行一次 P/N 结的电流发射，从而导致能量消耗一次。时钟频率越高，功率消耗也就越大。

4. 时钟发生器

时钟信号由晶振电路产生，用来触发处理器。时钟频率越高，单位时间能够处理的指令也越多，但是功率消耗以及对外的电磁辐射也越大，发热量也越大。车用电控单元的时钟频率一般为几十兆赫，不适用对流散热设备，也就是没有散热风扇进行强制冷却，需要依靠自然对流散热。高精度的时钟脉冲可以使多个通过总线进行通信的电控单元的时钟大致相同，以便精确控制。

5. 监控电路

普通的计算机死机以后可以按下 Reset 键，或者手动关闭电源，然后重启。对于汽车电子控制系统而言，则没有办法这样做。因为不可能在开车时去关闭发动机控制器，关闭车身控制器，这也是很危险的情况。比如，在高速行驶过程中，发动机控制器死机，将直接导致发动机出现停机，进而影响其他汽车电子控制系统，可能出现转向盘无法转动、变速器无法换挡等进一步的故障。也可能出现定速巡航系统无法退出，导致驾驶员失去对车辆速度的控制的情况。对于汽车电子控制系统来说往往有很高的实时性要求，必须在固定的时间内完成任务，如果没有完成，也应当将占用的硬件资源释放出来，以保证其他需要使用资源的进程能够顺利执行，这样才能保证控制系统能够响应随时出现的各种情况。对于控制器出错的情况就必须有相应的处理措施。最简单的方法就是使用监控电路，也称为"看门狗"。"看门狗"的作用就是每隔一定时间，向主控制器发送一个请求，控制器需要向其反馈特定的信号。如果控制器处于无响应的状态，比如控制器运算资源被占用而无法释放，"看门狗"电路就判断主控制器应当重启或者关闭，进而防止进一步的错误发生。

6. 内部总线

总线是一种内部结构，它是 CPU、内存、输入、输出设备传递信息的公用通道，主机的各个部件通过总线相连接，外部设备通过相应的接口电路再与总线相连接，从而形成了计算机硬件系统。

总线分为数据总线、地址总线和控制总线。数据总线在 CPU 与 RAM 之间来回传送需要处理、存储的数据。地址总线用来传输在 RAM 中存储的数据的地址。控制总线将微处理器控制单元（Control Unit）的信号传送到周边设备。一些功能简单的电控单元比如 51 系列的单片机，使用一组导线交替作为地址总线和数据总线，这称为多路总线。而 PC 的总线则是分开的。

内部总线是计算机内部各外围芯片与处理器之间的总线,用于芯片一级的互连;而系统总线是微机中各插件板与系统板之间的总线,用于插件板一级的互连;外部总线则是微机和外部设备之间的总线,微机作为一种设备,通过该总线和其他设备进行信息与数据交换,它用于设备一级的互连。

内部总线都是并行总线。并行总线在同一时刻可以传输多位数据,好比是一条允许多辆车并排行驶的宽敞道路,而且它还有双向、单向之分;另一种为串行总线,它在同一时刻只能传输一个数据,好比只容许一辆车行走的狭窄道路,数据必须一个接一个传输,仿佛一个长长的数据串,故称为"串行"。对于并行总线来说,其性能参数有以下三个:总线宽度、时钟频率、数据传输频率。其中,总线宽度就是该总线可同时传输数据的位数,好比是车道容许并排行走的车辆的数量。例如,16 位总线在同一时刻传输的数据为 16 位,也就是 2 个字节;而 32 位总线可同时传输 4 个字节,64 位总线可以同时传输 8 个字节。显然,总线的宽度越大,它在同一时刻就能够传输更多的数据。

总线的宽度与总线的带宽是不同的。总线的带宽指的是这条总线在单位时间内可以传输的数据总量,它等于总线位宽与工作频率的乘积。例如,对于 64 位、800MHz 的前端总线[①],它的数据传输率就等于 64bit×800MHz÷8(Byte)=6.4GB/s。

4.1.3 使用硬件替代软件

在实现某些功能的时候会遇到一个问题:这个功能是用软件实现还是使用硬件实现?比如信号滤波,可以通过编程实现软件滤波,也可以使用专用滤波电路进行滤波。如果交给软件处理,则需要占用 CPU 的运算资源;如果使用专用滤波电路,则需要扩充硬件电路,这就需要进行考量。

当需要处理大量格式相同的数据,微控制器会产生很大的功耗,而一个数字电路模块则可以在小功耗的情况下进行数据处理。比如 CAN 总线的通信,由于需要处理大量格式相同的数据,因此最经济的方法就是使用专用的 CAN 收发器。

另外,当对运算时间要求高时,通过硬件电路比软件方法更加高效。

对于专业的应用,有两个节省资源的备选方案:可编程逻辑器件(Programmable Logic Device,PLD)和专用集成电路(Application Specific Integrated Circuit,ASIC)。PLD 内部的数字电路可以在出厂后才规划决定,有些类型的 PLD 也允许在规划决定后再次进行变更,而一般数字芯片在出厂前就已经决定其内部电路,无法在出厂后再次改变。对于可编程逻辑器件,设计人员可利用价格低廉的软件工具快速开发、仿真和测试其设计,然后快速将设计刷写到器件中,并立即在实际电路中对设计进行测试。

专用集成电路是针对整机或系统的需要,专门为之设计制造的集成电路,简称 ASIC。专用集成电路可以把分别承担一些功能的数个、数十个、甚至上百个通用的中、小规模集成电路的功能集成在一块芯片上,进而可将整个系统集成在一块芯片上实现系统的需要。它使整机电路优化,元件数量减少,布线缩短,体积和重量减小,提高了系统可靠性。产品的特点是功能强、品种多;但批量较小,设计周期长,工艺生产与测试难度增加,因此成本较高。

---

① 前端总线:在计算机中连接 CPU 与北桥芯片的总线。

4.2 传 感 器

4.2.1 传感器的分类

车用传感器数量众多,按照输出信号的类型分为数字传感器和模拟传感器两大类。按照传感器对外显示的电路特性分为电阻型传感器、电容型传感器和电感型传感器。此外,还有外接电源和带电压输出的传感器,以及主动型传感器。车辆常用传感器及其分类参见表 4-1。

表 4-1 常用传感器类型

类 型	数字传感器	模拟传感器
电阻型传感器	开关型传感器	温度传感器、气体传感器、电子加速踏板传感器
电容型传感器		湿度传感器
电感型传感器	带有霍尔元件的转速传感器	转速传感器
有外接电源和电压输出的传感器		压力传感器、宽域氧传感器、所有集成了信号处理功能的传感器、微机电型传感器、氧传感器
主动型传感器		热电偶

4.2.2 传感器的信号处理

1. 开关型传感器

一些需要车内人员操作的开关,在某些意义上也属于传感器。还有一些通过物理量的变化来控制开关的通断,比如发动机的油压传感器。

开关型传感器一般位于电源与电控单元之间,一般在开关传感器上串联电阻,目的是保护控制器。为了保证开关断开时,控制器电压输入端不悬空,添加对地的下拉电阻,也可以使用对电源的上拉电阻。还可以添加低通滤波器来消除干扰信号。

2. 电阻型传感器

电阻型传感器一般按图 4-3 所示电路图进行连线。传感器通过串联电阻 R_S 接入电源回路。由于串联电阻 R_S 的阻值是已知的,因此控制单元通过测量传感器两端电压来获知其电阻的变化。

比较典型的电阻型传感器是油门踏板位置传感器,它实质上就是一个滑动电阻。

另一个典型的电阻型传感器是电子节气门开度传感器。它由两个独立的位置传感器组成,它的接线与输出特性见图 4-4。传感器 IP1 的输出随节气门开度的增大而增大;另一个传感器 IP2 则随节气门的开度的增大而减小,都呈现线性关系。使用两个传感器是为了提高系统的可靠性,同时也可以为故障诊断提供信息。

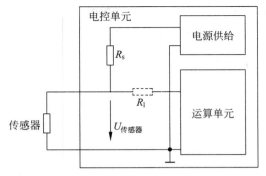

图 4-3　电阻型传感器接线图

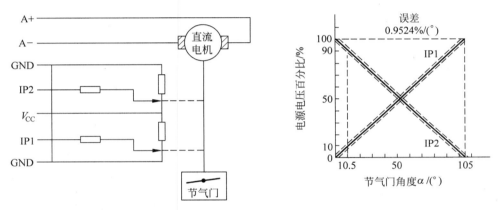

图 4-4　电子节气门位置传感器的接线及其输出特性

3. 电容型和电感型传感器

电容型和电感型传感器,其阻抗的变化可以通过电路振荡的频率来计算。振荡器产生的方形波可以直接和微处理器的数字输入端相连。图 4-5 是电容型传感器的测量电路。

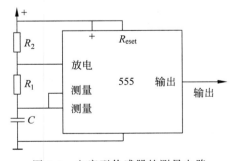

图 4-5　电容型传感器的测量电路

4. 主动型传感器

主动型传感器自身会提供电压输出。如果输出电压过高,则需要使用分压器以降低电压输出；反之，如果输出电压太低，则需要使用电压放大器。比如磁电式发动机曲轴转速传感器，在发动机启动时，发动机转速很低，磁电式转速传感器输出信号只有 0.2~1.0V；当发动机转速达到 5000r/min，甚至更高时，输出信号幅值可以超过 50V。因此，磁电式传感器在信号处理上要比霍尔转速传感器更复杂（图 4-6）。

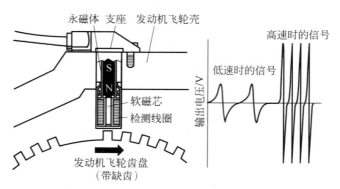

图 4-6　磁电式转速传感器及其输出波形

5. 模/数转换

对于模拟传感器来说，由于其输出的是模拟信号，控制器需要将其转换为数字信号才能读取，因此需要进行模/数转换（A/D 转换）。模/数转换可以由独立的硬件电路实现，也可以集成在控制器中。模/数转换的步骤为：采样，保持，量化和编码。模/数转换的量化有两种方法：中间值法和等分法。图 4-7 显示的是 3 位模/数转换，实际的模/数转换可能是 8 位或者 16 位的。图 4-7(a) 显示的是中间值法，图 4-7(b) 是等分法。图中横坐标表示传感器输出电压与参考电压的比值，纵坐标表示其输出的二进制数值。显然，模/数转换过程会产生误差，称为量化误差。

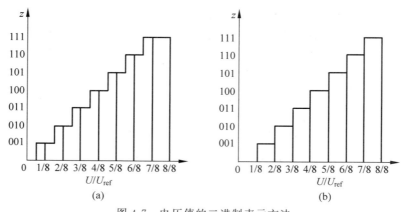

图 4-7　电压值的二进制表示方法

6. 集成芯片的传感器

为了减少导线，汽车上总是优先采用数据总线进行传输。只要在传感器的模/数转换模块之后集成总线控制器，传感器就可以直接接入总线。这样的控制器称为串行连接输入/输出(Serial Linked I/O,SLIO)。有些传感器甚至将SLIO集成到自身，这种传感器也称为智能传感器。

图4-8是木村制作所制造的汽车用低G值加速度传感器。它的传感元件和测量专用集成电路(ASIC)组装在塑料封装内，引脚形式适用于表面贴装和回流焊接。此系列产品采用硅胶提供环境保护，可在潮湿环境和温度周期性变化条件下提供优良的性能和可靠性。此外，具有过阻尼频率响应的耐用传感元件设计使得产品在严酷和振动环境下也能实现优异的性能。

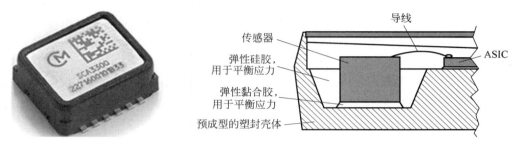

图4-8 集成了ASIC芯片的加速度传感器

图4-9是集成了信号处理电路的力学加速度传感器信号处理过程。该传感器使用专用ASIC芯片进行信号处理，系统开发更加舒适和灵活。

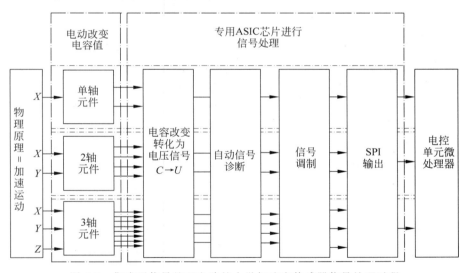

图4-9 集成了信号处理电路的力学加速度传感器信号处理过程

4.3 执 行 器

4.3.1 执行器的类型

汽车上的执行器主要分为电子执行器、液压执行器和气动执行器等几大类，只有少数专用执行器基于其他工作原理,比如火花塞。随着现代汽车电子技术的发展,气动执行器逐渐被电子执行器所取代。

电子执行器又分为数字执行器和模拟执行器两类。数字执行器只有开和关两种状态,模拟执行器可以根据电压或电流源的强弱作出不同的响应。车外照明目前多采用数字式灯光,通过CAN总线控制以减少插头和导线数量,而车内照明灯多属于模拟执行器。常见的数字式执行器还包括安全气囊的点火器、安全带预紧器、光检测器、液压系统的电磁阀等。步进电机属于数字执行器,而伺服电机属于模拟执行器。

按照执行器的电子特性也可以分为电阻型执行器、电感型执行器、电容型执行器。由于电感型执行器本身也有一定电阻,因此也可以看作电感电阻混合型执行器。典型的电感型执行器包括三通阀、电磁阀类型的喷油器以及磁流变液减振器。

还有一些执行器集成了专用控制电路,电控单元只负责向其发送控制命令,而不直接控制执行器。这种执行器被称为"智能型执行器"。

4.3.2 执行器的控制

通常控制器发出的控制指令需要经过功率半导体放大才能驱动执行器。只有少数数字执行器,例如发光二极管,可以直接和控制器的输出端相连接。模拟执行器则需要将控制器发出的数字信号进行数/模转换,再经过功率放大才能驱动。

1. 数/模转换

控制器输出数字信号的方法有三种:第一种方法是脉宽调制(Pulse Width Modulation,PWM),控制器通过一个引脚输出矩形波信号,控制器通过控制矩形波信号的占空比来进行调制。第二种方法是通过控制器的多个引脚并行输出数字信号,每个引脚代表二进制数值的一位。第三种方法是通过控制器的一个引脚串行输出信号。针对这三种不同的方法,就有不同的数字信号到模拟信号的转换方法。

对于脉宽调制,要表达一个不大于255的整数时,可以将信号的周期T等分为255份,当要输出的信号是$n(n<255)$时,信号的占空比为n/T。若要表达更大的数,则需要将信号的周期分为更多的份数。控制程序将要输出的信号存放在微控制器的8位或者16位的寄存器中,脉宽调制输出端口根据寄存器里的数值确定其输出矩形波的占空比。另一种输出脉宽调制信号的方法是使用计时器输出端口通过编程实现,典型的例子是英飞凌的C167系列微控制器。

脉宽调制信号的输出只需要通用的串行总线,而且其数/模转换(D/A转换)方式非常简单。脉宽调制信号的时间平均值是占空比与最高电压的乘积。因此使用脉宽调制输出信号只需要在微控制器输出端放置一个电容即可构成一个RC低通滤波器,从而获得矩形波的平均值,成本和体积都很低。需要注意的是,低通滤波器的截止频率必须低于脉宽调制信号的频率,但也不能过低,否则可能导致系统响应迟缓。

对于第二种并行输出信号的方法,则需要使用复杂的数/模转换模块来产生模拟信号,成本较高,因此在汽车电子系统中很少采用。而第三种串行输出信号的方法,虽然对于串行总线来说很方便,但是没有合适的数/模转换模块,因此需要先将其转换为并行信号,因此也没有应用的案例。

2. 功率半导体

功率半导体用于驱动各种执行器，比如加热电阻、电磁执行器或者电动机。早期常用继电器，现在多被功率半导体所取代。与继电器相比，功率半导体功耗小，可靠性高，成本低，翻转速度快，在常闭和常通状态下没有大的功率消耗，损耗主要发生在开关瞬间，因此频繁地转换开关状态将会造成很大的功率损耗。

功率半导体分为晶体管和晶闸管两类。晶闸管通过小的门极电流来开启，开启滞后的晶闸管在门极电流变为 0 时依然可以保持导通状态。当主回路电压（或者电流）减小并且接近 0 时，晶闸管关断。可关断晶闸管（GTO）又称门控晶闸管，可以通过施加反向的门极电流来关断。晶闸管的优点是当其为导通状态时，电阻非常小，所以其导通功耗很小。缺点是成本相对较高，开关速度比较慢，因此绝大多数汽车电子系统中，包括混合动力电动汽车的逆变器，都使用晶体管。

功率晶体管又分为双极型晶体管（bipolar transistor）、场效应管（MOSFET）以及结合两种技术的绝缘栅双极型晶体管（Insulated Gate Bipolar Transistor，IGBT）。双极型晶体管在导通状态的电阻非常低，MOSFET 以电压信号而非电流信号驱动执行器，因此开关时间很短。随着技术的发展，MOSFET 的导通电阻也在逐渐降低，有逐步取代双极型晶体管的趋势。IGBT 综合了双极型晶体管和 MOSFET 的优点，是一种理想的功率半导体技术，但是成本过高，除混合动力电动汽车的整流器等少数设备外，在汽车上没有得到广泛应用。

3. 控制电路

最常见的控制电路是将负载和地线相连接的低边开关（low side switch），以及将负载和电源相连接的高边开关（high side switch），它们的电路如图 4-10 所示。

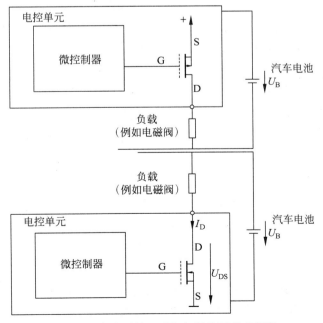

图 4-10 高边开关（上图）与低边开关（下图）

将高边开关和低边开关按照图 4-11 所示电路进行连接,就构成了半桥电路(half bridge)。

当高边开关闭合时,中间点为高电平;当低边开关闭合时,中间点为低电平。若两个晶体管都断开时,中间点的电压由负载电路的连接方式决定。需要注意,两个晶体管不能同时闭合。这种控制方式在三相电动机、压电喷油器控制上有所应用。

将两个半桥电路连接起来就组成了全桥电路(full Bridge),如图 4-12 所示。当 HS1 和 LS2 导通,HS2 和 LS1 截止时,电流从左往右流过负载;当 HS1 和 LS2 截止,HS2 和 LS1 导通时,电流从右往左流过负载。全桥电路不仅可以控制负载的通断,还可以控制流过负载的电流的方向,常用来控制电动机的正反转。这种电路也称为"H 桥"电路。

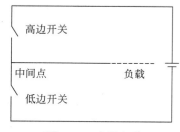

图 4-11　半桥电路

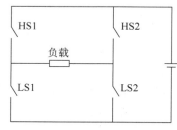

图 4-12　全桥电路

4. 后级放大电路监控

后级放大电路可能出现的故障包括负载损坏、输出端和电源短路、输出端对地短路和过热。

以图 4-10 中的低边开关为例,当没有故障时,晶体管处于未导通状态时,电阻两端没有电压降,电源电压直接连接在漏极 D 上。晶体管可能出现的故障及其状态见表 4-2。

表 4-2　低边开关可能出现的故障

晶体管状态	正常状态	负载损坏	对正极短路	对地短路
晶体管导通	$U_{DS}=0$ $I_D>0$	$U_{DS}=0$ $I_D=0$!	$U_{DS}=U_B$! $I_D>>0$!	$U_{DS}=0$ $I_D=0$!
晶体管截止	$U_{DS}=U_B$ $I_D=0$	U_{DS} 未定义! $I_D=0$	$U_{DS}=U_B$ $I_D=0$	$U_{DS}=0$! $I_D=0$

注:"!"代表与正常状态不同的错误状态。

从表 4-2 可以看出,无论检测电压值还是电流值都可以识别晶体管的出错状态。实际中普遍采用设置并联电阻监测电压的方式。车用的功率晶体管普遍采用脉宽调制信号进行驱动,所以晶体管在断开与导通之间交替变换是正常的。

若执行器能够在占空比 5% 时保持关闭状态,在占空比 95% 时保持开启状态,则可以设置占空比范围为 5%～95%。这样 0% 和 100% 的占空比就可以用作出错状态监控。

习　题

1. 简述汽车电子控制系统中控制器的组成及其各部分的作用。
2. 简述汽车电子控制系统传感器的分类,每种类型至少列举一种传感器。
3. 简述汽车电子控制系统中"看门狗"是如何工作的。

第 5 章

汽车电子控制系统的软件

5.1 软件的控制和调节功能

软件的功能包括控制、调节、诊断与通信。控制是开环系统完成的功能,调节是闭环系统完成的功能。

比较常见的是顺序控制的系统。比如发动机预热塞的控制,它的控制流程见图 5-1。驾驶员打开点火开关,预热塞开始加热,然后系统根据系统的状态依次进入不同的控制状态。

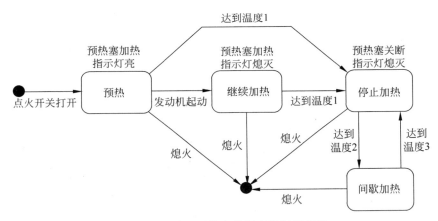

图 5-1 发动机预热塞的顺序控制流程图

调节,是指调整受控物理量使其达到并且保持在目标值。最常使用的是 PID 控制器。其 C 代码实现如下。

比例积分的 C 代码:y1 + = k1 * e

微分的 C 代码:y2 = k2 * (e - e_alt);
e_alt = e;

由于微分会加剧噪声的振荡(在 t 时刻的微分结果,其实是 $t-\Delta t/2$ 时刻的平均值的微分,当数值变化快时,微分模块的变化可能非常大,导致受控对象产生振荡),因此一般很少使用,PID 控制器就变成了 PI 控制器。使用 PI 控制器实现起来很简单,运算量也不大。对于非线性系统是利用非线性特性对 PID 控制的一种改进,以提高控制器的鲁棒性和适应性。

此外,基于模型的控制器也是目前比较常用的控制方法。通过系统模型的输出来调节

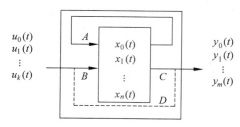

图 5-2 系统的状态影响系统的输出

控制器的输出,如果所建立的系统模型与实际系统吻合很好,则控制效果就很好。但是系统的响应与系统的输出并非是一一对应的关系,还与系统所处的状态有关。如图 5-2 所示,当系统处于不同的状态时,相同的输入会导致不同的输出结果。因为系统的输出或者响应,与系统当前所处的状态,以及系统在之前所经历过的输入有关。每一个状态变量都是系统内部的物理量,它取决于系统的经历,有记忆效应。因此,在测试系统时,使用相同的测试数据可能会得到不同的测试结果,除非系统测试时的初始状态是相同的。

一种有效的控制方式是将系统的状态通过状态反馈矩阵 R 反馈到输入端,从而调节系统的控制,这就是状态控制器(图 5-3)。

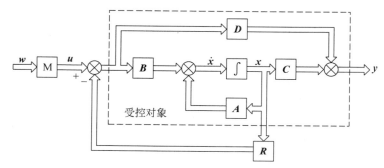

图 5-3 状态控制器

如果不能从被控系统得到系统的状态 X,则可以使用状态观测器(图 5-4)。在状态观测器中构建了一个理想的系统模型,这个模型里的 A、B、C、D 矩阵可能与实际系统有偏差。为了改善这个理想的模型,将实际系统的输出 y 与模拟模型的输出作比较,将它们的偏差

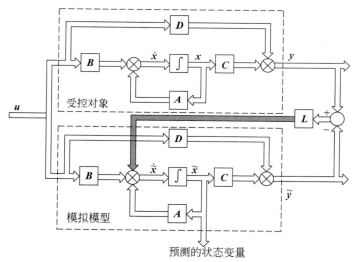

图 5-4 状态观测器

反馈到模拟模型中,修正模拟模型。状态观测器的状态输出也可以作为对于系统状态的预测来使用。

此外,还可以构建可以提前预测实际输出的状态变量的状态预测器。

5.2 软件的诊断功能

诊断功能是指电控单元能够自动识别硬件或者软件故障,保证在故障发生时能够继续完成其他任务,防止或者避免由于故障的原因对人员或者车辆造成伤害或者损坏,并且提醒驾驶人员将车辆送入修理厂进行检查。例如,当由于油门踏板位置传感器故障,导致电控节气门发出"油门全开"的信号时,电控单元应当能够识别此故障,防止汽车加速,同时通知驾驶人员尽快进行检修;或者发动机进入跛行模式,以固定的低转速运转,以便车辆能够行驶到修理厂进行维修检测。一些故障也可以通过仪表盘上的故障指示灯向驾驶员发出警告。当检测人员使用故障诊断仪与车辆连接时,可以读取车辆的故障信息,以便进一步的处理。诊断功能也可以用于读取一些测量值,比如发动机的转速。

5.2.1 故障的识别

故障诊断的第一步是故障识别。电控单元通常能够识别的典型故障包括传感器和执行器的电子故障(例如短路或者断路)、超出量程的数据、电控单元之间错误的通信数据、电压不稳、电控单元内部故障以及后台自检识别出的错误等。

图 5-5 是油门踏板位置传感器的接线图。若传感器接地线断路,电控单元检测到的传感器输出电压为 5V,按照此电压,控制器将判断为油门被踩到底。若没有相应的诊断措施,此时车轮将不受控地全力加速,后果非常严重。

通常的做法有两种。一种是调整电位器,将其滑动电阻限制在上下极限以内,保证输出电压限制在一个范围,比如 0.5~4.5V。若控制器检测到超出此范围的电压,比如 5V 电压,则表明传感器出现了故障。此方法也适用于很多其他类型的传感器。

另一种做法是采用冗余系统以确保系统的可靠。比如使用两个油门踏板位置传感器,它们分别走线,输出电压成比例关系。若控制器检测到它们的电压关系不正常,则判别为系统故障。

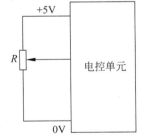

图 5-5 油门踏板位置传感器故障示例

5.2.2 故障信号的去抖和自愈

有的时候系统发出的故障信号是受到外界干扰后产生的,当干扰消失以后系统又回到正常工作状态。若此时故障系统发出警告,则会导致一些不必要的检修工作。这时就要用到故障信号的去抖功能。

去抖功能是指当故障信号出现时,诊断系统并不马上做出响应,而是等待一定时间判断以检测故障信号是否一直存在,或者是否经常发生,若确是如此,再进行进一步的处理,除非该故障的出现将立即引起非常严重的后果。

如果单次识别出的故障在其后很长一段时间都没有再发生过,故障记录则可以自行消除,这个过程就称为故障的"自愈"。对于自愈的判断取决于故障类型和控制器类型。自愈主要是考虑到过早,或者过多地检测到故障将导致用户对于产品质量的疑虑,此外过于频繁地进入修理厂也会导致使用成本的增加。但是另一方面,过迟的检测故障或者过早地进行故障自愈又可能会导致车辆系统部件的损坏,甚至威胁到驾驶安全。

5.2.3 故障存储

在5.2.1节的油门踏板位置传感器故障的案例中,故障诊断系统比较合理的处理方式应该是首先向驾驶员发出故障信号,避免错误信号导致的危险的、不可控的车辆加速情况,同时还能够保证车辆以比较安全的固定速度行驶到维修厂,即进入所谓的"跛行模式"。

故障诊断系统对于故障的处理方式是通过软件进行定义的。通常设计一个故障表格以及对应的应对措施的表格,按图索骥。故障的分类汇总也可以提高系统的成熟度以及通用性。

故障信息需要在断电以后进行保存,所以一般存储在EEPROM或者闪存中。

除了故障信息以外,电控单元也会存储一些附加信息,比如出错的时间、里程数,以及出错时的各项参数,以便于故障的分析与查找。

5.2.4 故障诊断仪读取故障信息

电控单元里存储的故障信息可以通过外接故障诊断仪进行读取。诊断仪的种类很多,大型诊断仪体积庞大、功能齐全,比如BOSH 740诊断仪可以进行尾气检测,连接多路示波器、万用表,检测点火信号等。小型的诊断仪可以手持,配备触摸屏,可以方便地进行移动检测。

目前几乎所有的车辆都采用了图5-6所示的规范接口。J1850是美式通信总线标准,已经不再适用。K线在20世纪一直都是诊断仪的通行标准接口,是类似于LIN总线的单线,

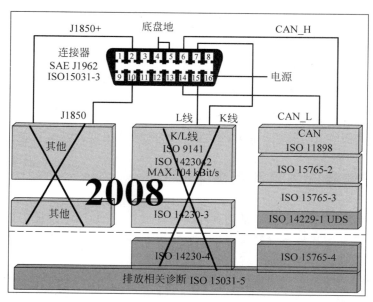

图5-6　诊断仪的接口及其标准

传输速率比较慢,2008年以后就已经被CAN总线所取代。虽然K线外接的接头都是一致的,但是不同车型内部连线可能不同,因此需要使用该车型的专用转接头,否则可能损坏诊断仪。图5-6也给出了当前通行的CAN总线的诊断标准。

5.3 软件的程序开发与测试

5.3.1 汽车电子控制系统软件的编程语言

目前,汽车电子控制系统开发常用的编程语言有三类,即C语言、C++或者Java以及Ada。C语言执行效率高,但是由于使用了指针,可能出现指针出错导致本来指向数据的指针指到地址这样的严重错误,进而导致系统崩溃。C++或者Java是面向对象的编程语言,它们要求更多的存储空间和运算资源。最安全的编程语言是Ada,一般在对安全性要求非常高的技术领域才采用。

编程语言的不安全性是由于程序员编写的代码可能不会按照他所期望的那样去执行,从而导致一些意想不到的结果。这样的结果往往都是错误。比如,将变量名拼错,或者错误地理解算法。C语言由于非常精炼,有相当多的地方能使程序员容易产生误解,例如运算符优先级的规则。另外,编译器的编译结果可能与程序员期望的结果不同,也会导致程序出现错误。最后,程序运行过程中也可能出现错误。这些情况往往很难避免,因此,在程序编写阶段,应该有一个规范的标准,以尽量防止出现这些错误。

MISRA94就是这样的针对编程的规范,它是The Motor Industry Software Reliability Association为促进C语言更为安全的使用而制定的规范。比如下面这行代码:

If(a = b) { … …

在符合MISRA94标准的编译器编译时,该行代码就会报错。正确的写法应该是:

a = b;
if(a) { … …

本书主要介绍的是基于模型的控制系统开发方法,控制代码是由编程工具自动生成,这种技术也叫作快速控制原型(Rapid Control Prototype)。由于这种技术几乎不用手写代码,因此可以在最大程度上减少人为的错误。

在软件开发过程中,通常需要反复地调用相同或者相似的子程序,同时还有好几个同事同时对系统进行开发,这就需要对这些子程序以及源程序进行管理和维护。对需要反复调用的相同的或者类似的程序组件进行管理,称为软件的配置管理。有一些软件工具可以帮助完成这项工作,比如CVS、RCS以及Subversion。

5.3.2 软件的测试

软件测试的目的是发现错误。在整个系统开发全生命周期中,错误发现得越早,修正错误的成本就越低。因此测试应当从开发的初期就开始,并且贯穿整个系统开发的生命周期。

测试是从一个全新的角度剖析软件和设计测试用例,因此一般软件设计者不适合再进行软件测试工作。

软件测试一般分为模块测试(Unit Test)、集成测试(Integration Test)、系统测试(System Test)和验收测试(Acceptance Test)。在软件开发的不同阶段应用不同的测试。如果经过测试的产品经过了修改,则所有的测试过程都需要重新进行,这称为回归测试。

1. 模块测试

模块测试一般是在开发样机系统上开展的。模块测试一般为白盒测试(Whitebox Test)。白盒测试是一种测试用例设计方法。盒子指的是被测试的软件,白盒的意思是盒子是可视的,即清楚盒子内部的构造以及盒子是如何运作的。白盒测试需要全面了解程序内部逻辑结构、对所有逻辑路径进行测试。白盒法是穷举路径测试,即程序运行的所有可能的分支路径都应该被测试到。

2. 集成测试

集成测试是对系统各个子模块集成以后进行的。这种集成可以是迭代式的,也可以是一次性的。集成测试用来测试运行于多个模块之上的功能,同时也可以测试模块之间的接口。

3. 系统测试

系统测试为黑盒测试(Blackbox Test)。在测试中,把程序看作一个不能打开的黑盒子,在完全不考虑程序内部结构和内部特性的情况下,在程序接口进行测试。它只检查程序功能是否满足需求规格说明书的规定,程序是否能适当地接收输入数据而产生正确的输出信息。黑盒测试着眼于程序外部结构,不考虑内部逻辑结构,主要针对软件界面和软件功能进行测试。由于软件一般有记忆效应,对于同样的输入参数有可能会有不同的响应,所以不能只是简单地根据输入/输出表格判断软件的功能是否完善。

系统测试又包含很多子测试。

(1) 功能测试:主要用来按照设计规范来测试软件是否可以成功完成预期的功能。

(2) 稳健性测试:主要对资源例如内存占用情况和计算时间进行校验。

(3) 复原测试:指检验电控单元经过干扰或者死机停止运行后,能否复原到正常状态。

(4) 对标测试(Benchmarks):指将电控单元的运算能力和其他程序或者电控单元进行对比。

(5) 可操作性测试:检测软件的用户可操作性。

(6) 安全性测试:指电控单元能否防止非法更改设置参数。

(7) 持续运行测试:指将装载待测软件的电控单元集成到测试用车内,然后尽可能多地开车参与到日常的交通运行中,不断经历各种路况。

4. 验收测试

验收测试由客户或者供应商与客户一起来进行,用来验证各项要求是否达标。验收测试是验收过程的一个组成部分,一般需要依靠供应商进行系统测试的测试平台来进行。这就需要客户对供应商的测试平台有足够的信赖度。

5.3.3 旁路技术

旁路技术(By-Pass)可以使开发人员在电控单元开发过程中,将一些新的功能先在一个独立的代理服务器上运行和调试,以便随时进行修改。

代理服务器和电控单元之间需要有相互兼容的接口,用来维持在电控单元上运行的功能和移植到代理服务器上运行的功能之间的通信,也就是指移植功能的自由切换。旁路技术提供了一种方便系统开发和升级的技术。现代汽车软件更迭速度加快,很多新的功能只需要进行软件更新就可以实现,而不需要升级硬件,因此通过旁路技术开发新的软件功能,并可以随时更新到汽车硬件中。这为未来汽车软件的功能更新提供了无限的可能性。

5.4 汽车电子控制系统软件架构

简单的控制系统通过软件操控硬件,按照无限循环的模式运行。这需要软件直接读取传感器的测量数据,进行数据处理,按照控制算法输出控制指令到执行器。这需要对硬件相当了解并编写硬件的相应程序。但是当系统复杂以后,这种方式就不再适用了。软件编写人员必须在专注控制算法程序编写的同时考虑基础硬件程序的编写。此外,一些完成基本功能的程序对于不同的硬件来说都是一样的。因此,一些独立于硬件之外的重复性的程序可以由一个共同的软件层来完成,这个软件层就是操作系统。电控单元的软件基本架构如图 5-7 所示。

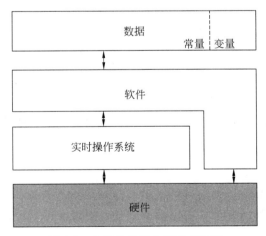

图 5-7 电控单元软件的基本架构

基于操作系统运行的应用软件不再直接与硬件交互,而是通过操作系统的呼叫或者中断来完成任务。只有在完成一些实时任务时,应用程序才直接和硬件交互,而这种直接交互已经越来越少见了。

除了软件之外,控制单元还会用到常量和变量这两种参数类型。常量是在程序运行过程中不会发生改变的物理量,比如设定好的"最高转速",而像"当前转速"这一类会随时发生变化的物理量就属于变量。

在控制软件中需要严格将常量和程序代码进行分离。保证控制软件与可标定的参数的分离,不仅可以方便地进行程序修改和调试,还可以方便进行控制系统的参数标定(Calibration)工作,也确保了控制软件的保密性。

图 5-8 是电控系统基于硬件的三层软件架构。操作系统和软件都在闪存(Flash Memory)中,永久性的数据存储在闪存的独立区域中。常量也存在闪存中,而变量则存放在控制器的内存中。

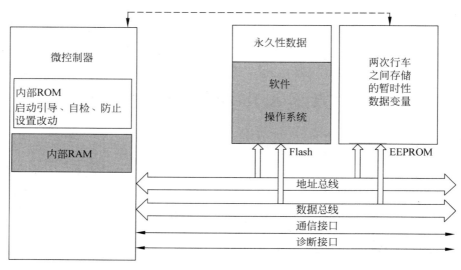

图 5-8　电控单元软硬件架构示意图

此外还有一些特殊的数据,例如启动时需要分析上次熄火时的整车自检数据、防盗系统需要在熄火后存储变化的防盗编码信息、故障诊断系统需要存储发现的故障信息等,一般存储在 EEPROM 中。

5.5　汽车电子控制系统的实时操作系统

在控制器中往往需要处理多个任务,比如信号的接收、发送和处理。如果某个任务没有按时完成,造成运算资源的长时间占用,就会影响其他任务的执行,进而导致程序不能按时完成需要完成的任务。操作系统主要完成系统资源的调度和分配、信息的存取和保护、发送活动的协调和控制等工作。

按照计算机操作系统的发展历程,操作系统可以分为单道批处理系统、多道程序系统、分时操作系统、实时操作系统。单道批处理系统每次只能处理一道程序,系统资源得不到充分利用,因此现在已经很少使用了。为了进一步提高资源利用率和系统吞吐量,20 世纪 60

年代中期引入了多道程序设计技术,由此形成了多道批处理系统。在该系统中,用户所提交的作业存放在外存中形成一个队列,然后由作业调度程序按照一定的算法从中选取若干个作业调入内存,使它们共享 CPU 和系统的资源。20 世纪 60 年代也设计了分时操作系统,它能够让用户通过与计算机相连接的终端来使用计算机系统,允许多个用户同时与计算机系统进行一系列交互。操作系统将 CPU 的时间划分为时间片,轮流分配给各个联机终端用户。若用户的时间片没有用完,则挂起等待下次分配时间片。**实时操作系统**(Real Time Operating System)是指当外界事件或数据产生时,系统能够接收并以足够快的速度予以处理,处理的结果又能在规定的时间内控制被控对象做出快速响应,并控制所有实时任务协调一致的操作系统。它的特点是响应的及时性和可靠性,因此成为汽车电子控制系统首选的操作系统。

5.5.1 实时操作系统的任务

实时操作系统的主要任务是将电控单元的计算资源采用一定的规则进行分配,以便每个任务都可以在固定的时间内完成。除此之外,实时操作系统还将硬件通过驱动程序进行控制、提供应用软件开发的接口以及检测软件运行出错状况等。

由于电控单元硬件资源有限,通常汽车电子控制单元中的操作系统都非常精简,只占用几 KB 的存储资源,运行速度也比电脑操作系统快得多。此外,汽车电子控制单元中的操作系统与软件的结合往往也更加紧密,甚至可以看作一个高度集成的完成特定任务的程序。随着近年来 AUTOSAR(Automotive Open System Architecture)的快速发展和普及,电控单元的应用软件也和电脑软件一样,出现逐渐独立于操作系统的趋势。

操作系统需要完成的任务包括:

1. 进行运算器时间的分配

当控制系统只有一个微控制器时,如果有多个程序需要并行运行,控制器就将这些程序划分为多个小的运算单元。当对 A 程序的一个运算单元处理完毕后,就开始处理 B 程序的一个运算单元。由于运算速度很快,因此从外部看来,好像是多个程序同时运行,但是其内部仍然是串行处理的。

在这种串行处理的模式下,如果某个程序的任务产生延迟,不能按时释放运算资源,则可能导致其他程序也不能按时完成运算任务。这在汽车电子控制系统中是不能允许的,因为这可能导致非常严重的事故。车用操作系统必须严格遵守"实时"的要求,即"固定时间内完成固定的任务",以保证时间的准确性。因此汽车电子控制系统的操作系统并不一定追求快的运算速度,而有固定的延迟时间。

实时操作系统中进行时间分配的部分称为调度器,被分配的运算程序称为任务。根据任务进行运算时间分配的标准有很多,比如根据优先级、根据等待时间或者进行轮叫调度等。也可以采用多种标准组合的调度策略。

汽车领域比较常见的分配标准是静态调度,即在软件开发过程中就确定了任务执行的时间顺序。这种调度方法的前提是将应用程序和操作系统集成为统一的软件整体。

当前比较流行的操作系统多是根据优先级来进行任务分配的。因此需要严格地实时地实现任务,只能是每件任务都必须在规定的时间内完成。

当一项复杂的功能需要多个电控单元配合完成时,每一个电控单元的操作系统之间都需要进行通信,以确保任务可以协同完成。所以,未来的时间触发总线系统和时间触发操作系统将会高度兼容。

对实时操作系统进行时间调度的一个重要方式是中断(Interrupt)。中断时,正在运行的任务 A 暂时终止运行,而优先级更高的任务 B 获取计算资源,当任务 B 运行结束后,重新分配计算资源给任务 A。中断可以通过软件、微控制器的内部硬件或者某些输入/输出端口的信号进行触发。通过调度器可以进行规律性的中断,例如来自传感器的某些警告信息也可以进行突发性的中断。一般来说,硬件中断的优先级高于软件中断。硬件中断发生时,操作系统会根据预先定义的表格来决定中断程序作何种响应,中断跳转的地址(中断矢量)可以通过表格进行查找。一些优先级非常高的中断的跳转地址是预先进行定义的,操作系统不能对其进行改变。

2. 提供硬件抽象

操作系统要使用硬件,就必须清楚硬件的电路。硬件抽象就是操作系统与硬件电路之间的一个接口。通过硬件抽象,特定平台的硬件接口的细节就被隐藏起来了,它向操作系统提供了一个虚拟的硬件平台,使得操作系统与硬件没有相关性,可以保证操作系统移植到不同的硬件上。另一个好处是软硬件的测试可以并行进行。对于软件开发人员来说,硬件的驱动程序包含在操作系统中,他就不用关心硬件是如何具体实现某种操作的了,只需要下达相应的指令即可。

对于控制程序开发人员来说,要控制某个执行器,必须了解该执行器的驱动电路。比如控制器某个输出引脚连接了一个电流控制的执行器,软件编写人员就必须先编写程序用于读取模/数转换器的电流反馈值,才能确定该引脚输出的脉冲的占空比。这就要求软件编写人员非常熟悉系统的硬件电路,这通常很难做到,硬件提供商不一定能提供该电路的电路图,而且这样的程序通用性也很差。

如果该执行器的驱动程序中包含已经包含了硬件的驱动程序,则软件编写人员只需要给出所需的电流值即可,至于如何实现则由底层的驱动程序完成,就如同计算机操作系统做的事情一样。这就是硬件抽象。

硬件抽象可以使多个进程对于硬件的使用变得更简单,因为资源的分配可以由操作系统来完成,从而避免了进程之间的冲突。

3. 提供编程接口

应用程序开发人员在对操作系统的信息进行读写时,需要编程接口,这种接口被称为应用程序接口(Application Programming Interface,API)。通常应用程序接口有两种方式。其一是,操作系统将所有的指令以应用程序的语言总结为数据库,软件编写人员通过函数调用的方式进行调用。例如,电流控制器在 C 语言中可以通过下面的命令将电流设置为 2500mA:

```
ValveSetpointCurrent(Ventil3,2500);
```

另一种方式是将特定指令地址写入寄存器,当软件中断时,控制器根据该指令地址跳转执行该地址存放的指令。通信接口是常用的程序接口,可以通过这种方式实现对外部数据总线的信号传输。

4. 进行软件监控

一般与安全相关的系统需要通过加装外部硬件对微控制器和软件的正常运行进行监控。操作系统也提供了一定的监控功能。比如,当存储局部变量的存储器即将溢出时,操作系统可以识别,并提前分配其他的存储地址。此外,操作系统还需要记录出错的信息,以帮助开发调试人员进行相关的分析和改进。

5.5.2 OSEK/VDX

和零部件的标准化一样,汽车电子控制系统的操作系统也需要进行标准化,以实现软件的可移植性和不同厂商控制模块之间的兼容性。OSEK(1993 年德国汽车工业协会推出)和 VDX(法国汽车工业协会 1988 年推出的)是针对不同生产商对实时操作系统做出的统一规定,2006 年形成国际标准 ISO17356。该标准未对一些细节进行定义,因此不同的供应商对这些细节采取了不同的解决方案。

OSEK 表示"用于汽车电子的开放系统和相应接口",VDX 表示"车辆分布式管理",其目的是为车辆中分布式控制设备建立开放终端体系结构的行业标准。它们一致地指定了用于通信和网络管理任务的实时操作系统、软件接口和功能。此规范主要由四部分组成:操作系统规范(OSEKOS)、通信规范(OSEKCOM)、网络管理规范(OSEKNM)和 OSEK 实现语言(OSEKOIL)。

图 5-9 是 OSEK/VDX 标准化的操作系统的架构。通信规范 COM 和网络管理规范 NM 可以单独使用,标准只对操作系统的框架进行了定义。对于软件来说,可以通过应用程序界面接入操作系统,进而控制硬件。OSEKCOM 为通信网络中的数据交换提供了标准的

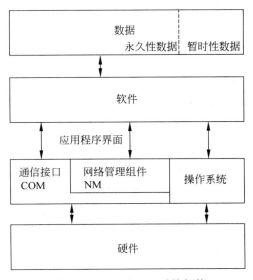

图 5-9　OSEK/VDX 系统架构

接口和协议。OSEKNM 为监视网络的流量提供了一组标准的功能函数,以保证网络的安全性和可靠性。

1. OSEKOS/OSTime

OSEKOS 是针对汽车应用特点而专门制定的一个小型实时操作系统(RTOS)规范,着重以下几个方面:

(1) 可移植性,所有 API 都是标准化的并且在功能上都有明确的定义;

(2) 可扩展性,OSEKOS 旨在通用于任何类型的 ECU,因此一方面系统要高度模块化,另一方面又要能进行灵活的配置;

(3) 汽车应用的特定需求,诸如可靠性、实用性和代价敏感性等。相应地,OSEKOS 静态配置可以通过 OSEK OIL 语言实现,用户在系统生成时静态指定任务的个数、需要的资源和系统服务。

OSEK OS 是基于任务模式,按照优先级分配任务的操作系统,它的任务分为基本任务和扩展任务两类。由于扩展任务并不一定必要,所以一些 OSEK 系统只识别基本任务。OSEK 系统逐渐往小型化、灵活化方向发展,其中的调度器也尽可能简化。

当前流行的操作系统多是按照优先级分配任务的,而 OSTIME 则是基于时间触发的操作系统。

2. OSEK COM

OSEK 系统的通信模块 COM 是通信模块的核心交换层(Interaction Layer),负责通过信息传递来完成任务之间的通信。通过网络层(Network Layers)和数据链路层(Data Link Layers)可以实现不同电控单元之间任务的通信。不同电控单元之间通信的总线系统的通信协议对于应用程序开发人员来说是透明的。OSEK COM 隐藏了硬件细节和底层协议,从而增强了应用软件模块的可移植性和可重用性。此外,它只需要很少的资源就可以在多个硬件平台上运行,不同级别的功能要求都能够满足,体现了可裁剪性。

3. OSEK NM

网络管理(Network Management,NM)通过活动报文(Alive Message)扩展了 OSEK 识别总线上连接的其他设备的功能。同样,可以通过总线对设备进行电源管理,如唤醒休眠的设备。电控单元通过 NM 智能识别预先存储在管理表格中的设备,而管理表格是在开发过程中确定的。

网络管理针对未在网络中注册过的设备定义了另外一种非直接的监控,也就是将总线上的信息分配到发送设备。前提条件是,在开发过程中就已经确定了未注册设备的信息类型,因为很多总线系统例如 CAN 在信息发送时都不包含发送地址。

OSEK/VDX NM 的基本任务是保证网络中各 ECU 之间通信的安全性与可靠性,它是描述节点相关(本地)和网络相关(全局)的管理方法,可提供的服务包括:ECU 设备初始化;网络启动;网络配置;不同节点监控机制的管理;网络与节点运行状态的检测、处理和信号发送;网络与节点特定参数的读取、设定和全局运行模式的协同。

4. OIL 语言

OSEK 制定了标准的 OIL 语言(OSEK Implementation Language)用于记录配置文件。配置文件是操作系统和应用程序与可执行文件之间的关联,它记录了包含零部件供应商的电控单元硬件信息,也记录了整车厂的软件信息。用户只需更改 OIL 配置文件中与硬件相关的部分,便可实现不同微处理器之间的应用程序移植。通过这些手段,减少了用于维护应用程序软件和提高其可移植性的花费,降低了应用程序的开发成本。OIL 描述文件在生成应用程序源代码时建立,可以在软件开发环境中对其进行检索。

OSEK 应用程序开发可以通过 ORTI(OSEK Run Time Interface)界面进行,通过该界面可以对内部信息进行操控。

5.6　数据与应用程序的标定

5.6.1　标定的概述

在系统测试与验证完毕以后,需要在实车上对控制软件中的数据进行匹配标定。标定就是在原始设计、实验室、测量台架、试车场以及道路行驶时对数据参数的优化和设计。在经典的 V 开发模式中,标定是最后一个环节。

标定系统通常包括标定软件、接口硬件、存储模拟器以及各种外部数据采集器。对输入参数和输出值的测量通常通过同一个软件进行,这就是标定软件。常用的标定软件有 ETAS INCA、ATI VISION 等。目前的匹配标定系统基本实现了功能模块化、接口标准化、格式规范化、通信多样化和界面人性化等特征。各种外部数据通过接口硬件传输到标定软件。常用的接口硬件有 Kvaser CAN Card、VISION Hub、ETAS ES580、ES590 等。存储模拟器(Memory Emulation)用于模拟控制器中的 Flash EPROM,它连接到微处理器的外部数据总线上,通过它可以实现标定数据的修改和数据的采集。通过存储模拟器可以对标定数据进行修改而不改变实际 ECU 的存储器。

以发动机电子控制系统为例,典型的发动机电控标定系统硬件及其连接如图 5-10 所示。上位机上安装标定软件,使用 ES590 作为 CAN 的通信工具连接开发型的发动机控制单元以及各种数据采集模块。

发动机电控系统的控制策略和 OBD 策略包含了 7000～10000 个自由参数,包括各种单值参数、二维、三维表格。不同的发动机、不同的车型都需要对这些参数进行调整和优化,以确定在某种工况下(转速、负荷、温度、压力等条件下)发动机这些参数的取值,使得发动机和整车性能达到各种性能指标要求和国家标准。因此,发动机的标定工作是一项重复、繁琐、投入巨大的工作。

对于诸如发动机标定这样的复杂实验工作,需要采用实验设计(Design of Experiments,DoE)方法进行规划。实验设计就是优化设计实验方案,通过在少量实验中改变不同的参数来获取尽可能多的信息,达到实验目的的方法。

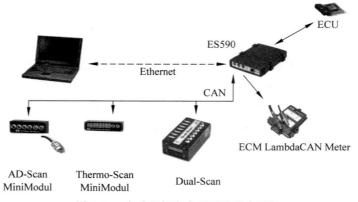

图 5-10　发动机标定应用开发平台硬件

5.6.2　标定协议

在电控系统标定平台中,上位机中的应用软件需要与测试平台、参数数据库以及控制器交互,这就需要标定协议。自动测量系统标准化协会(Association for Standardization of Automation and Measuring Systems,ASAM)制定了 ASAM-MCD 标准体系,用于标准化汽车 ECU 和测量、标定和故障诊断等工具的接口。在汽车电子控制系统中的标定协议如图 5-11 所示。

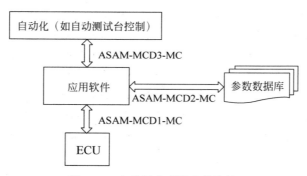

图 5-11　电控标定系统中的协议

其中,ASAM-MCD1-MC 定义了标定软件与 ECU 的物理接口及其通信协议,该协议包括 ASAM-MCD-1a 和 ASAM-MCD-1b 两层。ASAM-MCD-1a 协议包括一系列标定软件与 ECU 通信的协议,包括 CCP(CAN Calibration Protocol)、XCP(Universal Calibration Protocol)等协议。

CCP 是基于 CAN 总线的标定协议,最初是为了校准 CAN 总线以及传输数据而开发,只针对双层结构的 CAN(物理层和数据链路层)。协议包括在线标定方法、数据测量方法和刷写 ECU 的方法。

在电控单元研发过程中,经常需要使用 JTAG(Joint Test Action Group)[①]接口进行应用软件的开发。XCP 是可用于在不同的通信总线上进行标定的新型标定协议,不仅适用于 CAN,而且适用于 JTAG 接口,也支持最初由半导体生产商设计的集成电路芯片之间进行通信的串行接口,如 SPI、SCI、USB 等。

ASAM-MCD2-MC 标准规定了应用软件变量的命名规则,是控制器硬件描述格式规范。标定的参数数据库一般采用 ASCII 格式存储在应用电脑中,由零部件供应商随着电控单元软件一起提供给汽车厂家,称为 A2L 文件。*.a2l 文件包含了 ECU 程序的数据和参数的物理描述,是可以浏览和编辑的,采用了类似 C 语言的结构,主要包括项目相关信息(编者的名字等)、ECU 中的数据结构、转换规则(从十六进制数转换到物理值的方程的系数值)、测量通道(用于测量的 RAM 单元的地址、分辨率和更新率)、通信方法(与 ECU 建立通信的 ASAP 器件的参数,例如:存储器仿真器的十六进制码)、硬件分配(ECU 中相关存储器模块的分段,例如:数据块大小)、软件接口(CAN 总线或者 ABUS 上通信内容的描述,例如:CAN 信息的 ID 及数据内容)等内容。

ASAM-MCD3-MC 是远程控制通信协议规范,它工作在以太网或者 RS-232 串口通信之上,主要用于远程台架自动化测试与标定。

习 题

1. 为什么汽车电子控制系统采用实时操作系统?汽车电子控制系统实时操作系统的标准是什么?它包含哪些内容?
2. 汽车电子控制系统软件开发中测试工作包含哪些内容?
3. 阐述在进行软件开发时,系统架构设计的重要性。

---

① JTAG 是一种国际标准测试协议,可用于芯片内部部件的测试与在线编程。

第 6 章

AUTOSAR 标准

6.1 AUTOSAR 标准概述

软件与硬件之间必须有对应的接口方能正常运行,这样导致了软硬件之间缺乏可移植性。不同硬件产品必须使用同一个公司开发的软件,并且无法移植到其他的平台上。这样就使得产品的成本提高,开发效率下降。

2003 年,BMW、Bosch、Continental、DaimlerChrysler、Volkswagen、Siemens VDO 联合建立了 AUTOSAR 联盟,目的是共同开发并建立一套真正的开放的汽车电子电器(E/E)架构——AUTOSAR 标准或者 AUTOSAR 架构。AUTOSAR 的全称是 AUTomotive Open System ARchitecture。随着多年的发展,越来越多的行业内公司加入到了 AUTOSAR 联盟中,其中包括 OEM(汽车整车厂)、Tier1(汽车零部件供应商)、芯片制造商以及工具制造商。AUTOSAR 构架/标准也成为汽车电子/电器设计的发展方向。

AUTOSAR 是整车厂为了避免操作系统和应用软件相互依存的现象所发起的项目。将电控系统的软件和硬件进行分别采购就是实施 AUTOSAR 项目的目标。AUTOSAR 的基本理念是:在标准中合作,在实施中竞争。

AUTOSAR 在软件与硬件之间搭建了一个桥梁,将软件与硬件分隔开,并提供了标准化的接口,这使得软件组件获得了互换性和复用性。在 AUTOSAR 中,运行时环境(Run Time Environment,RTE)就是一个统一的软件层,它运行于不同的电控单元之上,实现将软件任意分配到不同的电控单元运算资源之上的功能,也称为虚拟功能总线(Virtual Functional Bus,VFB)。

从技术层面讲,将来自不同供货商的软件完全无故障地集成在一起是非常困难的,特别是和安全性有关的电控系统是不允许出现软件与硬件不兼容的情况的。此外,AUTOSAR 也不太符合零部件供货商的利益,特别是一些小型的供应商。

图 6-1 是 AUTOSAR 软件架构。AUTOSAR 体系结构在最高抽象级别上分为三个软件层:应用程序层、运行时环境层(RTE)和在微控制器上运行的基本软件层(BSW)。在技术方面,必须明确定义软件之间的接口。软件与硬件之间的接口在运行环境中实现。RTE 是一个统一的软件层,运行于不同的电控单元之上,这样就可以实现将软件任意分配到不同的电控单元运算资源之上。不同电控单元中的两个不同的软件组件,和同一个电控单元中的两个不同的软件组件通过 RTE 进行分配的方式是完全相同的。所以,RTE 对于软件组件来说,也称为虚拟功能总线(VFB)。

对不用的应用软件,AUTOSAR 提供了标准化的界面,这部分是在 RTE 中实现的。此

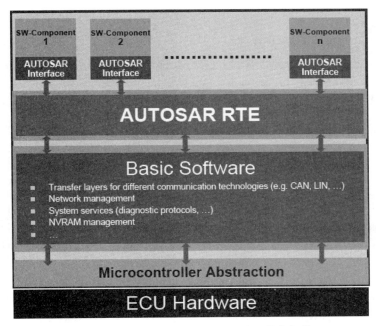

图 6-1　基于 AUTOSAR 的电控单元软件架构

外,RTE 还提供了通信协议,以及能够有效实现标准化的软件库。

基础软件包提供系统服务、存储器服务和通信服务。基础软件包又包括驱动层（Driver Layer）、大略层（Abstraction Layer）、服务层（Service Layer）和复杂驱动层（Complex Drivers）。

图 6-2 是 AUTOSAR 内部的软件架构。服务层是基础软件的最高层,同时与应用程序也有关联；虽然对 I/O 信号的访问由 ECU 抽象层覆盖,但服务层提供的功能包括操作系统的功能、车辆网络通信管理服务、存储器服务（NVRAM 管理）、诊断服务（包括 UDS 通信、错误存储和故障处理）、ECU 状态管理、模式管理、逻辑和时间程序流监控（Wdg 管理器）、密码服务（密码服务管理）。ECU 抽象层对接微控制器抽象层的驱动程序,它还包含外部设备的驱动程序。它提供一个 API 接口,访问外设和 CPU 内部或外部的设备连接到 CPU。微控制器抽象层在 BSW 的最底层,它包含内部驱动、软件模块与直接访问 CPU 内部和外围设备。复杂驱动层从硬件跨越到 RTE,提供集成特殊用途的功能,例如设备驱动程序,在 AUTOSAR 中未规定的、具有非常高的时间限制或用于迁移等目的。

在 RTE 之下的底层结构由实时操作系统以及通信组件构成,AUTOSAR 是以底层结构为基础,在其上作进一步的开发。

硬件抽象对 OSEK/VDX 并不是很重要,它包括控制器抽象（虚拟机）和外围设备的通用驱动程序。在这方面,AUTOSAR 采用了 HIS（Herstellerinitiative Software）制定的标准驱动程序的规范[6]。

AUTOSAR 将电控单元内部硬件抽象为多个层。最底层为微控制器及其内部设备,称为控制器抽象层（Controller Abstraction Layer,CAL）。这一层的软件组件一般由微控制器生产商提供。其上一层为电控单元的计算核心层,其软件来自第三方供应商。再上一层为

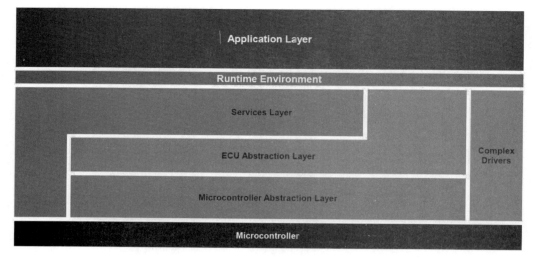

图 6-2　AUTOSAR 内部软件架构

整体的电控单元硬件层,其软件一般由电控单元生产商或者由第三方供应商提供。

总之,可以将 AUTOSAR 看作一个运行环境(RTE)之上的、功能强大的应用程序界面(API)。

6.2　开发符合 AUTOSAR 标准的系统

6.2.1　使用 AUTOSAR 开发环境开发系统

目前,已经出现了很多开源的符合 OSEK/VDK 标准和 AUTOSAR 规范的操作系统,也可以使用商用的 RTOS(Real-time Operation System)。一些传统的开发平台主要针对传统的应用,比如动力总成、地盘、车身的电子电器设备。针对计算密集型的应用,比如自动驾驶、车联网、Car-to-X,提供了 Adaptive 平台作为支持。

使用 AUTOSAR 开发环境开发系统主要包括四个步骤:

(1) 描述系统。具体包括 4 个内容:

(1a) 说明软件组件(SWC)的特性。描述每一个软件组件,包括接口、它的行为、重复的频率;硬件接口;运行时对硬件的要求:存储空间的大小,运算量的大小,数据吞吐量等。

(1b) 描述硬件的特性。这里需要描述每一个 ECU 的信息,包括连接它的传感器和执行器、硬件接口、硬件的配置,比如存储器、处理器、计算能力等,以及接口带宽等内容。

(1c) 对整个系统的描述。具体包括总线、协议、通信矩阵和属性、功能聚类、分布到每一个 ECU 的功能配置等。以上的描述文件都使用的是 AUTOSAR 的配置编辑器完成。

(1d) 配置系统。主要完成对整个系统的描述,生成系统配置文件。具体包括:将端口数据映射到通信矩阵,将 SWC 映射到 ECU。

(2) 使用 AUTOSAR 的"系统定义",将软件组件的描述分发到 ECU。

(3) 使用 AUTOSAR 的配置生成器产生每个 ECU 所需的架构配置文件。
(4) 为每个 ECU 产生可执行的代码。

6.2.2　使用 MATLAB/Simulink 开发符合 AUTOSAR 标准的系统

MATLAB/Simulink 提供了应用层的软件开发以及对 BSW 服务调用的仿真能力。在 MATLAB 中可以使用 Simulink 中的 AUTOSAR Blockset 对 AUTOSAR Classic 和 Adaptive 平台进行设计和仿真。然后使用 Embedded Coder™ 用 C 语言生成 AUTOSAR Classic 代码,或用 C++ 生成 Adaptive 代码,也支持使用 System Composer™ 设计组合 (Composition)以及基于 ARXML 的双向集成(图 6-3)。下面以从上而下的开发方法介绍其提供的各种工具。

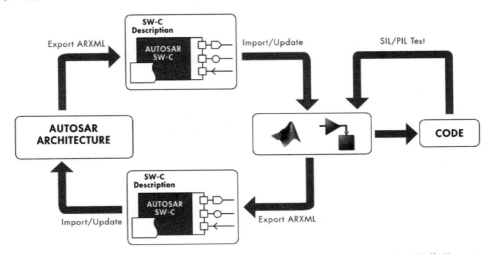

图 6-3　使用 Simulink 的 AUTOSAR 模块库生成符合 AUTOSAR 标准的代码

实施步骤如下:

1. 系统架构与软件设计

使用 SYSTEM COMPOSER 定义系统架构,定义软件组件的描述(ARXML 文件),将描述文件导入 Simulink。将 Simulink 模型中的信号映射到 AUTOSAR 组件描述中的信号。

控制器模型开发完毕后,使用 Model Advisor 检查模型是否符合模型指南要求和建模标准。还可以使用 Simulink 的 Design Verifier 检查模型中的死循环、除零错误和其他设计错误。

2. 代码生成与测试

使用针对 AUTOSAR 标准的 Embedded Coder® 从控制模型中生成符合 AUTOSAR 标准的 C、C++、Java、CUDA 或者其他代码。

使用测试用例进行 SIL 测试:检查组件、信号映射以及自定义的逻辑。其间可以使用

Simulink Coverage^{TM}检查执行覆盖率、修正的条件/决策覆盖率(MC/DC)、查表覆盖率和圈复杂度。

然后将生成的代码部署到目标嵌入式处理器上进行 HIL 测试。如果发现错误,可以使用测试日志文件在 Simulink 中复现问题,通过仿真确定原因,并调整模型。然后重复以上工作,直至客户验收测试通过。

习　　题

1. 什么是 AUTOSAR？简述 AUTOSAR 的主要内容。
2. 简述 AUTOSAR 标准内部的软件架构。

第 7 章

汽车软件开发能力评定标准

7.1 SPICE 项目背景

20 世纪 80 年代,软件质量的重要性日益显现,软件的质量必须在软件设计和开发过程中加以控制和保证的观点成为软件工程界的共识。在这种思想指导下,各种软件过程评估模型陆续涌现。其中最具影响的分别有美国 SEI(软件工程研究所)的 CMM 模型、加拿大贝尔公司的 Trillum 模型和欧洲的 Bootstrap 模型。这些模型既有共性,也各具特点,其强调的重点不尽相同。各个模型是互补的,不存在本质冲突,然而就软件开发商而言,面对不同的客户,必须按其特殊的要求,建立不同的管理和评估系统,势必增加企业运营成本,难以适应。

20 世纪 90 年代初,由国际标准化组织(ISO)、国际电工委员会(IEC)、信息技术委员会(JTC 1)发起了 ISO/IEC 15504 标准的制定项目,项目名称为"软件过程改进和能力评定",简称 SPICE(Software Process Improvement and Capability Determination)。该项目有三个主要目的:①为软件过程评估标准拟定草稿;②根据草稿进行试验;③努力推动软件产业界开展过程评估。

1994 年,SPICE 项目的基准文件出台。同时,ISO/IEC 第一联合技术委员会决定在全球范围,以基准文件为基础,展开大规模试验,目的是验证文件的实用性,收集试验数据。为此在全球设立五个技术中心,负责试验的推动和管理。

在 SPICE 试验成功进行的基础上,1998 年正式发布了 ISO/IEC 15504 TR 系列技术报告,该报告是向正式标准的一个过渡。到 2006 年,正式标准《ISO/IEC TR 15504 信息技术—过程评估》全部发布。

ISO/IEC 15504 中定义的过程评估方法,旨在为描述过程评估结果的通用方法提供基础,允许基于不同但兼容的模型和方法的评估在一定程度上进行比较。流程所需的复杂性取决于其周围环境。例如,5 人的项目团队所需的计划要比 50 人的团队少得多。周围环境可以影响评估员在评估实际充分性时的判断,并影响过程概要之间的可比性程度。

2015 年,ISO 和 IEC 发布 ISO/IEC 330xx 系列标准,该系列标准旨在为过程质量特征的评估提供一个一致和连贯的框架,该框架基于过程实施所产生的客观证据。评估框架涵盖了跨信息技术领域的系统的开发、维护和使用过程,以及服务的设计、转换、交付和改进过程。该系列标准,解决了任何类型的过程质量特征。评估结果可以应用于改进过程性能、对标,或识别和处理与过程应用相关的风险。

ISO/IEC 330xx 系列标准被定义为:过程评估中所需的需求和资源。该标准描述了该系列产品的总体架构和内容。在 ISO/IEC 29169 中讨论了与过程能力和组织过程成熟度应用符合性评估相关的一般问题。

ISO/IEC 330xx 系列过程评估标准旨在取代和扩展 ISO/IEC 1550 系列标准。

7.2 Automotive SPICE

7.2.1 Automotive SPICE 简介

Automotive SPICE 全称是"Automotive Software Process Improvement and Capacity Determination",也缩写为 ASPICE,即汽车软件过程改进及能力评定,是汽车行业用于评价软件开发团队的研发能力水平的模型框架。最初由欧洲 20 多家主要汽车制造商共同制定,于 2005 年发布,目的是指导汽车零部件研发厂商的软件开发流程,从而改善车载软件的质量。

多年以来,ASPICE 在欧洲汽车行业内被广泛用于研发流程改善及供应商的研发能力评价。随着近年智能网联汽车、新能源汽车的迅速发展,软件在汽车研发中的占比激增,企业对软件质量管理的需求不断增强,ASPICE 逐渐被引入到国内,被国内的企业所熟知。另一方面,随着 TS16949 的改版,对企业提出定期审核的要求,也对 ASPICE 在国内的应用起到极大的促进作用。

ASPICE 由 SPICE 项目发展而来,源自 ISO 12207 及 ISO 15004-5:2006 提供的重评估模型,ASPICE 从 ISO 体系中独立,由德国汽车工业联合会(VDA)质量管理中心(QMC)运营发展。

ASPICE 是一个帮助企业梳理其本身的工作流程和方法的工具。与一般的 ISO 认证流程不同,由于不同的企业的工作流程和方法各不相同,因此 ASPICE 没有可供参考的模板。公司在产品化的过程中,如果要满足 ASPICE,一般是求助于官方认证的第三方机构,由专业机构带着公司经历教育培训和差距分析,以了解 ASPICE 的基础概念,认知标准;确认目前公司现行的作业流程与 ASPICE 标准定义的差距,并借差距分析来规划后续所需要做的工作。

ASPICE 标准包含 3 个部分,分别为过程参考模型、度量框架、过程评估模型。

过程参考模型(Process Reference Model,PRM):根据专案执行所需,分为 3 个过程类别和 8 个过程组,总共定义了 32 个过程,并且详细定义了各过程的范围、目的和主要输出。

度量框架(Measurement Framework,MF):主要继承 ISO/IEC 33020 中的定义,包含能力等级(各定义了 6 个等级)、过程属性、评分规模、评分方法、合计方法、过程能力等级模型等。

过程评估模型(Process Assessment Model,PAM):针对各过程定义了过程能力指标及过程实施指标。适用于评估嵌入式车载系统开发的过程能力执行的符合性。

7.2.2 过程参考模型

为了促使汽车电子和软件供应商关注产品开发过程,提升过程品质,Automotive SIG 选取了 32 个关键过程,分为 3 个过程类别、8 个过程组。针对过程维度,Automotive SPICE 过程参考模型提供的过程集合如图 7-1 所示。所有过程依据过程类别进行分组,并根据它们

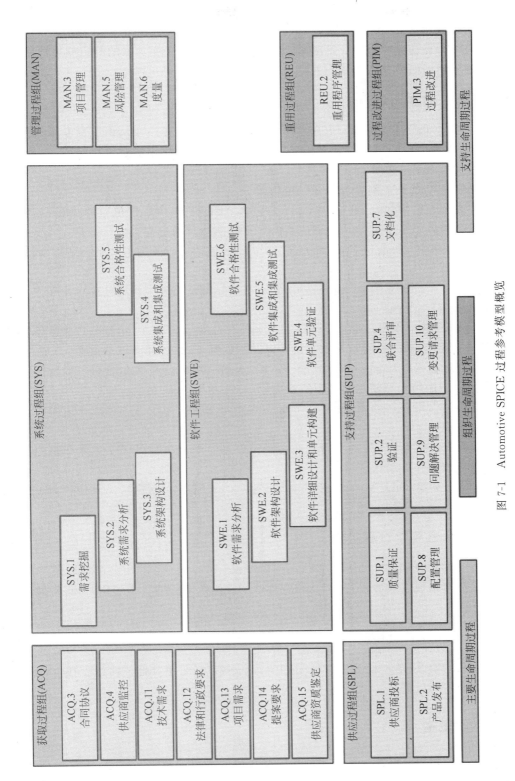

图 7-1 Automotive SPICE 过程参考模型概览

所处理活动的类型在过程组内进一步划分。3个过程类别分别为：主要生命周期过程、组织生命周期过程和支持生命周期过程。每个过程都以目的陈述来描述，包括在特定环境下执行时过程的特有功能性目标。针对每个目的陈述，都有一个相关联的特定成果清单，作为过程实施的预期正面结果的清单。

1. 主要生命周期过程类别

主要生命周期过程（Primary Life Cycle Processes）是由客户在从供应商获取产品时可使用的过程，以及供应商在回应客户和交付产品给客户时可使用的过程所组成，包括规范、设计、开发、集成和测试所需的工程过程。

主要生命周期过程类别又包括8个过程组。

（1）获取过程组（Acquisition Process Group，ACQ）：包括客户执行的过程，或者当供应商为了获取产品或服务而作为其供应商的客户时所执行的过程。

（2）供应过程组（Supply Process Group，SPL）：包括供应商为了供应产品和/或服务所执行的过程。

（3）系统过程组（System Engineering Process Group，SYS）：包括处理客户和内部需求的挖掘和管理、系统架构的定义以及在系统级别的集成和测试的过程。

（4）软件工程组（Software Engineering Process Group，SWE）：包括处理来自系统需求的软件需求的管理、软件架构的开发和设计以及软件实现、集成和测试的过程。

（5）管理过程组（Management Process Group，MAN）：由在生命周期内管理任何类型的项目或过程的任何人可使用的过程所组成。

（6）重用过程组（Reuse Program Management，REU）：用于系统化地在组织的重用程序中开拓重用机会。

（7）过程改进过程组（Process Improvement Process Group，PIM）：包含在组织单位中改进已执行过程的实践。

（8）支持过程组（Supporting Life Cycle Processes，SUP）：包括可由其他任何过程在生命周期内的多个节点使用的过程。

2. 组织生命周期过程类别

组织生命周期过程（Organizational Life Cycle Processes）是由开发过程以及产品和资源资产的过程所组成。这些过程、产品和资源资产在组织内的项目中使用时，将帮助组织实现其业务目标。

3. 支持生命周期过程类别

支持生命周期（Supporting Life Cycle Processes）包括可由其他任何过程在生命周期内的多个节点使用的过程。

7.2.3 度量框架

度量框架为能力等级提供了必要的需求和规则。为了能够进行评定，度量框架提供了定义过程能力的具有可度量特性的过程属性。每个过程属性被分配到特定的能力等级。某个过程属性达成的程度是基于已定义的评定尺度的评定方式来表示的。评估人员对对象过程的最终能力等级的导出规则是由过程能力等级模型来确定的。

Automotive SPICE 3.1 使用在 ISO/IEC 33020:2015 中定义的度量框架。

1. 过程能力等级和过程属性

过程属性是过程的特征,可以根据评定尺度进行评估,为过程能力提供了度量标准。它们适用于所有流程。

过程等级是为了显著提高过程的执行能力而相互协作的一组(一个或多个)过程属性。每个过程属性是能力等级的某个特定方面。

公司对软件流程改进和能力进行测定,目前共分为 6 个等级,分别为 Level 0~Level 5 级,如表 7-1 所示。

表 7-1 过程能力等级与过程属性

等级	等级名称	描述	过程属性	
0	不完全过程	过程未实施或未能实现其过程目的		
1	已执行过程	已执行的过程实现其过程目的	PA1.1	过程实施过程属性
2	已管理过程	以管理的方式来实施前述的已执行的过程,并且适当地建立、控制和维护该过程工作产品	PA2.1 PA2.2	实施管理过程属性 工作产品管理过程属性
3	已确立过程	前述的已管理的过程,由能实现其过程成果的已定义的过程来实施	PA3.1 PA3.2	过程定义过程属性 过程部署过程属性
4	可预测过程	前述的已确立的过程,在定义的限值内可预测地运作以达成其过程成果。识别量化管理需要,收集和分析度量数据,以识别波动的可查明原因。采取纠正措施来解决波动的可查明原因	PA4.1 PA4.2	定量分析过程属性 定量控制过程属性
5	创新化过程	前述的可预测的过程得到不断地改进,以适应组织的变化	PA5.1 PA5.2	过程创新过程属性 过程创新实施过程属性

2. 过程属性评定

评价尺度:在度量框架中,过程属性是过程能力的可度量特性。过程属性的评定是对被评估过程的过程属性达成程度的判断,如表 7-2 所示。

表 7-2 评定等级标准

等级	等级名称	描述	评定等级对应的百分比
N	没有达成	在被评估的过程中,有很少或没有证据表明定义的过程属性得到了达成	0~15%达成
P	部分达成	在被评估的过程中,有一些证据表明对定义的过程属性进行了执行,并得到一些达成。过程属性的达成在某些方面可能是不可预测的	15%~50%达成
L	主要达成	在被评估的过程中,有证据表明对定义的过程属性有系统地执行,并得到显著的达成。过程属性相关的一些弱点可存在于被评估的过程中	50%~85%达成

续表

等级	等级名称	描述	评定等级对应的百分比
F	全部达成	在被评估的过程中,有证据表明对定义的过程属性有完整地和系统地执行,并得到充分的达成。没有过程属性相关的显著的弱点存在于被评估的过程中	85%～100%达成

3. 过程能力等级模型

根据表 7-3 所定义的过程能力等级模型,过程所达到的过程能力等级应从该过程的过程属性评定中导出。

依赖于评估对象等级及在所有更低等级的过程属性的评定,过程能力等级模型定义了如何达成各等级的规则。作为一般规则,达成某等级需要主要达成该等级对应过程属性,并且完全达成更低等级的过程属性。

表 7-3　过程能力等级模型

等级	过程属性	评定	等级	过程属性	评定
1	PA 1.1　过程实施	主要	4	PA 1.1　过程实施	完全
				PA 2.1　实施管理	完全
				PA 2.2　工作产品管理	完全
2	PA 1.1　过程实施	完全		PA 3.1　过程定义	完全
	PA 2.1　实施管理	主要		PA 3.2　过程部署	完全
	PA 2.2　工作产品管理	主要		PA 4.1　定量分析	主要
				PA 4.2　定量控制	主要
3	PA 1.1　过程实施	完全	5	PA 1.1　过程实施	完全
	PA 2.1　实施管理	完全		PA 2.1　实施管理	完全
	PA 2.2　工作产品管理	完全		PA 2.2　工作产品管理	完全
	PA 3.1　过程定义	主要		PA 3.1　过程定义	完全
	PA 3.2　过程部署	主要		PA 3.2　过程部署	完全
				PA 4.1　定量分析	完全
				PA 4.2　定量控制	完全
				PA 5.1　过程创新	主要
				PA 5.2　过程创新实施	主要

7.2.4　过程评估模型

过程评估是依照过程评估模型对组织的过程进行规范化的评估。Automotive SPICE 过程评估模型(PAM)适用于对嵌入式车载系统开发的过程能力进行符合性评估。该模型是根据 ISO/IEC 33004 的需求所开发的,可作为实施过程能力评估的基础。

过程能力的确定是基于过程评估模型所确定的二维框架,它们的关系如图 7-2 所示。第一个维度是由过程参考模型(过程维度)定义的过程来提供;第二个维度是由进一步细分到过程属性的能力等级(能力维度)所构成。

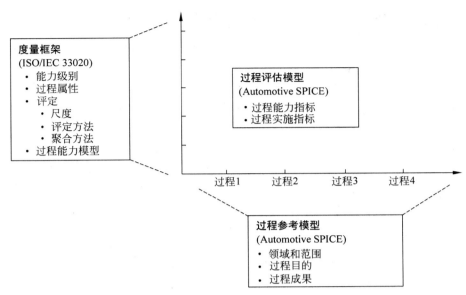

图 7-2 过程评估模型的关系

过程属性提供了过程能力可度量的特性。过程评估模型从过程参考模型中选择过程并增补了指标。这些指标支持收集客观证据,使评估人员能够根据能力等级对过程进行评定分配。所有证据是来自对工作产品和被评估过程的存储库内容的检查,以及来自被评估过程的执行人员和管理人员提供的证据。将证据映射到 PAM 指标,以建立与相关过程成果和过程属性成就的对应关系。

评估指标是用来确认某些实践得到执行,就如评估中收集的证据所显示的。所有这样的证据来自被评估过程的工作产品的检查,或者来自过程执行者和管理者所做的陈述。基本实践和工作产品的存在提供与它们相关的过程的实施的证据。同样,过程能力指标的存在提供了过程能力的证据。

获取的证据应以与相关指标明确关联的形式进行记录,以支持按 ISO/IEC 33020 的要求对评估师的判断进行确认或验证。过程评估模型中的指标包括过程实施指标和过程能力指标两种。

1. 过程实施指标

只适用于能力级别 1 级。它们提供了过程成果实现程度的指示。可分为两类:基本实践(Base Practices,BP)和工作产品(Work Products,WP)。

BP 和 WP 都与一个或多个过程成果相关。因此,BP 和 WP 总是过程特定的,而不是通用的。BP 代表面向活动的指标。WP 代表面向结果的指标。BP 和 WP 都是用来判断评估师在评估的实施中所收集和积累的客观证据。在这方面,BP 和 WP 是评估人员可以使用的备选指标集。

2. 过程能力指标

可分为两类:通用实践(Generic Practice,GP)和通用资源(Generic Resource,GR)。GP 和 GR 是与一个或多个过程属性(Process Attribute,PA)的达成相关的。然而,与

过程实施指标相反,它们是通用类型,即它们适用于任何过程。

GP 和 GR 的区别在于,在判断客观证据方面,前者是面向活动的指标,而后者是面向基础设施的指标。评估师需要在评估中收集和积累支持过程能力指标的证据。在这方面,GP 和 GR 是评估师可以使用的备选指标集。

尽管过程的能力等级 1 只是对过程成果的达成程度的测量的特性,度量框架为显示各等级的过程属性的状态,要求 PAM 引入至少一个过程能力指标。所以只有能力等级 1(PA1.1.)的过程实施属性有一个单一的通用实践(GP1.1.1),作为编辑参考引用各个过程实施指标(图 7-3)。

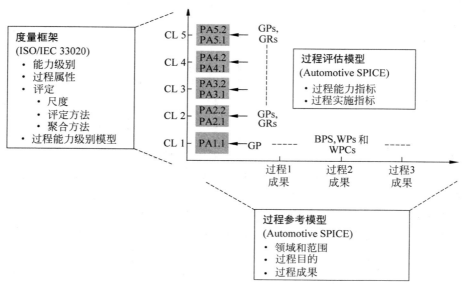

图 7-3 评估指标与过程能力的关系

评估人员将基于企业所选定的过程范围(X 轴),并参考度量架构所定义的能力等级(Y 轴)及过程评估模型所定义的能力指标与实施指标来逐一为每个过程进行评分。其评分后的结果如图 7-4 所示,最终的证书也将列出所有流程及其等级。

彩图 7-4

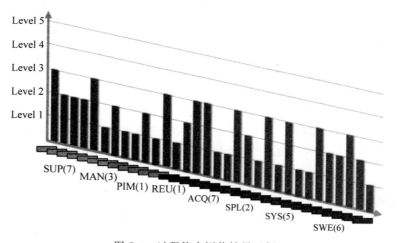

图 7-4 过程能力评价结果示例

本篇参考文献

[1] 博格斯特. 汽车电子技术：硬件、软件、系统集成和项目管理[M]. 武震宇,译. 北京：机械工业出版社,2014.
[2] Jason Moore,John Lee,White Paper：11 best Practices for Developing ISO 26262 Applications with Simulink[R]. MathWorks Co. ,2019.
[3] 李建秋,赵六奇,韩晓东,等. 汽车电子学教程[M]. 2版. 北京：清华大学出版社,2011.
[4] VDA QMC 第 13 工作组/汽车行业 SIG. Automotive SPICE 过程评估/参考模型 v3.1. [EB/OL]. （2017-11-1）[2021-03-24]. http://www.automotivespice.com/fileadmin/software-download/AutomotiveSPICE PAM 31. pdf.

第三篇
汽车电子控制系统设计

　　由于汽车电子控制系统的特殊性,汽车电子控制系统的设计与普通电子控制系统的设计有很大的不同。在设计过程中,必须充分确保系统的安全性,全面满足各种经济、技术和安全方面的需求,还必须在有限的时间内完成系统的整个开发过程,确保足够短的开发周期。为了满足现代汽车电子控制系统开发的要求,基于模型的控制系统开发方法已经被广泛采用,并被证明是一种高效可行的方法,能够有效地提高开发效率,减少技术风险。

　　本篇包括四章,首先介绍电子控制系统开发的一般方法,其次介绍汽车电子控制系统开发中广泛采用的基于模型的控制系统设计流程、设计方法及其常用的 MATLAB/Simulink 工具,最后介绍汽车电子控制系统的功能安全标准。

第 8 章

计算机辅助控制系统设计概述

8.1 计算机辅助控制系统设计的概念

8.1.1 计算机辅助控制系统设计的发展

20世纪50年代模拟计算机被用于求解各种微分方程和偏微分方程,因此凡是能够用这些方程描述的动力学物理系统原则上都可以被模拟计算机所仿真。随着数字计算机的发展,模拟计算机作为计算工具和通用仿真设备的作用被数字计算机所取代。20世纪60年代出现的数字计算机仿真技术,使得仿真模型的运算速度和精度得到了极大的提升,同时也出现了模拟计算机与数字计算机的混合仿真技术。使用计算机求解建立的被控系统模型,并在此基础上设计和评估控制算法,这种方法开始被广泛研究和应用,这就是计算机辅助控制系统设计(Computer Aided Control System Design,CACSD)。

计算机仿真最初并没有专用的仿真语言和软件。所有问题(比如:微分方程求解、矩阵运算、仿真结果绘图等)都是用高级算法语言(如 C、FORTRAN 等)来编写。随着现代微型计算机的发展,基于专用仿真软件和仿真语言实现的计算机仿真,其数值计算功能更强大,使用起来更方便,也更容易学习和掌握。

随着实现各种功能的子程序的不断发展和完善,出现了应用子程序库。这个阶段称为"程序软件包阶段"。

与软件的发展一样,其后出现的是专用软件——交互式语言。在这个阶段,使用者可以利用仿真语言,通过简单的语句实现某种功能,比如求取系统的特征值,而不需要考虑具体的求解算法以及如何实现等比较专业、相对任务而言比较低级的问题。这样,就可以更多地关注控制算法本身,仿真效率得到了极大提升。

但是仿真语言需要使用者具备全面而深入的控制理论的知识,这使得非控制领域的行业的专业技术人员很难参与开发本技术领域的控制系统。对于汽车电子控制技术领域,需要既掌握车辆工程专业知识,也掌握控制理论专业知识的复合型人才,这对开发人员的专业性要求就很高。此外,交互语言处理复杂模型也比较困难。为了改变这种状况,出现了模型化图形组态建模方式,部件以图块的形式表达,然后按照其中的逻辑关系或者数学关系连接到一起组成子系统。复杂的模型可以通过不同层次的子系统层层组装到一起。这种建模方式符合设计人员对基于模型图形化的描述,更符合专业人员对于系统的认知,因此在汽车电子控制技术领域得到了广泛的应用。

8.1.2 计算机辅助控制系统设计的要素及步骤

1. 计算机辅助控制系统设计的要素

计算机辅助控制系统设计由三个要素构成：系统、理论模型和计算机模型，它们之间的关系如图 8-1 所示。通过对系统的理论抽象，忽略次要因素，进行必要的假设和简化，使用专业知识对系统进行分析，可以建立系统的理论模型（微分方程或者微分方程组）。建立理论模型以后，需要对理论模型的有效性进行验证，以确保所建立的系统的运动规律符合实际，并且代表了系统的运动机理。这个过程也称为"模型的校核"（Verification）。进一步的，还需要进行"模型的验证"（Validation）。它是从仿真的目的出发，确认模型与真实系统的一致性的程度。这就需要通过仿真，将仿真试验的结果与理论计算结果或者真实系统的试验结果进行比较，以确定仿真模型的可信度。

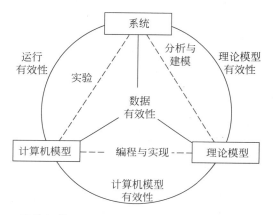

图 8-1 计算机辅助控制系统设计的三要素及它们之间的关系

最后还需要进行模型的确认（Accreditation）。它是由权威部门根据用户的技术要求并按照一定的规范对仿真过程进行测试，对仿真结果进行定性与定量的分析，如果满足技术指标的要求（包括功能、性能与精度要求），模型就得到了确认。

以上三个过程被称为模型的校核、验证与确认，简写为"VV&A"。

2. 计算机辅助控制系统设计的步骤

计算机辅助控制系统设计的步骤可以简单地概括为三步：第一步，建立系统模型，包括模型的验证；第二步，进行仿真试验；第三步，对结果进行分析。但是在具体执行过程中就比较复杂，如图 8-2 所示。在建立系统模型之前，需要确定仿真的具体对象是什么；控制系统需要达到怎样的目的，满足怎样的要求，也就是具体的技术指标。这个步骤也称为功能需求分析。然后按照这些要求，对系统进行合理的简化。这其实就是建立系统的物理模型的过程。比如，研究自动驾驶过程中车辆换道的问题，问题关注的是换道过程中，车辆运行的轨迹、车辆的侧向加速度、横摆角速度这些操稳性和运动轨迹控制的问题，不太关注此时的整车舒适性问题。因此建立整车三自由度模型即可满足要求，而无须更复杂的、包含车身和车轮垂直运动的整车模型。此外,还需要确定换道需要的时间、轨迹跟踪的精度等要求,进而确定控制算法,为结果分析提供指标依据。

确定了仿真的对象、目的和技术要求以后,接下来进入仿真模型的建立阶段。在此过程中,首先将抽象的系统模型按照专业知识转化为简化的物理模型,通过物理定律列写系统的微分方程或者微分方程组,这就是系统的数学模型。其次将数学模型转化为计算机模型,设计求解算法,设计数据输入/输出接口和程序等,最后对建立的模型进行有效性验证。

仿真模型建立以后,就可以进行仿真试验了。在试验过程中,需要根据功能需求分析阶段的结果,设计测试案例。测试案例需要覆盖可能出现的全部工况,以确保所设计的控制逻辑的完备性,否则可能出现一些意想不到的结果。最后,对仿真的结果进行分析,研究其能否达到最初的各项设计指标。

显然,在以上开发过程中,任何一步都可能会出现错误,从而导致开发过程回退到上一步,甚至退回到功能需求分析阶段。这种情况很可能还会多次发生。这样导致整个控制系统开发周期、开发成本难以控制。而汽车的开发周期要求极其严格,因此汽车电子控制系统的开发过程必须得到严格控制,以确保产品研发周期不被无限期地延长。

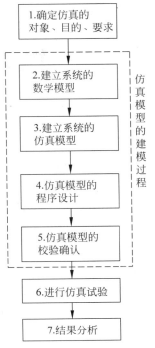

图 8-2 控制系统设计的步骤

8.2 计算机辅助控制系统设计的发展趋势

随着信息技术、计算机软硬件技术的发展,计算机辅助控制系统设计技术也随之发生了很大的变化。在硬件方面,基于多 CPU 并行处理技术的全数字仿真有效地提高了仿真系统的速度,大大增强了数字仿真的实时性。应用软件方面,直接面向用户的数字仿真软件不断推陈出新,各种专家系统与智能化技术更深入地应用于仿真软件开发之中,使得在人机界面、结果输出、综合评判等方面达到更理想的境界。分布式仿真技术是基于计算机网络的仿真,特别适合于大规模、复杂系统的仿真。虚拟现实技术,也就是 VR 技术,综合了计算机图形技术、多媒体技术、传感器技术、显示技术以及仿真技术等多学科,可以让人仿佛身临其境。这种技术与控制技术的结合,可以让人对实际的控制效果有切身的体验。

第 9 章

基于 MATLAB 的控制系统设计工具

MATLAB 的名称是 matrix lab 组成到一起构成的。由于代码开源,使用者越来越多,导致越来越多的子程序和软件包加入其中,它的功能也越来越强大,涉及的专业领域也越来越多。2019b 版的 MATLAB 全模块工具箱包括 Simulink 的各种扩展模块库在内一共有 99 个,其中,MATLAB Control Toolbox 是控制学者开发的用于控制理论研究的控制系统专用工具箱,是功能强大的控制系统设计工具。

Simulink 由英文 Simulation 和 Link 组合而来,是 MATLAB 提供的控制系统模型图输入与仿真工具,可以利用鼠标在模型窗口上绘制出所需要的控制系统模型,然后对系统进行仿真和分析,是控制系统设计的更有利工具,也是汽车电子控制系统开发的常用工具。

9.1 控制系统的表达

9.1.1 线性系统的模型表达

在经典控制理论中,线性系统一般常用的数学模型包括传递函数模型、状态方程模型、零极点增益模型和部分分式模型等。MATLAB 提供了它们的表达方式以及它们之间的转化函数。

1. 传递函数模型

连续系统传递函数的数学表达式如下:

$$G(s) = \frac{Y(s)}{X(s)} = \frac{b_m s^m + b_{m-1} s^{m-1} + \cdots + b_1 s + b_0}{a_n s^n + a_{n-1} s^{n-1} + \cdots + a_1 s + a_0}$$

对于线性定常系统,a,b 均为常数,且 $a_1 \neq 0$。MATLAB 中可以使用由分子、分母多项式系数构成的向量来唯一地确定这个系统,语句为

```
>> num = [bm,bm-1,…,b1];
>> den = [an,an-1,…,a1];
```

2. 零极点增益模型

连续系统零极点增益模型的数学表达式如下:

$$G(s) = \frac{K(s-z_1)(s-z_2)\cdots(s-z_m)}{(s-p_1)(s-p_2)\cdots(s-p_n)}$$

在 MATLAB 中，零极点增益模型用零极点构成的两个向量和增益常数组成的 $[z, p, K]$ 向量组表示。语句如下：

```
>> z = [z1,z2,…,zm];
>> p = [p1,p2,…,pn];
>> K = [k];
```

3. 状态空间模型

连续系统的状态空间模型的数学表达式如下：

$$\dot{X} = AX + BU$$
$$Y = CX + DU$$

在 MATLAB 中，只需要分别给定 A、B、C、D 矩阵即可，语句如下：

```
>> G = ss(A,B,C,D);
```

4. 不同模型之间的转换

以上三种模型相互之间可以进行转换，转换的函数如图 9-1 所示。

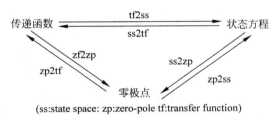

图 9-1　三种模型之间的转换函数

9.1.2　控制系统的典型连接

1. 串联

两个系统串联（图 9-2），可以使用函数 series 来实现。MATLAB 语句如下：

```
>> [num,den] = series(num1,den1,num2,den2);
```

或者

```
>> [a,b,c,d] = series(a1,b1,c1,d1,a2,b2,c2,d2);
```

若两个多输入/多输出系统串联，则需要指定它们接口的连接。详细内容请参考函数的帮助文档。

图 9-2　两个系统串联

2. 并联

两个系统并联（图 9-3）可以使用函数 parallel，语句如下：

```
>> [num,den] = parallel(num1,den1,num2,den2);
```

或者

```
>> [a,b,c,d] = parallel(a1,b1,c1,d1,a2,b2,c2,d2);
```

3. 反馈和直接反馈

两个系统按照反馈方式连接(图 9-4),可以使用 feedback 函数,语句如下:

```
>> [num,den] = feedback(num1,den1,num2,den2,sign);
```

或者

```
>> [a,b,c,d] = feedback(a1,b1,c1,d1,a2,b2,c2,d2,sign);
```

图 9-3 两个系统并联　　　　图 9-4 两个系统构成的反馈系统

sign 用来指定 G_2 反馈到 G_1 的连接符号,缺省时为负。
若反馈为直接反馈,即 $G_2=1$,可以使用 cloop 函数。

9.2 控制系统的分析

MATLAB 中包含了丰富的控制系统分析与设计的函数,可以实现线性系统的时域和频域分析、设计与建模,可以利用 S 函数实现非线性系统的分析与设计。

控制系统的分析包括系统的稳定性分析、时域分析、频域分析及根轨迹分析。

9.2.1 时域分析

时域分析主要研究系统对输入和扰动在时域内的响应,包括上升时间、超调量、稳态误差等。MATLAB 控制工具箱提供了很多线性系统在特定输入下仿真的函数,其中大多能自动绘制系统时间响应的曲线。

1. 单位阶跃响应

step 函数可以绘制系统在单位阶跃输入下的响应曲线,调用方法如下:

```
>> step(a,b,c,d,iu,t);
```

或者

```
>> step(num,den,t);
```

其中，iu 指定系统响应第 iu 个输入；t 为等间隔的时间向量，可省略。

2．单位脉冲响应

impulse 函数可以绘制系统在单位脉冲激励输入下的响应曲线，调用方法如下：

```
>> impulse(a,b,c,d,iu,t);
```

或者

```
>> impulse(num,den,t);
```

iu，t 的用法同 step 函数。

3．任意输入下的响应

求取任意输入下的响应的函数是 lsim，使用方法与 step 相同。

9.2.2 频域分析

线性系统在受到频率为 ω 的正弦信号激励时，其输出仍然为正弦信号，但是其幅值与输入信号成比例关系，在相位上滞后一个相位角，且这种比例关系和滞后相位与频率 ω 有关。通过不同频率 ω 的输入正弦信号研究系统输出的幅值与相位的关系就是频域分析的内容。

系统频率响应通常用三种图形表达。

1．Bode 图

系统的 Bode 图又称对数频率特性曲线图，表示的是系统输出的幅值和相位与输入信号频率 ω 的关系曲线，使用 bode 函数可以绘制系统的 Bode 图，调用方法为：

```
>> bode(a,b,c,d,iu,w);
```

或者

```
>> bode(num,den,w);
```

其中，w 为指定的频率向量，可缺省。

2．Nyquist 图与 Nichols 图

Nyquist 图和 Nichols 图的含义第一篇中经典控制理论部分有介绍，函数 Nyquist 和 Nichols 的使用方法同 bode。

9.3 Simulink 的建模与仿真

Simulink 是动态系统建模、仿真与分析的软件包；是基于图形化的建模与仿真工具；它支持线性、非线性系统仿真，支持连续系统、离散系统和混合系统仿真；它提供多种采样

速率和求解器,同时也支持与其他仿真软件和平台的联合仿真,比如:车辆工程领域常用的 ADAMS、CARSIM、CRUICE 等;可以实现多领域机电液混合系统的仿真与设计;在设计控制系统的模型与控制算法时,无须编写 C、C++或者 HDL 代码,可自动生成产品级代码,并部署到 MCU、DSP 等硬件中;可进行各种在环测试、验证和分析所生成的代码;支持汽车电子领域的各类标准,如 AUTOSAR、ISO 26262、MISRA C 等。

本书后续介绍的各种案例采用了 MATLAB 2021a 版,其他版本的界面略有不同,但是基本功能类似。

9.3.1 Simulink 模块库与建模方法

1. Simulink 的模块库

在 MATLAB 主页的工具栏中单击 Simulink 按钮,打开 Simulink 开始页,单击 Blank Model,创建一个新的模型。在弹出的模型窗口中的工具栏中单击 Library Browser,打开 Simulink 模块库,如图 9-5 所示。

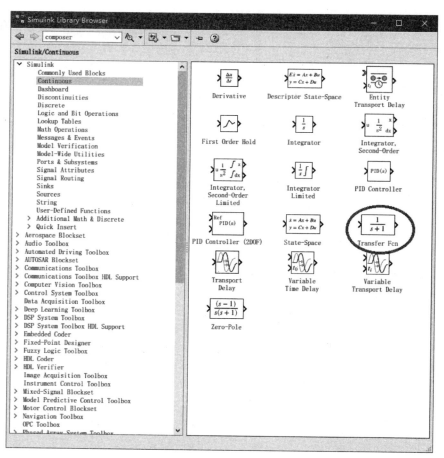

图 9-5 Simulink 的模块库

Simulink 的模块库包括基本库和扩展库。基本库中常用的子库有：

(1) Continuous(连续系统模块)：包括求导、积分、PID 控制器、传递函数、零极点模型、状态空间模型、传输延迟等；

(2) Discrete(离散系统模块)：包括离散微分、离散 FIR 滤波器、离散滤波器、离散 PID 控制器、离散状态空间模型、离散系统传递函数、离散零极点模型、记忆模块、离散时间积分、零阶保持器、一阶保持器、单位延迟等；

(3) Logic and Bit Operations(逻辑与位操作模块)：包括位清零、置一、位的比较运算、逻辑比较运算、变化检测、信号降低检测、信号升高检测灯；

(4) Lookup Tables(表格查询模块)：包括一维数表、二维数表、n 维数表等；

(5) Math Operations(数学模块)：包括各种数学运算模块；

(6) Ports and Subsystems(端口与子系统模块)：包括各种程序流程控制模块、子模块、输入/输出端口、触发/使能模块等；

(7) Signal Routing(信号流模块)：包括信号合成、信号拆分、开关模块、选择模块等信号流向控制模块等；

(8) Sinks(信宿模块)：包括示波器模块、显示模块、终端模块、仿真停止模块、写入数据到文件模块、写入数据到工作空间模块等；

(9) Sources(信号源模块)：包括有限带宽白噪声信号源、时钟模块、常数模块、计数器模块、数字时钟模块、从文件读取数据模块、从工作空间读取数据模块、脉冲发生器、斜坡模块、随机数模块、信号编辑器、信号发生器、正弦信号、阶跃信号等；

(10) User-Defined Functions(用户自定义函数模块)：包括用户自定义函数模块、MATLAB 函数调用模块，以及各种 S 函数编辑模块等。

Simulink 的专业扩展模块库有很多，这里只列举汽车电子控制领域常用的模块库：

(1) Stateflow(状态机工具箱)；

(2) Simscape(物理建模工具箱)；

(3) Simscape Driveline(传动仿真工具箱)；

(4) Simscape Multibody(多体机械仿真工具箱)；

(5) Simscape Fluids(液压仿真工具箱)；

(6) Simscape Electrical(电仿真工具箱)；

(7) Simulink Control Design(Simulink 控制设计工具箱)；

(8) Powertrain Blockset(动力系统模块集)；

(9) Vehicle Dynamics Blockset(车辆动力学模块集)；

(10) Simulink Coder(Simulink 代码生成器)；

(11) Embedded Coder(嵌入式代码生成器)；

(12) Simulink PLC Coder(Simulink PLC 代码生成器)；

(13) Simulink Design Verifier(Simulink 设计验证器)；

(14) Simulink Test(Simulink 测试工具)；

(15) Simulink Code Inspector(Simulink 代码检查器)；

(16) Simulink Requirements(Simulink 需求分析工具箱)；

(17) Simulink Coverage(Simulink 覆盖检查工具箱)；

(18) Simulink Report Generator(Simulink 报告生成器);

(19) AUTOSAR Blockset(AUTOSAR 模块集);

(20) System Composer(系统架构工具箱);

(21) Vehicle Network Toolbox(车载网络工具箱);

(22) Automated Driving Toolbox(自动驾驶工具箱);

(23) Road Runner(自动驾驶场景构建工具箱)。

2. Simulink 的建模方法

在 Simulink 中有多种建立模型的方法,下面以直流电机的模型作为例子,介绍常用的几种建模方法。

【例 9-1】 以第一篇中例 1-1 中的电枢控制的直流电机作为对象,以电压 V 为输入,转速 ω 为输出,建立其 Simulink 仿真模型。系统参数如下:转动惯量 $J=3.2284\times10^{-6}\mathrm{kg\cdot m^2}$,黏性摩擦系数 $b=3.5077\times10^{-6}\mathrm{N\cdot m\cdot s}$,电机电势常数 $K_b=0.0274\mathrm{V/(rad/s)}$,电机力矩常数 $K_t=0.0274\mathrm{N\cdot m/A}$,电机内阻 $R=4\Omega$,电感 $L=2.75\times10^{-6}\mathrm{H}$。

解:列写该电机的数学表达式如下:

$$J\dot{\omega}+b\omega=K_t i \quad (9\text{-}1)$$

$$L\frac{\mathrm{d}i}{\mathrm{d}t}+Ri=V-K_b\omega \quad (9\text{-}2)$$

方法一:对上面两个式子作拉普拉斯变换,得到电机系统的传递函数模型如下:

$$G(s)=\frac{\Omega(s)}{V(s)}=\frac{K_t}{JLs^2+(RJ+Lb)s+(Rb+K_t K_b)} \quad (9\text{-}3)$$

(1) 编辑初始化函数。在 MATLAB 中新建一个 M 文件 moter_parameters.m,将电机的参数依次赋值给各个参量,如图 9-6 所示,保存该文件到工作目录。

```
Kt=0.0274;          %电机力矩常数, Nm/A
Kb=0.0274;          %电机电势常数, V/rad/s
J=3.2284e-6;        %电机转动惯量, kgm2
b=3.5077e-6;        %黏性摩擦系数, Nms
R=4;                %电机电枢电阻, Ω
L=2.75e-6;          %电机电枢电感, H
```

图 9-6 电机参数赋值

在菜单栏中单击"编辑器",在编辑器工具栏中单击"运行"按钮,运行该 M 文件,将电机参数调入 MATLAB 的工作区,如图 9-7 所示。这样在后续的工作中,就可以直接使用参数名调用该参数了。使用"工作区"进行参数的调用,存取是常用的方法。这种方法对于复杂模型调试、搭建等工作非常方便。

(2) 新建一个空白的模型。然后在 Simulink 标准库中的 Continous 中使用拖放操作将

Transfer Fcn 模块(图 9-5 中圈出的模块)拖放到模型窗口中,双击该模块,打开参数对话框,按照式(9-3)分别填入分子和分母多项式的系数,如图 9-8 所示。

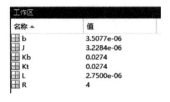

图 9-7　MATLAB 工作区的参数　　　　图 9-8　传递函数模块及其参数配置

接下来使用模型初始化函数对电机的参数进行赋值,使得模型每次运行前都执行该 M 文件。在 Simulink 模型窗口空白处单击鼠标右键,在右键菜单中选择 Model Properties,然后在弹出的窗口中单击 Callbacks 标签,单击 InitFcn 函数,在右边的窗口中填入需要执行的函数名 moter_parameters,如图 9-9 所示。完成后单击 OK。

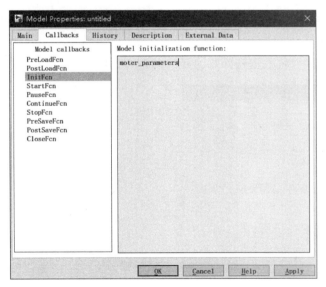

图 9-9　设置模型初始化执行的函数

(3)然后使用阶跃信号输入对该模型进行测试。在标准库的 Sources 中找到 Step 模块,拖放到模型窗口中。在 Sinks 中找到 Out1 模块,拖放到模型窗口中。按照图 9-10 的连接方式连接三个模块。

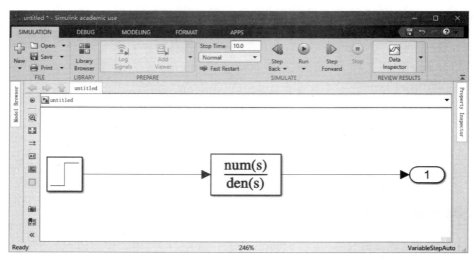

图 9-10 设置系统输入和输出模块

模块的连接可以通过单击模块输出端的箭头（鼠标左键不松开），然后移动鼠标到下一个模块的输入端松开左键来完成。还可以单击 Step 模块，按下 Ctrl 键的同时点击 Transfer Fcn，两个模块将自动进行连线。

在 Transfer Fcn 输出的信号线上单击鼠标右键，在右键菜单中选择 Properties，在弹出对话框中的 Signal name 填入信号的名称 moter_speed，如图 9-11 所示。单击 OK，关闭对话框。

（4）显示系统输出信号。在信号线上打开右键菜单，单击 Create & Connect Viewer，选择 Simulink，在下级菜单中选择 Scope。完成后将出现一个示波器窗口，同时信号线上将显示示波器的图标。

（5）设置示波器。在示波器窗口菜单栏中单击"配置属性"打开示波器设置窗口，如图 9-12 所示。在"纪录"标签中，将数据点限制为最后的选项勾除。单击 OK 按钮关闭窗口。

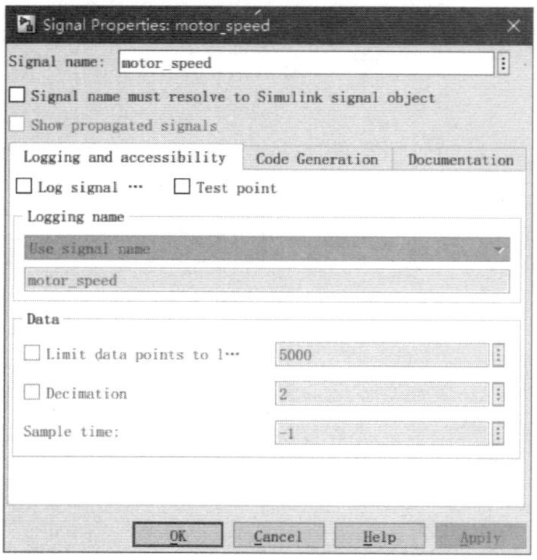

图 9-11 给信号命名 　　　　图 9-12 设置示波器参数

也可以在信号线的右键菜单中选择"记录所选信号",完毕后信号线上将显示"电波"图标,模型运行后单击该图标,可以打开"仿真数据检查器"进行数据查看和比较。

(6) 设置输入信号。双击 Step 模块,设置 Step Time 为 0.5s,Initial Value 为 0,Final value 为 1,如图 9-13 所示。然后单击 OK 按钮关闭窗口。

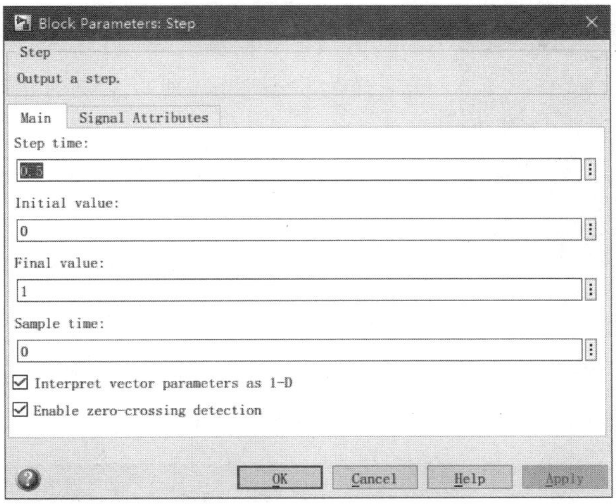

图 9-13　为 Step 模块设置参数

(7) 设置仿真参数。单击 Modeling 菜单,在其工具栏中单击 Model Settings 按钮,或者在 Simulation 菜单中找到该按钮,打开系统配置窗口,如图 9-14 所示。设置仿真终止时间为 1s,求解器类型修改为定步长(Fixed-step),求解器选择 ode4。单击 Solver details,设置步长为 1μs。完成后单击 OK 按钮关闭窗口。

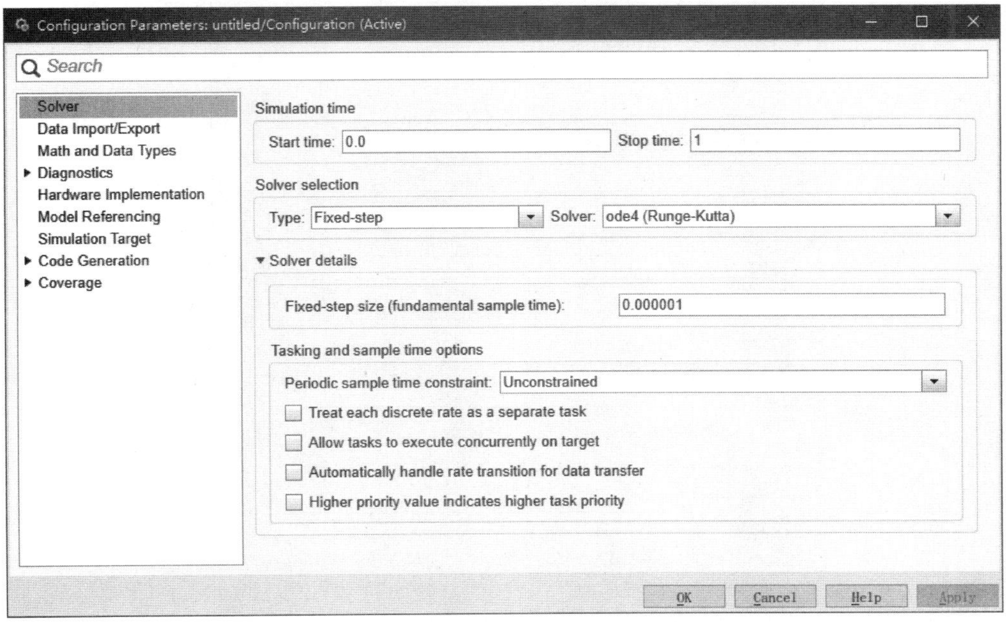

图 9-14　系统仿真参数设置

（8）系统运行，观察仿真结果。现在可以单击模型菜单栏中的 Run 按钮，运行该模型。示波器输出结果如图 9-15 所示。

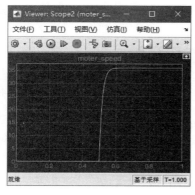

从仿真结果来看，该电机在给定 1V 电压的输入条件下，输出转速大约为 35.8rad/s(684r/min)，响应时间大约为 50ms。

方法二：根据式（9-1）和式（9-2），选取转速 ω 和电流 i 作为状态变量，列写系统的状态空间表达式如下：

$$\begin{cases} \begin{bmatrix} \dot{\omega} \\ \dot{i} \end{bmatrix} = \begin{bmatrix} -\dfrac{b}{J} & \dfrac{K_t}{J} \\ -\dfrac{K_b}{L} & -\dfrac{R}{L} \end{bmatrix} \begin{bmatrix} \omega \\ i \end{bmatrix} + \begin{bmatrix} 0 \\ \dfrac{1}{L} \end{bmatrix} V \\ Y = \begin{bmatrix} 1 & 0 \end{bmatrix} \begin{bmatrix} \omega \\ i \end{bmatrix} \end{cases} \quad (9\text{-}4)$$

图 9-15 示波器输出

在 Simulink 标准库 Continous 中找到 State-Space 模块，将其拖放到模型窗口中，双击，打开参数设置窗口，按照式（9-4）填入状态空间表达式，如图 9-16 所示。

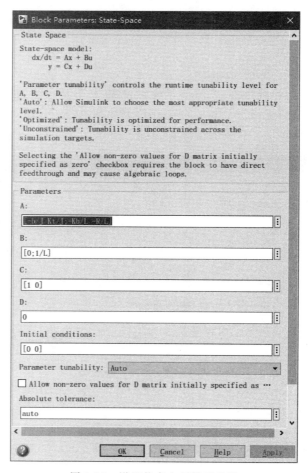

图 9-16 设置状态空间模型参数

输出设置。在标准库 Signal Routing 中找到 Mux 模块,拖放到模型窗口中。设置状态空间模型的输出信号名称为 moter_speed2(方法同前),然后设置一个示波器以显示其输出。将两个系统的输出都连接到 Mux 模块,再连接到 Out1,最终效果见图 9-17。

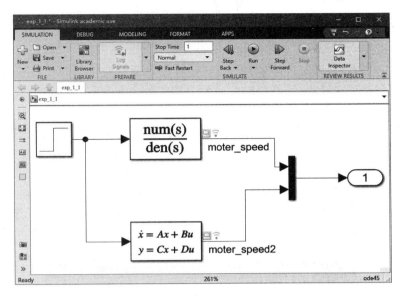

图 9-17 状态空间模型

单击"运行",可以观察到系统的输出,图 9-18 是使用仿真数据检查器观察到的仿真结果。

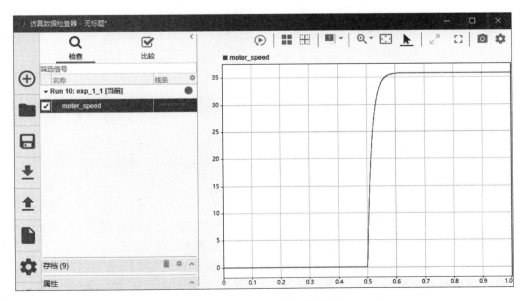

图 9-18 状态空间模型的输出

对比图 9-15 与图 9-18,可以看到,两种方法得到的结果是一致的。

方法三：将式(9-1)和式(9-2)改写为

$$\dot{\omega} = \frac{K_t i - b\omega}{J} \tag{9-5}$$

$$\dot{i} = \frac{V - K_b \omega - Ri}{L} \tag{9-6}$$

在标准库的 Continous 中找到积分器模块 Integrator，拖放操作两个积分器到模型窗口中。第一个积分器输出可以作为 ω，第二个积分器输出可以作为 i。然后式(9-5)和式(9-6)等号右边的信号都可以获得了，按照它们的数学关系通过模块搭建出 $\dot{\omega}$ 和 $\dot{i}$ 作为积分器输入。具体做法如下：

将标准库 Math Operations 中的 Gain 模块和 Substract 模块拖放到模型窗口。使用右键拖放功能复制两个 Gain 模块。双击 Gain 模块，设置 gain 为 Kt，然后设置另一个 Gain 模块的 gain 为 b，最后一个 gain 设置为 1/J。按照式(9-5)的表达式进行连线。

使用右键菜单复制一个 Substract 模块，双击该模块，将 List of signs 修改为"＋－－"，如图 9-19 所示。再复制两个 Gain 模块，分别将其 gain 设置为 Kb 和 R，再增加一个输出端口 Out2。最后按照式(9-6)进行连线，效果如图 9-20 所示。

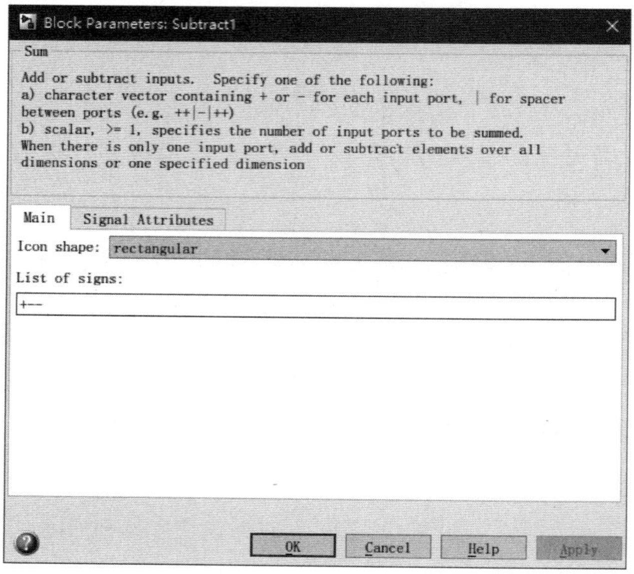

图 9-19　加法器参数设置

创建子系统。将图 9-21 中的模块和连线全部框选起来，打开右键菜单，单击 Create Subsystem from Selection 完成子系统的创建。最终效果如图 9-21 所示。

单击 Run 按钮，可以看到系统仿真的结果是一致的。

复杂模型通常会被拆分为多个子模型，分别进行子模型的搭建、完成模型的验证和测试，然后再组装到一起。模型的搭建过程就是模型从简单到复杂的演化过程。

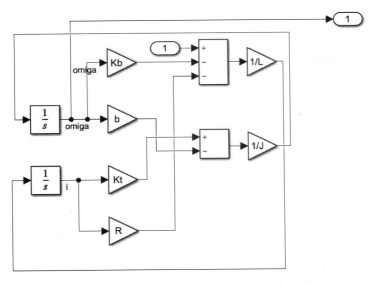

图 9-20　按照微分方程进行模型搭建

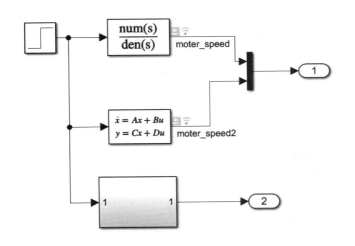

图 9-21　子系统的创建

9.3.2　机电液的物理联合建模与仿真——Simscape

通过 Simscape 可以基于物理连接直接使用模块框图建立物理组件模型，从而快速构建系统模型而无须推导系统微分方程。通过将基础组件依照原理图进行装配，为电子、电器、液压、传热等系统建模，同时 Simscape 可帮助开发控制系统并测试系统级性能；也可以利用基于 MATLAB 的 Simscape 语言，使用文本定义物理建模组件、域和库，从而创建自定义组件模型；可以利用 MATLAB 变量和表达式将模型参数化，使用 Simulink 设计用于物理系统的控制系统；为了将模型部署到其他仿真环境，Simscape 还支持硬件在环（HIL）系统和生成 C 代码。

下面仍然以直流电机为例,介绍如何使用 Simscape。

【例 9-2】 使用 Simscape 建立直流电机模型。在 MATLAB 命令行输入命令 ssc_new,软件会新建一个包含几个 Simscape 基本模块的 Simulink 模型(图 9-22),同时打开 Simscape 的库窗口(图 9-23)。也可以在 Simulink 扩展库中找到 Simscape 的库。

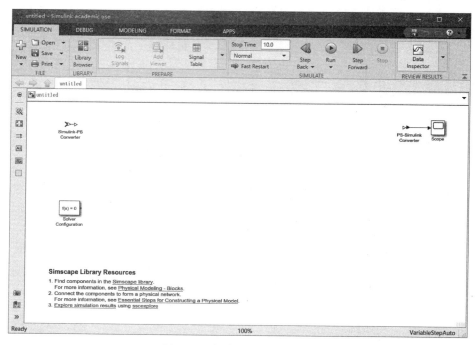

图 9-22 新建 Simscape 模型

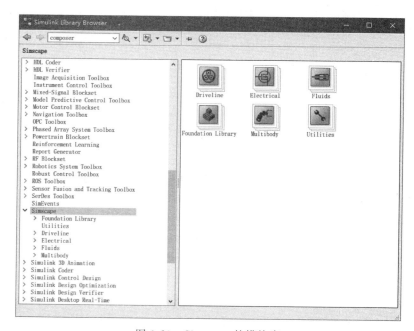

图 9-23 Simscape 的模块库

Simscape 包含了动力传动系统、电子电路系统、液压系统、机械系统等建模工具,可以方便地搭建复杂混合系统的模型。

在 Simscape"基本库"(Foundation Library)的"电子"(Electrical)中的"电源库"(Electrical Source)中找到"可控直流电源"(Controlled Voltage Source),通过拖拽操作放入模型空白处(图 9-24)。

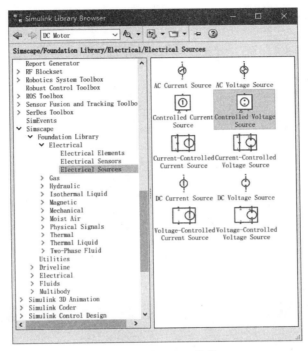

图 9-24　直流电源模块

在"电子元器件库"(Electrical Elements)中找到"接地端模块"(Electrical Reference),如图 9-25 所示,将其拖拽到模型空白处。

在"电子系统模块库"(Electrical)中的"有刷电机"(Brushed Motors)中找到"直流电机"(DC Motor)(图 9-26),将其拖拽到模型空白处。

按照直流电机一般接线方法将以上几个模块连接起来,同时将 Solver Configuration 模块接入线路,添加必要的信号输入和输出模块。

在"基本库"(Foundation Library)的"机械库"(Mechanical)的"旋转件子库"(Rotational Elements)中将"旋转件固定端模块"(Mechanical Rotational Reference)和"旋转阻尼模块"(Rotational Damper)(图 9-27)拖拽到模型中。在"机械库"(Mechanical)的"机械传感器"(Mechanical Sensors)中找到"理想旋转运动传感器"(Ideal Rotational Motion Sensor)(图 9-28),并将其拖拽到模型中。然后按照机械装置的原理进行连线,效果如图 9-29 所示。连接过程会使用右键菜单中的"旋转"(Rotate)功能进行模块布局。

双击直流电机模块,在对话框中分别填入电机的参数:电阻、电感、反电动势常数和旋转惯量,如图 9-30 所示。注意,这里需要在下拉菜单中选择反电动势常数的单位为"V/(rad/s)"。旋转惯量在窗口的 Mechanical 标签中,这里需要在下拉菜单中将旋转惯量的单

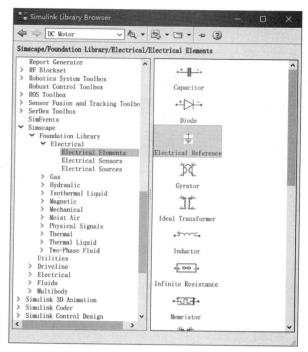

图 9-25 接地端模块

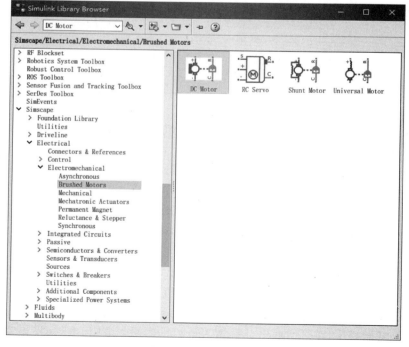

图 9-26 直流电机模块

第 9 章 基于 MATLAB 的控制系统设计工具

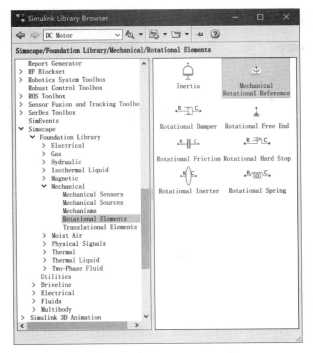

图 9-27 旋转件子库中的元件

图 9-28 机械旋转传感器模块

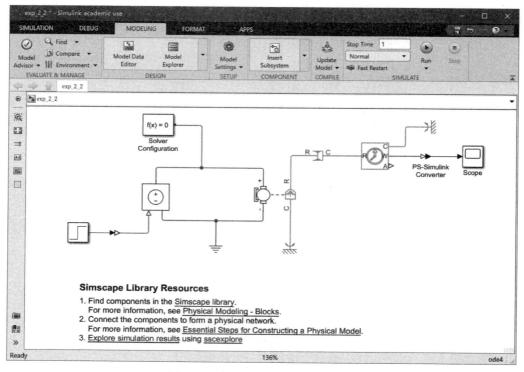

图 9-29　直流电机的 Simscape 模型

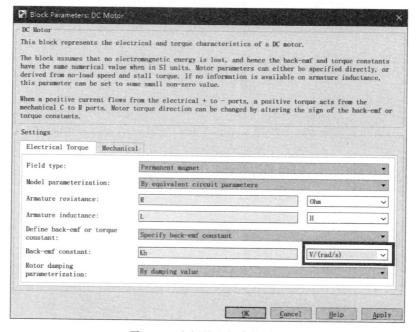

图 9-30　电机的电气参数设置

位改为 kg * m^2(图 9-31)。然后在模型的 Callback 中设置初始化函数为 moter_parameter,添加示波器、输入、输出信号,具体过程与 9.3.1 节相同。设置仿真时间为 1s,单击"运行"按钮。运行完毕后双击示波器,可以看到结果,如图 9-32 所示。显然该结果与上一节几种方法搭建的模型的结果是一致的。

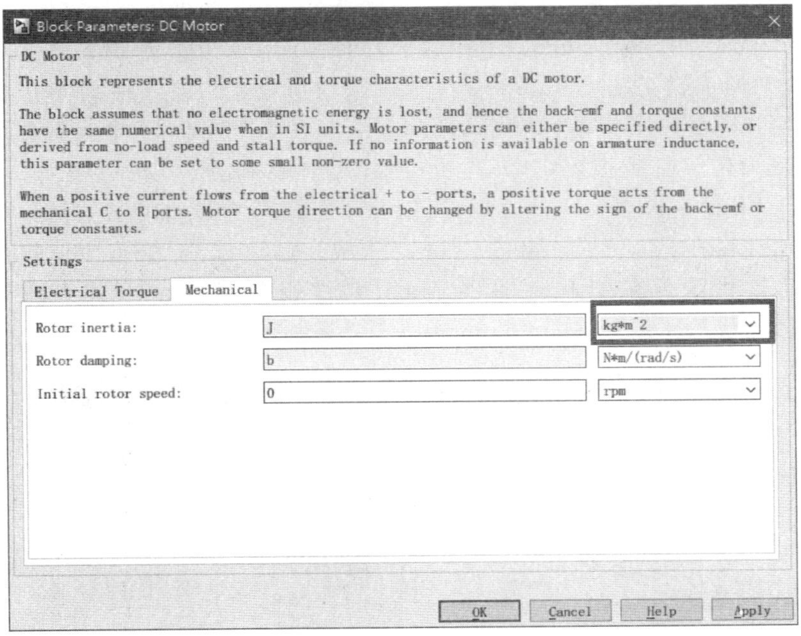

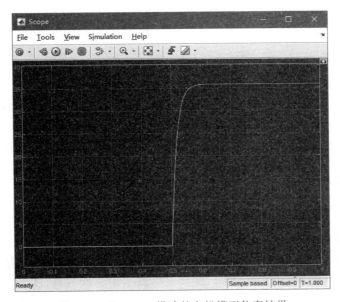

图 9-31 直流电机的机械参数设置

图 9-32 Simscape 搭建的电机模型仿真结果

9.3.3 基于有限状态机原理的建模工具——Stateflow

Stateflow 是基于有限状态机(Finite State Mechine)原理的图形化建模仿真工具。它使用图形的形式绘制系统状态之间的转换关系和条件,并可以在状态迁移时驱动某些事件或动作的执行,从而使得 Simulink 具有事件驱动控制能力。用户可以通过这个工具,方便快捷地解决复杂的逻辑问题。Stateflow 生成的模块可以直接嵌入到 Simulink 模型中,并可以和 Simulink 模型一样自动生成代码。Stateflow 在车身控制器、电池管理系统、发动机热管理系统、动力传动控制系统等汽车电子控制系统中得到了广泛的应用。

在 MATLAB 命令行输入 Stateflow,可以打开它的模型库,如图 9-33 所示。同时也会新建一个带有 Chart 模块的新的 Simulink 模型。也可以在 Simulink 扩展库中找到 Stateflow 库。该模块库包括状态图(Chart)、顺序查看器(Sequence Viewer)、真值表(Truth Table)和状态迁移表(State Transition Table)四个工具。

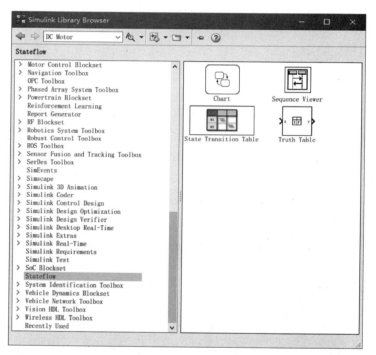

图 9-33　Stateflow 的模块库

在新建的 untitled 模型窗口中双击 Chart 模块,可以打开 Stateflow 模型的编辑界面,如图 9-34 所示。在该窗口中可以绘制 Stateflow 的图形。

关于 Stateflow 的详细使用方法本书不做更多的介绍,有需要的读者可以按照附录 A 中的上机实验三进行学习。此外,MATALB 也提供了丰富的案例,读者可以通过案例了解 Stateflow 的具体使用方法。读者可以在帮助文档→Simulink→应用领域→汽车应用领域案例库中找到名为"Modeling an Automatic Transmission Controller"的模型,在该模型中可以打开图 9-35 所示的四挡自动变速器挡位切换逻辑的 Stateflow 控制逻辑图。

第 9 章 基于 MATLAB 的控制系统设计工具 **151**

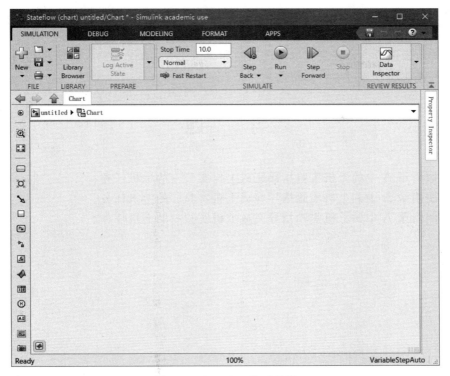

图 9-34 Statefow 的工具栏

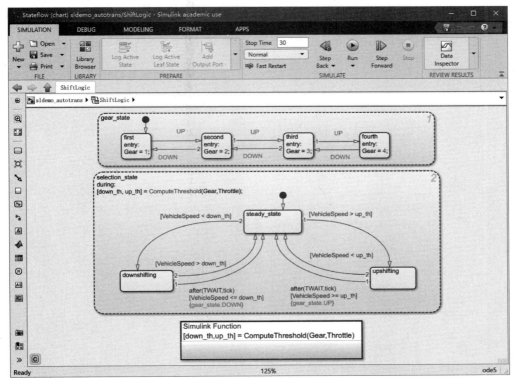

图 9-35 MATLAB 提供的自动变速器换挡控制的 Stateflow 案例

真值表也是常用的一种定义组合逻辑的工具,它包括条件表(Condition Table)和动作表(Action Table)两部分。将真值表拖入模型,命名后双击开打真值表的编辑器,分别填写条件表和动作表即可。条件表完成条件判断和决策定义,动作表完成决策对应的相应动作的定义。具体使用方法可以参见帮助文档。

习　题

1. 按照附录 A 中的上机实验指导完成上机实验一的上机任务。
2. 按照附录 A 中的上机实验指导完成上机实验二的上机任务。
3. 按照附录 A 中的上机实验指导完成上机实验三的上机任务。

第10章

基于模型的控制系统设计

之前的章节介绍了如何建立系统的数学模型,如何将其转变为 MATLAB 的计算机模型,如何验证和测试模型。本章将系统地介绍如何使用模型去开发控制系统,这种方法称为"基于模型的系统设计"。

10.1 概　　述

基于模型的系统设计(Model-Based System Design,MBSD,也简称 MBD)在汽车电子技术领域已经发展了很多年,并且已经开始成为汽车电子控制系统研发的主要技术手段。基于模型设计的工作流程与统一的开发测试平台能够帮助系统开发和验证自动化,从而降低成本和错误。典型的开发平台有 MATLAB、SCADE 等,它们可以作为汽车嵌入式应用程序开发和部署的工具,比如发动机控制器、变速器控制器、车身控制器以及自动驾驶和高级驾驶员辅助系统(ADAS)。本书主要基于 MATLAB 平台介绍如何开展基于模型的控制系统设计,下文提到的各种工具箱也都是 MATLAB 平台提供的。

基于模型的系统设计与传统的汽车电子控制系统的开发过程本质上都属于 V 型的开发流程。基于模型的系统设计将基于理论的开发过程转变为使用可执行模型的开发过程,该模型是关于概念、设计和实现的所有信息的存储库,并贯穿于开发的四个阶段:研究、设计、实现和验证与测试。在开发的每个阶段,模型都会被更新和细化,以确保在整个设计演进过程中的连续性和可追溯性。可以说,汽车电子控制系统的开发过程,就是模型的"进化"过程。

基于模型的设计方法在系统开发过程中有诸多好处:

(1) 图形化的建模方式易于理解。MBD 改变了系统研发的旧模式。传统的研发过程中,需要使用文本来描述部件或者总成的性能。例如一个为导航和信息系统提供电源的直流变压器(DC-DC),它将 12V 直流电压转换为 5V 直流电压。说明文本需要描述该变压器的电气特性、热学特性。电气特性包括输入电压范围、输出电压及其波动范围、输出电流范围、效率以及衰减特性等。热学特性包括外壳内外侧的热阻、热容以及不同对流条件下的对流热阻。而通过模型(图 10-1),这些特性都可以被包含在内,还可以表达更多的系统特性,比如过电流情况下的电压削减以及热削减和功率衰减,同时也可以共享该模型给其他技术领域或者不同技术层次的开发人员。

(2) 提高了代码的复用度。部件模型可以在更大的系统中被重复使用,这样就减少了很多重复性的工作。在控制系统开发的不同阶段,多个开发人员都能使用该模型进行系统开发。

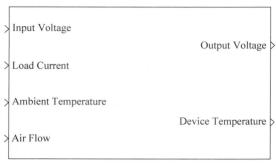

图 10-1　直流变压器的 Simulink 模型

（3）有利于早期验证。实践证明，对于代码的验证和测试进行得越早，周期的风险和成本越低。通过对子模型的早期验证与测试，可以极大地降低了错误发生的概率。

（4）由配套企业提供的产品的模型通常能够更好地反映其产品的性能。

（5）提高了系统开发过程的自动化水平。基于模型的开发过程使用了自动代码生成和测试报告自动生成技术，极大地提高了开发效率，降低了开发过程中重复性的劳动。

10.2　基于模型的控制系统设计工作流程

基于模型的系统开发过程主要包括以下步骤：

1. 系统需求分析

系统需求分析的内容不仅包括结构化的需求分析也包括系统的约束分析。系统需求的类别很多，包括：用户接口的需求、系统功能性的需求、控制的需求、实时性的需求、可靠性的需求、安全性的需求、安装空间、重量和电流的约束、可扩展和改型的需求、系统质量的需求求、性价比和上市时间的约束等。需求分析的目标是构建系统的逻辑架构[①]，定义系统的逻辑组件和子系统的功能、需求和接口。

在完成需求分析的同时，还需要同步完成后续步骤所使用的测试案例以及验收测试的测试案例的生成工作。必要时，这个分析过程可以反复重复多次直到满足所有用户需求的逻辑架构形成为止。

2. 建立系统模型，进行模型在环仿真

系统工程师根据需求文档，搭建系统模型，用于开发完备的被控系统模型和系统控制器，实现算法或者状态迁移过程。可以使用的工具是 Simulink&Stateflow。建立系统模型的目的是确定算法的可行性，暂时不涉及硬件。这种仿真通常是非实时的仿真。模型在环仿真的详细内容见 10.3 节。

---

① 系统的逻辑架构是系统的抽象表达，它描述系统的性能，而不规定系统如何实现这些性能，而系统的技术架构则具体确定如何实现系统的性能。

3. 浮点模型

软硬件工程师根据需求文档及系统模型,对模型进行功能分区,针对具体硬件重新调整模型,完成初步的设计。此时,模型中的数据多使用 double 或者 single 类型。

4. 需求与模型之间的双向跟踪

基于模型的设计方法要求在设计全生命周期内进行连续不断的跟踪与验证。需求文档中的每一条需求都应当与一个或者多个模块关联,同时模型中的每一个模块也应当与一个或多个需求关联。

若在仿真过程中发现存在某些需求不可达,或者有必要细化需求以完成设计等情况,设计人员可删除或者增加模块,再通过需求一致性检查,反映在需求文档中。反之,若需求发生变更,则执行需求一致性检查时,该变更会出现在模型窗口或者检查报告中,设计人员可以根据变更的需求修改相应的模块。这样可以发现需求和设计的不足,及时根据需求修改设计,在设计早期确认需求。

5. 模型检查

通过仿真调试浮点模型,实现了需求的功能后,还需要检查模型中隐含的问题或者警告,检查模型设置是否会导致生成的代码无效或者代码不符合安全标准的情况,然后根据检查报告修改模型设置。在 MATLAB 中可以使用的工具是 Model Advisor。

6. 模型验证

模型验证过程需要使用大量的测试用例对模型进行验证。在 MATLAB 中提供了 System Test 这个工具帮助用户对代码和模型进行测试。工程师可以通过该工具建立、保存并共享测试用例,保证从研发到试生产阶段的测试过程都是标准的和重复的。

此外,Design Verifier 工具可以自动生成测试用例,以达到满意的模型覆盖度目标,同时还可以检验模型的属性以及生成反例。它支持的模型覆盖度目标包括分支覆盖度、条件覆盖度、变更条件/分支覆盖度(MC/DC)。用户也可以使用 design verification 模块在模型中自定义测试目标。使用属性检验功能可以发现设计的缺陷、遗漏的需求、多余的状态,而这些问题在仿真过程中很难被发现。

模型覆盖度检测用于分析模型测试用例的有效程度,检查结果是一个百分数,表示以一个测试用例作为模型的输入,仿真后,有效的仿真通路占所有通路的百分比。模型覆盖度检测记录模型中每一个能直接或间接决定仿真通路的模块的执行情况,同时也记录模型中 Stateflow 图表的状态及状态迁移情况。该检测报告包含了所有可能的仿真通路以及通路所覆盖的所有模块。用户可以通过该报告了解模型中是否存在从未执行的模块,进而判断是模块冗余还是设计错误。

7. 定点模型

在计算机中,是通过整数来表达小数的。由于在这样的整数中小数点的位置可能不同,不同的数据在进行运算时,需要对小数点进行对齐才能进行运算,因此在定点化的代码中会出现很多移位操作。此外,Simulink 的浮点模型中的参量和信号通常以结构体的形式生成代码,它们在调用时会产生冗长的代码,增加对于存储空间的要求和 CPU 的计算量,因此在对空间和计算量要求较高的项目中,需要将其转换为定点模型。

定点化就是根据模型中各种数据的数据范围以及对数据的精度要求,给定点数一个数据类型,将原有的 double 或者 single 数据类型替换为指定类型的过程就是定点化。用户可以手动设置定点数据类型,然后借助 Fixed-Point Tool 检查设置是否符合要求,或者使用 Fixed-Point Converter 工具自动定标,再借助 Fixed-Point Tool 优化定标。

定点数据能够提高数据的运算速度。这个过程主要针对嵌入式处理器,可以大大提高对于程序的运行效率。

8. 代码生成与软件在环仿真测试

很多开发平台都提供了自动代码生成工具,帮助用户将不同形式的仿真模型转换为目标代码。因此基本上无须计算机工程技术人员介入,减少了由于手动编程引入的错误。对于 Simulink 模型的代码生成详见 10.4 节。

当软件组件包含需要在目标硬件平台上执行的自动生成的代码和手写代码时,就需要考虑进行软件在环测试。软件在环(Software-In-Loop,SIL)测试是在主机上对仿真中生成的函数或手写代码进行评估,同时,它也验证图形化模型中重用现有算法的方法,完成对生成代码的早期验证。

软件在环的具体做法是将测试的子系统编译生成 SIL 模块,比较原模块与 SIL 模块的输出,以此确认算法的正确性。

9. 处理器在环仿真测试

处理器在环(Processor-In-Loop,PIL)仿真测试交叉编译生成的源代码,然后在目标硬件上下载并运行目标代码,是实现对生成代码的验证,帮助用户评价在处理器上生成的代码的运行过程,测试模型与生成的代码之间是否存在数值等效性,找出由目标编译器或处理器产生的错误;测试控制器的控制逻辑、处理器的处理速度和处理能力以及各种物理接口。在 PIL 仿真期间,可以为生成的代码收集代码覆盖率和执行时间指标。

10. 代码与模型之间的双向跟踪、优化、有效性检查、效率剖析及内存用量检查

代码与模型之间同样也需要建立双向跟踪。用户可以通过代码与模型之间的链接,快速定位某个模块所对应的代码段;也可以通过分析代码,改进模型。

为提高代码效率,在生成代码之前,需要对模型进行必要的优化设置。常用的优化方法有子系统原子化、使用针对特定硬件的优化模块库、指定芯片、使用 Advisor 进行代码检查,或者也可以在集成开发环境(IDE)中进行代码优化。

PolySpace 是一个采用语义分析技术的软件测试工具。该软件采用基于源代码的语义分析技术检查程序中的运行时错误,无须编译及运行被测程序,可以大幅提高软件的可靠性,降低测试成本,缩短软件开发周期。

代码实时运行剖析可以帮助用户了解任务在处理器硬件上的实时运行,剖析同步、异步任务或单一子系统,剖析的结果输出为图形或者 HTML 报告。

在生成的代码文件夹中有一个 modelname.map 文件,可用任何一种文本编辑软件打开,通过它可以详细了解各内存空间的使用情况,用户据此可以分析代码的效率,以了解内存分配是否合理。

11. 硬件在环测试

将生成的代码加载到集成开发环境中,编译后将其下载到硬件平台,以测试代码的实时性指标,即所谓的硬件在环(Hardware-In-Loop)测试。在此测试过程中,对照需求文档,评估测试结果是否符合要求,而后再分析代码的运行效率、内存用量等指标,重复上述优化过程,直到满足设计要求为止。

经过以上完整的验证和优化,最后生成的就是可用于产品的产品级代码,具体流程可见图 10-2。

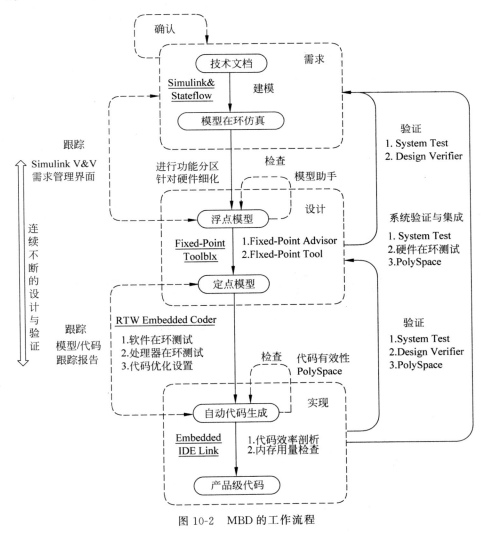

图 10-2　MBD 的工作流程

以上步骤中都包含了验证和测试工作(Verification and Validation),具体包括各种测试案例的运行,结果的测量;收集数据;改进模型。如果模型被修改过了,那么这些被控对象模型和控制器的测试工作都需要重新进行。

10.3 模型在环仿真

使用 Simulink 模型在 MATLAB 环境中的仿真被称为**模型在环仿真**(Model-In-the-Loop,MIL)。这种仿真执行的是 Simulink 模块,而不是目标控制器中的 C 代码,这两者有所不同。通过代码生成技术,可以获得控制器执行的 C 代码,但是必须在代码下载到控制器之前就确认 MIL 仿真与控制器中执行的代码是一致的,至少是非常接近的。因此,在开发控制器之前首先需要建立系统与控制器模型,进行控制算法的验证,才能继续进行更深入的开发工作。

10.3.1 直流电机转速控制系统的模型在环仿真

【例 10-1】 在 9.3.2 节所搭建直流电机的基础上完成转速的控制系统,并进行模型在环仿真。

1. 直流电机模型的修改

打开例 9-1 的模型,将直流电压源模块(DC Voltage Source)替换为可控的电压源模块(Controlled Voltage Source),并使用 Simulink-PS Converter 连接到该模块的输入端。

在转速传感器转速后面的 PS-Simulink Converter 模块添加一个增益(Gain)模块,将增益系数改为 30/pi,这样输出转速的单位就从 rad/s 变换为 rpm,如图 10-3 所示。

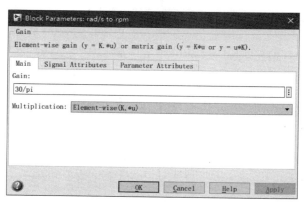

图 10-3　增益模块增益系数的修改

使用快捷键 Ctrl+A 将所有模块全选中,在右键菜单中单击 Creat Subsystem from Selection,创建电机的子系统,并将该子系统的名称改为 motor。双击打开该子系统,找到 In1 和 Out1 两个模块,并将它们的名称分别修改为 desired voltage 和 motor speed,如图 10-4 所示。

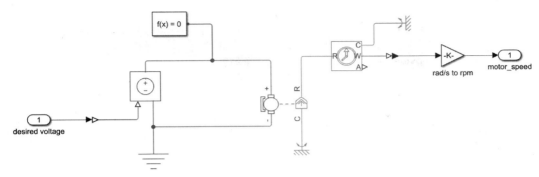

图 10-4　电机子系统

2. 搭建比例控制器模型

单击菜单栏中的 Up to parent 按钮，回到模型顶端。在模型中分别添加常数 1 模块（Constant）、减法模块（Subtract）、增益模块（Gain）和饱和模块（Saturation）。将常数 1 模块参数修改为 800，名称修改为 desired_speed。增益模块增益系数设置为 0.01。饱和模块的参数上限设置为 5，下限设置为 0，如图 10-5 所示，这是控制器输出电压幅值的限制。

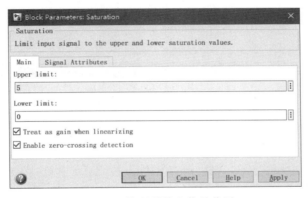

图 10-5　控制器输出信号范围

然后进行连线。并将控制器输出信号名称改为 desired voltage，在电机模块输出信号线上单击鼠标右键，在右键菜单中选择"记录所选信号"。将仿真时间设置为 0.04s。完成后的模型如图 10-6 所示。

3. 调整控制器参数

将比例控制器的增益（比例常数）分别改为 0.001,0.01,0.1,1，运行模型，可以得到四种不同的控制效果，见图 10-7。从图中可以看到，比例常数越小，系统响应时间稍有延长，但是稳态误差很大。增大比例常数后，稳态误差减小，响应速度也得到提升。从比例常数 0.1 与 1 的仿真结果来看，响应时间几乎都为 10ms，原因是控制器最终电压输出被 Saturation 模块限制到最大 5V。若没有这个输出电压限制，后者的响应速度将快很多。读者可以自行尝试。

使用放大镜功能将比例常数 $K_p=1$ 的结果放大（图 10-8），可以发现稳态误差并没有完

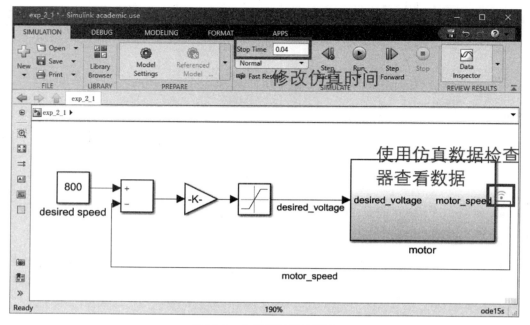

图 10-6 比例控制器的模型

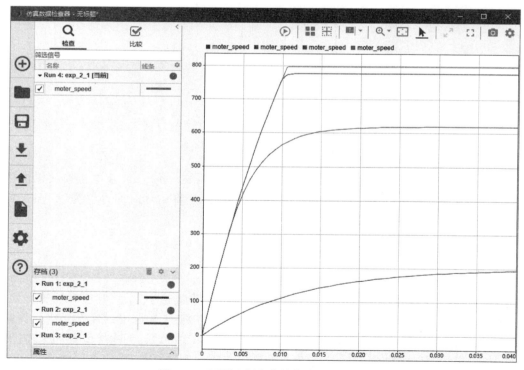

图 10-7 不同比例常数的仿真结果对比

全消除,说明比例控制器不能完全消除稳态误差。

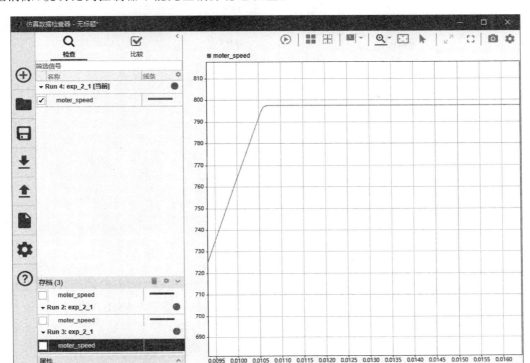

图 10-8　比例常数取 1 时的仿真结果放大图

4. 求解器的设置

以上模型使用的是默认的变步长求解器。求解器会根据情况自动地选择最大步长和最小步长。当系统变换缓慢时,变步长求解器会增大步长,这样可以减少运算量并加快仿真速度;反之,当系统变化剧烈时,求解器必须减小步长才能保证正确的仿真结果,这样可能导致步长非常小,仿真时几乎观察不到仿真正在进行,出现类似卡死的现象,也可能由于收敛误差导致仿真停止。

而实际控制器使用的是固定周期的数字电路和芯片,因此需要将求解算法修改为固定步长。通过组合键 Ctrl＋E 或者菜单栏里的 Model Settings 按钮可以打开模型参数配置对话框。在此对话框中选择固定步长求解器,并设置步长为 0.000001,如图 10-9 所示。关于步长大小的选择,将在后面一节进一步讨论。

到此为止,我们建立了一个电机模型和一个简单的比例控制器,通过仿真确定了控制器的控制参数,并获得了比较满意的控制效果。但是该控制器存在以下问题:

(1) 确定的求解器步长非常小。由于该直流电机响应速度很快,响应时间大约 10ms,因此需要一个非常小的步长;而求解器步长越小,控制器运算所需要的时间越长,仿真时间也越长。虽然这个模型很简单,出于对硬件性能和成本的考虑,实际的目标控制器很可能达不到这么高的运算速度。

(2) 被控的系统(电机)响应速度很快,因此要求控制系统的响应速度更高。

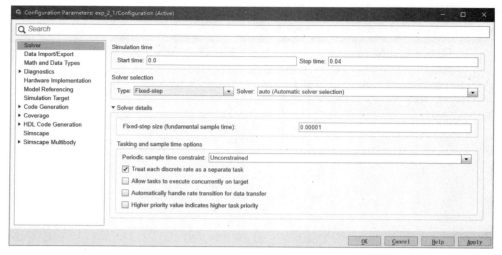

图 10-9　求解器设置

以上，我们建立了被控对象直流电机的模型，建立了简单的 PI 控制器，并通过仿真验证了控制算法，得到了一个初步的控制系统，这是一个简单的模型在环（MIL）的例子。通过这个案例我们可以发现，MIL 对于系统工程师来说可以用来验证控制算法；对于软件工程师来说可以做模型级别的集成测试工作。当然，MIL 的前提是必须搭建被控对象模型，也可以采购现有模型。

10.3.2　时间步长对控制效果的影响

在前面的例子中，修改求解器设置，选择 ode14x 求解器，将时间步长增大到 0.001，如图 10-10 所示。

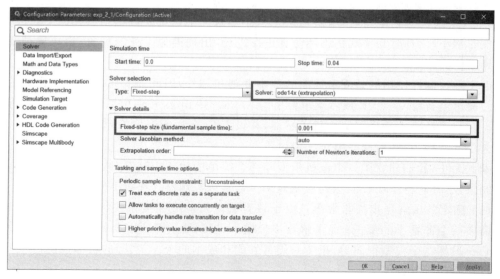

图 10-10　修改求解器设置

然后将比例控制器的比例常数修改为 1，运行该模型，仿真结果如图 10-11 所示。

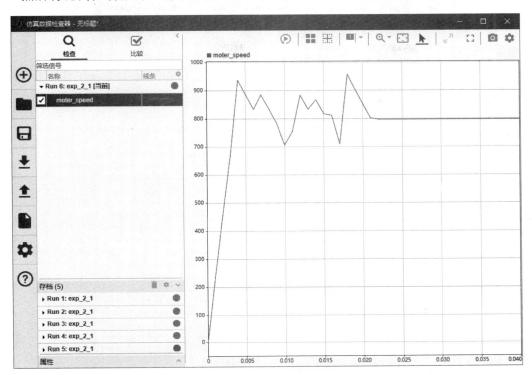

图 10-11　大步长和大增益下的仿真结果

从图 10-11 可以看到，当步长较大，或者比例系数较大时（有可能两者兼而有之），系统会出现超调，以及明显的不光滑的曲线，还有可能出现振荡。因此合适的步长和比例系数对于正确的仿真结果很重要。另一方面，步长又不能太小，太小导致硬件成本增加。因此在此处需要综合考虑硬件成本与控制效果的问题。方法就是通过不断调整比例系数和步长，寻找合适的组合，以获得尽可能大的响应速度和尽可能小的稳态误差，同时根据控制器运算速度选择尽可能大的时间步长。在本例中，可以选择比例常数 0.1，时间步长 0.001，控制效果如图 10-12 所示。

10.3.3　控制器采样周期的影响

在实际硬件电路中，控制器在一个固定的时间步长内完成运算，这称为控制器采样周期。同样，输入信号每个采样周期读取一次，输出信号每个采样周期变更一次。即便是控制器在一个采样周期内很早就结束了运算和信号处理，它也必须等待下一个时钟周期信号到来才执行下一次运算。这就导致连续的输入信号被离散化，输出的控制信号的速度也受到采样周期的影响，从而导致系统延迟。这种时间上的滞后可能导致系统的不稳定。

使用鼠标将 PI 控制器模块全选中，在右键菜单中选择 Create Subsystem from Selection，创建控制器子系统，修改其名称为 Controller。双击控制器子系统，在其中添加使能（Enable）模块（在基本库的 Ports & Subsystems 子库中能找到该模块）。然后在主模型

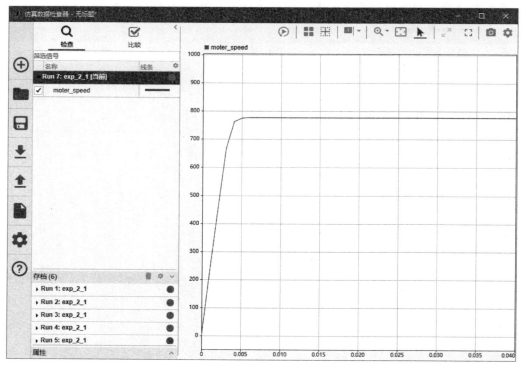

图 10-12　最终的控制效果

中添加脉冲发生器（Pulse Generator）模块，并连接到控制器的使能模块端口。修改后的模型如图 10-13 所示。

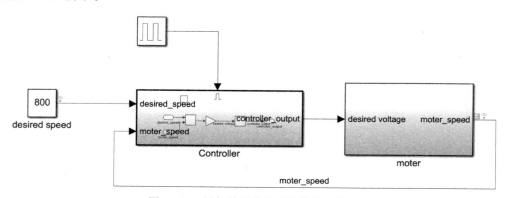

图 10-13　添加采样模块后的控制器模型

修改仿真终止时间为 1s。双击脉冲发生器模块，设置其周期为 0.01，运行模型；然后修改脉冲发生器周期为 0.001，再次运行模型。打开仿真数据检查器，对比两次运行结果，如图 10-14 所示。

从图 10-14 可以看到，采样频率过低，控制器输出不稳定；采样周期缩短，电机转速的波动就明显减小。读者可以尝试将脉冲发生器采样时间修改为 0.0001，然后运行模型观察仿真效果，此时电机转速就不会出现明显的波动情况。因此在选择控制器采样频率时，需要

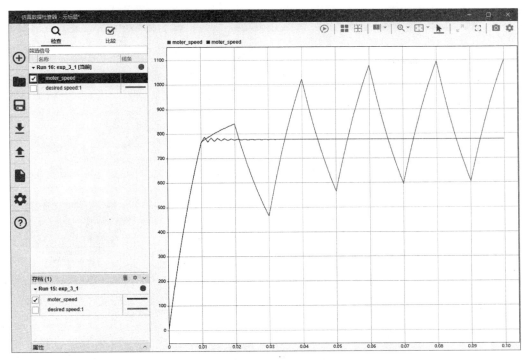

图 10-14 不同采样周期下的控制效果对比

综合考虑控制效果与成本,为控制器选择合适的采样频率。

10.3.4 模型参数的估计与验证

建立了系统模型以后,对模型参数的估计与模型的验证是非常重要的,也是非常必要的。它能确保仿真模型符合实际情况,提高模型的可信度。没有经过验证和测试的模型只能用于系统运动规律的定性研究,无法用于模型对象的定量研究。参数估计是以抽样分布为中介,用样本的参数特征对总体的参数进行数值估计的过程。

上面的例子使用了预设的电机参数进行控制系统的仿真,这样的电机模型还需要进行验证和测试(Validation & Verification)才能使用。这里需要使用参数估计相关知识和工具。

在命令行中输入 spe_servomotor,可以打开 MATLAB 提供的直流伺服电机参数估计的案例,如图 10-15 所示。

双击右下角的文本框可以打开图形界面的参数估计工具箱,如图 10-16 所示。读入电机转速测试试验的数据,以及用于验证的试验数据,就可以进行模型参数的估计与验证了。具体过程请参阅 MATLAB 相关帮助文档。

也可以在 MATLAB 的 APPS 菜单中找到并单击 Parameter Estimator(图 10-17),打开参数估计工具箱。

在这个案例中使用了正弦波信号作为测试信号,另一个比较简单的方法是使用电机的断电滑行实验进行验证和测试。

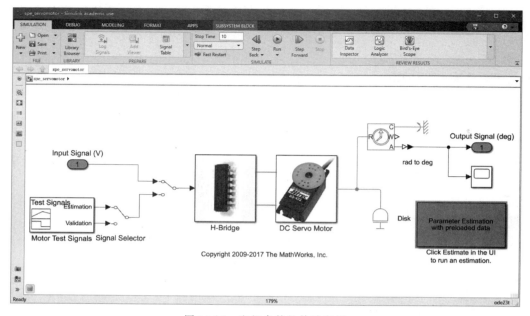

图 10-15 电机参数的估计案例

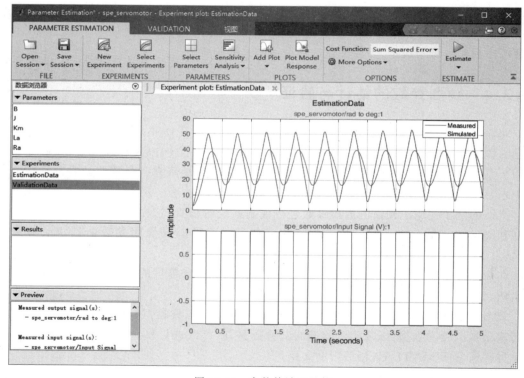

图 10-16 参数估计工具箱

图 10-17 参数估计工具按钮

10.4 代码生成

  MATLAB 提供了一系列从模型到嵌入式代码的自动生成工具,包括 Embedded Coder、Simulink Coder 以及针对特定目标控制器代码的专用代码生成工具箱,比如 Embedded Coder Support Package for Texas Instrument C6000 DSPs 可以将 MATLAB 与 CCS 进行无缝连接。用户可以利用 MATLAB Coder 和 Simulink 模型在 TI 系列 DSP 上调试、验证自动生成的实时嵌入式 C 代码,并自动调用 CCS 软件编译,产生可执行的.out 文件,自动或手动下载到 TI 的目标板上执行,其工作流程如图 10-18 所示。

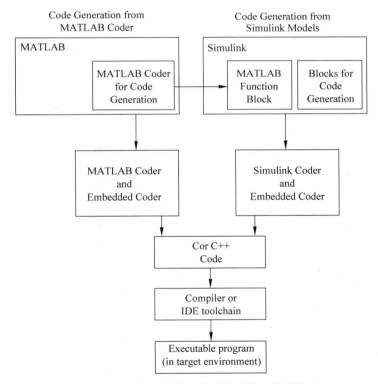

图 10-18 TI DSP 代码快速生成的工作流程

【**例 10-2**】 使用 CODER 工具生成例 10-1 中的控制器代码。
代码生成的具体操作如下:

将图 10-10 中控制器部分模型框选起来,在右键菜单中创建控制器子系统,如图 10-19 所示。

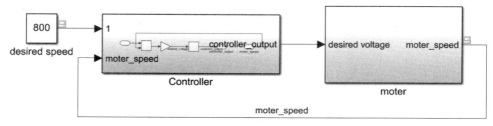

图 10-19　创建控制器子系统

新建一个模型文件,将控制器子系统复制到这个文件中,设置输入和输出信号,如图 10-20 所示。

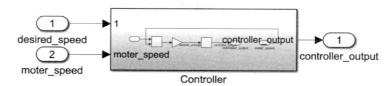

图 10-20　设置控制系统输入和输出信号

在本例中由于没有确定目标控制器,因此也无法使用 Simulink 对于硬件的支持包,所以采用了嵌入式软件开发方式。所生成的代码不包括控制器端口的 I/O 模块,只能作为子函数进行调用,需要额外编写硬件接口的程序。但是这种方式生成的代码可以通过编译器(比如 KEIL)编译为 lib 文件进行分发。Simulink 提供了一些硬件的支持,比如树莓派、乐高机器人、ARDIUNO 等。

在 MODELING 菜单栏中单击 Model Settings 按钮,打开参数配置对话框。将求解器设置为定步长然后设置仿真终止时间为 inf。在 Hardware Implementation 菜单中按照目标控制器硬件选择设备供应商和设备类型,如图 10-21 所示。

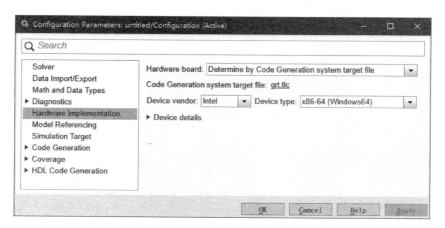

图 10-21　配置目标控制器硬件信息

然后单击 Code Generation 菜单,打开代码生成对话框(图 10-22)。设置生成的目标文件和目标语言,还可以根据实际情况和需要进行更加详细的设置。

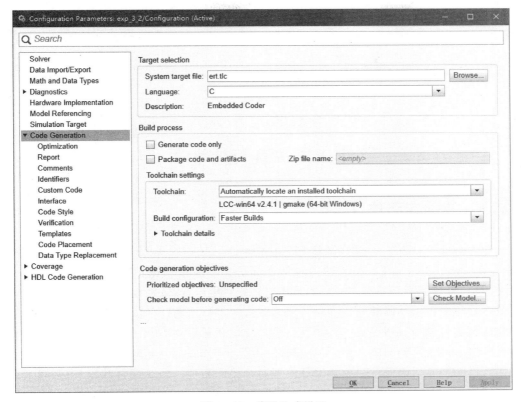

图 10-22　代码生成设置

在系统目标文件下拉菜单中有多种文件类型可供选择(图 10-23)。一般实时目标选择 grt.tlc,嵌入式实时目标选择 ert.tlc。

配置好代码生成的参数就可以通过快捷键 Ctrl+B 执行代码生成。也可以单击 APPS 菜单栏,在其下的菜单栏中单击 Embedded Coder 工具,打开如图 10-24 所示的工具箱进行代码生成。单击 Build,编译完成后会自动打开生成的 C 文件。

图 10-24　Embedded Coder 工具箱

10.5　软件在环仿真与处理器在环仿真

10.5.1　软件在环仿真

通过 Coder 生成的 C 代码需要确保其在数值上与模型是等效的,这就需要进行软件在环仿真(Software-In-the-Loop,SIL)。软件在环仿真的原理如图 10-25 所示。在这种仿真测试中,被控系统模型与控制器代码都在仿真计算机中运行,区别在于控制算法模型已经通过代码生成工具根据实际控制器类型转换为对应的控制代码,由仿真计算虚拟控制器运行。这种仿真测试能够检查按照目标控制器生成的控制代码的数据格式、定点运算和固定步长仿真对控制算法带来的影响。SIL 测试验证所生成的代码能否正确实现模型的功能,并不考虑实时性的问题。因此将控制器部分模型通过代码生成工具生成可执行代码,然后将其替换到模型中,在仿真计算机上运行以查看代码是否能够获得与模型在环仿真(MIL)相同的结果。如果使用相同的输入,SIL 仿真结果与 MIL 仿真结果出现差异,则要回退到 MIL,分析差异出现的原因,并对模型进行相应的修改。如果两者相符,则可以进入下一步工作——处理器在环仿真。

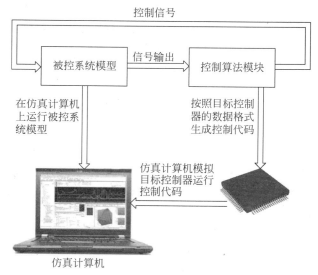

图 10-25　软件在环仿真的原理

10.5.2 处理器在环仿真

处理器在环仿真(Processor-In-the-Loop,PIL)测试的是生成的代码在目标处理器上的运行过程,发现由目标编译器或者处理器产生的错误。PIL 是把控制器模型放在嵌入式处理器/FPGA 板[①]上,并用模拟设备进行闭环仿真。通过 PIL 仿真,可以确定处理器/FPGA 板是否能够运行开发的控制逻辑。一旦 PIL 测试通过,就可以使用该嵌入式处理器/FPGA 板进行硬件在环仿真从而进一步验证与测试(图 10-26)。

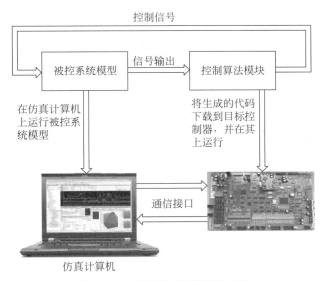

图 10-26　处理器在环仿真的原理

此外,通过 SIL 和 PIL 还可以观察模型测试的代码覆盖率以及分析可执行代码。

在图 10-26 所示的工具箱中单击 Verify Code 按钮,打开图 10-27 所示的 SIL/PIL 工具栏,也可以在 APPS 菜单中找到 SIL/PIL Manager。

图 10-27　SIL/PIL Manager 工具

通过这个工具可以执行模型与 SIL 或者 PIL(处理器在环仿真)的背靠背测试,也可以单独测试其中的一种。使用 Compare Runs(仿真数据检查器)可以对结果进行对比分析。

---

① FPGA 是现场可编程门阵列的简称,是一种半导体集成电路,支持对设备中的大量电气功能进行更改;可由设计工程师更改;可在 PCB 装配过程中更改;也可在设备发运到客户手中后"现场"更改。

10.6 硬件在环仿真

通常在 MATLAB 中进行的数学仿真无须昂贵的试验设备和实物系统，只需要采用层次化、结构化和模块化的方法建立真实系统的全部数学模型，选择合理的控制算法，按照软件工程规范建立仿真模型、编写源代码，并在计算机上运行、试验即可。这种方法适合于方案论证、设计分析和研究评估，但是难以对系统进行精确的定量研究，距离最终的产品级的控制代码还有一定的距离。

在某些复杂产品的研发过程中，为了考核某些关键设备的性能，比如控制器或者执行器的响应速度，将这些设备连接到仿真系统中，进行实时仿真[①]，使仿真环境更接近于真实的情况，以提高仿真系统的逼真度和结果的可信度，这就是硬件在环仿真（Hardware In Loop，HIL），也称为半实物仿真。

硬件在环测试是将代码生成器生成的控制器代码加载到实际的控制器中，将控制对象代码（仿真模型）下载到高性能的目标硬件（工控机）中，在其上模拟被控对象的电气特性，通过分析系统的运行进行系统测试与验证。它与处理器在环仿真的区别在于 HIL 测试的整个控制器系统，包括控制硬件、底层软件和应用层的软件。

比如在发动机的台架测试试验需要消耗大量的燃油，并且测试台架的使用费用也非常昂贵。进行 HIL 测试后，后续的实物台架测试就节约了大量的时间，从而节约大量试验测试费用。

需要说明的是，MBD 的开发模式并不包括 HIL 测试，其他的开发模式也可能进行 HIL 测试。通常以下两种情况需要进行 HIL：

（1）控制器软硬件不成熟，若其运行出错可能导致严重的后果，比如人身伤害或者重大的财产损失；

（2）被控对象的物理模型的开发滞后于控制器开发，为了尽快进行控制器测试从而选择进行 HIL 测试。

习　题

1. 按照附录 A 中的上机实验指导完成上机实验四的上机任务。
2. 按照附录 A 中的上机实验指导完成上机实验五的上机任务。
3. 简述使用基于模型的控制系统开发流程及其优点。
4. 什么是模型在环仿真？什么是软件在环仿真？什么是硬件在环仿真？它们有何不同？

---

① 实时仿真，即仿真时钟与墙钟推进的时间完全一致。在数字计算机中迭代的帧周期与仿真对象的响应时间一致。

第11章

汽车电子控制系统的功能安全

11.1 功能安全标准

汽车电子控制系统通常是机、电、液和软件耦合的高完整性系统(也称为高完整性应用),其中软件承载了非常重要的功能。这一类的应用或者系统通常与安全性息息相关,因此,它们在投入应用之前需要对软件的功能安全性进行认证,以确保整个系统功能上的安全可靠。

认证包含了对产品、服务、组织或人员技术性的检查活动,要求它们能够符合需求,并通过正式签发技术性的证书、许可证,或者国家法律要求的其他文件来进行确认。在软件开发过程中,所使用的工具是需要进行鉴定的,以获取认证方的信任。为了通过认证,被认证方需要提交相关的证据以证明自己已经实施了相关的活动和方法以确保系统的功能安全性。

对于类似汽车电子控制系统这样的产品生命周期很长的高完整性应用,通常采用 V 形的开发流程。该开发模式从分析系统需求入手,分析和设计系统架构,继而开展详细的设计与实现工作。对于不同的领域,实现的过程是不同的,比如软件开发过程就是代码的编写与开发过程;机械系统的开发过程可能是计算机辅助设计(CAD)的开发过程。在 V 形开发模式中,需要对系统进行逐级的验证以最终完成产品的设计和确认。在不同的开发设计阶段,V 形模式还可以进一步地分解为更小的 V 形模型,以确保系统在进入下一阶段前已经过了充分的测试和验证。这种开发模式在产品迭代不频繁、涉及的各学科技术的生命周期基本一致的产品上得到了很好的应用,可以有效地保证产品的质量。随着"软件定义汽车"概念的兴起,现代汽车软件更新速度以及软、硬件开发分离的趋势加快,如何将敏捷开发技术应用到汽车电子控制系统这类高完整性应用中是值得思考的问题。控制系统的敏捷开发的基本思想是以用户的需求为核心,采用迭代、循序渐进的方法来进行软件开发。敏捷开发的原则包括:强化内部的交互,不断与客户协同,持续且快速地交付,快速响应客户需求的变化等。

随着对高完整性系统的深入认识、实践和总结,各行业都陆续颁布了相关的标准和规范。汽车行业针对汽车电子控制系统的开发颁布了功能安全性的标准(ISO 26262),针对自动驾驶领域颁布了预期功能安全标准(SOTIF),针对车联网的兴起,信息安全和网络安全相关标准也开始制定。ISO 26262 强制标准就是针对汽车电子/电气系统的功能安全性的国际标准,是对 IEC 61508 系列标准的调整,以满足道路车辆对于电子与电气设备的具体要求,也包括了确保车辆电子与电气设备安全性要求的机制。

ISO 26262 对**功能安全的定义**是:不存在由于电子电气系统的功能异常引起的危害而导致的不合理的风险[4]。定义中的危害是指对驾驶员、路人和周边车辆内人员等的人身伤害。功能安全是相对于本质安全而言的。本质安全是指通过设计的手段使得设备或者系统本身具有安全性,即使在故障或者错误操作时也不会发生事故的功能。在系统中,系统必须使用软件和电子电器来达到使用上的功能。绝对的安全是不存在的,因此所谓的"安全"是指排除了不合理的风险(危害发生的可能性与严重程度的组合),并将风险控制在一定限度和范围以内。功能安全是通过安全功能和安全措施来避免不容许的功能风险的技术总称。汽车功能的开发和集成强化了功能安全性的需求,以及提供证据以证明安全性需求被满足的必要性。ISO 26262 标准的对象是汽车电子/电气系统,对涉及安全性的其他技术,诸如机械、液压和气动装置提供了安全性的参考框架。

ISO 26262 采用自上而下的工作流程,分解汽车电子开发周期的各个方面,包括系统、硬件和软件级别的指南,以实现功能安全的目标。ISO 26262 标准提供了一系列系统开发过程中关键问题的解决方案,包括:

(1) 提供了汽车产品安全性生命周期的参考以及在整个生命周期内的活动指南,包括产品的开发、制造、使用和报废。

(2) 提供了一套确定汽车安全完整性水平的方法(Automotive Safety Integrity Levels,ASILs)。

(3) 对系统工程、硬件工程和软件工程的功能安全进行了分解。

(4) 提供功能安全管理、设计、实施、验证和确认的要求。

(5) 提供了基于 ASIL 的验收标准指南。

ISO 26262 提供了一系列基于 V 形开发流程的标准,用于指导产品开发的不同阶段。图 11-1 给出了该系列标准之间的整体关系和架构。图中,大的阴影形的 V 表示了 ISO 26262-3 至 ISO 26262-7 部分之间的关系。而 ISO 26262-12 则是针对摩托车的标准。图中的数字以"m-n"的形式表示标准的具体内容,例如"3-5"表示标准的第 3 部分的第 5 个条款。

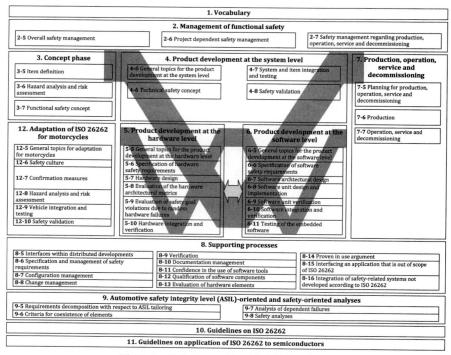

图 11-1　ISO 26262 系列标准的体系结构

ISO 26262 标准的内容包括：
PART 1：定义术语。包括标准中使用的术语的词汇表。
PART 2：功能安全管理。规定了涉及安全相关系统开发的组织和人员应满足的要求。
PART 3：概念阶段。给出了危险分析和风险评估的要求。

11.2 危害分析与风险评估

11.2.1 危害分析与风险评估的概念

在进行系统功能安全分析时，需要从整车层面来进行危害分析与风险评估（Hazard Analysis and Risk Assessment，HARA）。HARA 是 ISO 26262 标准中进行 V 形开发流程中的第三步（图 11-1 中的 3-6），是在系统概念设计阶段需要完成的工作。

HARA 分析首先需要对系统和相关项进行定义，内容具体包括：对系统功能的详细描述，以及系统初步架构，各个组件之间的相互关系和交互；系统范围和边界的定义；范围内所有输入和输出组件的描述。

然后分析系统所有可能的功能故障，并将其分级。ISO 26262 标准将车辆安全完整性风险等级（ASIL）分为 A、B、C、D 四级，A 级最低，D 级最高。通过综合危害事件的严重性、暴露率和可控性分析可以对 ASIL 进行分级。在分析所有可能的功能故障时，可以采用的方法有危险与可操作性分析（Hazard and Operability Analysis，HOZAP）、失效模式与影响分析（Failure Mode and Effect Analysis，FMEA）等。这些方法可以通过头脑风暴、检查表、质量历史和实地研究等方法具体展开。

HARA 分析的输出是安全目标，也就是最高层级（整车层级）的功能安全需求。在定义安全目标时应当将相关属性定义完整，具体包括车辆运行时的运行模式、故障容错时间间隔、实施安全措施后应当达到的安全状态等。在定义安全目标时，应当尽量以定量的方式进行。

11.2.2 危害分析与风险评估的步骤

HARA 分析的步骤分别是：
（1）场景分析。具体包括操作模式、操作情况、环境条件、故障判定。
不同的系统操作模式也不同。可能出现的操作模式包括开/关/故障/激活/非激活/待机/活动/非活动等，有些系统也可能有些特定的操作模式。操作情况包括驾驶位置、道路条件、驾驶条件、车辆状态、使用情况、驾驶员保持注意力的情况以及任何其他的特殊情况。环境条件是有关天气、道路条件、能见度等情况。建议从公路类型，比如国道、城市道路、乡村道路等，路面情况，比如湿滑路面、冰雪路面、干燥路面，车辆状态，比如转向、超车、制动、加速等，环境条件，比如风雪、夜晚、隧道灯，交通状况，比如拥堵、顺畅、红绿灯等，人员情况，比如乘员数量、是否有路人等几个方面去考虑。在这些情况中不会出现的情况不需要考虑。将系统操作模式、操作情况和环境条件组合起来就创建了场景。

（2）故障判定。对于系统的所有特征，通过考虑危险和可操作性指南中定义的所有可能的危险，创建出可能的故障。通过上述工作，将描述所有可能的危险、影响车辆级别的危险、系统级别的危险以及最坏情况下的事故。

（3）危害事件分类。危害事件分类有三个指标，分别是严重性（Severity）、暴露率（Exposure）和可控性（Controllability）。

危害事件的严重性是对可能发生在潜在危害场景中的一个或多个人员伤害程度的预估。按照严重性程度分为 S0～S3 级，ISO 26262 标准提供的分级参考表如表 11-1 所示。

表 11-1 危害事件严重性分级参考表

分级	S0	S1	S2	S3
ISO 26262 参考	无伤害	轻度和中度伤害	严重的和危及生命的伤害，有存活的可能	危及生命的伤害（存活不确定）或致命伤害
AIS 伤害定级参考（IEC 61508 使用）	AIS 0 及 AIS 1～6 可能性小于 10%	AIS 1～6 可能性大于 10%（不属于 S2 或 S3）	AIS 3～6 可能性大于 10%（不属于 S3）	AIS 5～6 可能性大于 10%

暴露率是指运行场景发生的概率，其等级范围从 E0 到 E4，如表 11-2 所示。在分析暴露率时需要考虑暴露的频率及其持续的时间。

表 11-2 暴露率分级参考表

分级	E0	E1	E2	E3	E4
ISO 26262 参考	不可能	非常低的概率	低概率	中等概率	高概率
描述	无定义	对于绝大多数驾驶者小于一年发生一次	<1% 平均运行时间或对于绝大多数驾驶者一年发生几次	1%～10% 平均运行时间或对于一般驾驶者一个月发生一次或多次	>10% 平均运行时间或平均几乎发生在每次驾驶中

可控性是指通过涉及人员（比如驾驶员、乘客、车外人员等）的及时反应，或者外部措施的支持避免特定的伤害或者损伤的能力，等级范围从 C0 到 C3，分级参考表 11-3。

表 11-3 可控性分级参考表

分级	C0	C1	C2	C3
ISO 26262 参考	常规可控	简单可控	常规可控	难以控制或不可控
描述	完全有能力维持预期驾驶路径	99% 或更多的驾驶者或交通参与者通常能够避免特定危害——制动、转向、减速或停车的能力	90% 或更多的驾驶者或交通参与者通常能够避免特定危害	少于 90% 的驾驶者或交通参与者通常能够或勉强能够避免特定危害

（4）ASIL 评级。根据以上分析，就可以按照表 11-4 计算车辆安全完整性风险等级。

表 11-4 ASIL 等级计算表

严重性	暴露率	可控性			
		C0	C1	C2	C3
S0	E1	QM	QM	QM	QM
	E2	QM	QM	QM	QM
	E3	QM	QM	QM	QM
	E4	QM	QM	QM	A
S1	E1	QM	QM	QM	QM
	E2	QM	QM	QM	QM
	E3	QM	QM	QM	A
	E4	QM	QM	A	B
S2	E1	QM	QM	QM	QM
	E2	QM	QM	QM	A
	E3	QM	QM	A	B
	E4	QM	A	B	C
S3	E1	QM	QM	QM	A
	E2	QM	QM	A	B
	E3	QM	A	B	C
	E4	A	B	C	D

注：QM 表示质量管理。

(5) 确定安全目标。安全目标是最高等级（系统级）的安全需求。对于每一个危害事件都应当通过 HARA 分析确定安全目标。安全目标不是用技术解决方案来表达，而是用功能目标来表达的。需要注意的是，如果同一个故障在不同场景下的 ASIL 等级不同，则需要按照最高的等级确定安全目标。如果确定了两个相似的安全目标，则它们可以合并为一个安全目标。

【例 11-1】 前大灯的 HARA 分析。

前大灯的一个功能故障是在非预期的情况下熄灭。如果该故障发生在漆黑的夜晚，道路条件是山路，驾驶员就可能因为突然看不见道路而导致非常严重的事故，甚至车毁人亡；如果该故障发生在白天，则几乎不会产生任何影响。因为可能造成最严重的事故，因此将这种故障的严重性定义为最高等级 S3 级。

暴露率通过该故障场景所占比重进行定义。该故障场景通过经验分析，其所占比重小于 1%，因此将暴露率定义为 E2 级。

当发生此故障时，由于具有较强的突然性，驾驶员比较难以控制，因此将可控性定义为 C3 级。

查询表 11-4，可以确定这个安全目标的 ASIL 等级为 B 级。接下来就可以按照 ASIL B 等级的活动和要求进行系统的开发。

以上的分析是获得顶层的安全需求，需要将其贯彻到后续的活动中，实现具体的功能安全要求和技术要求。HARA 分析提供了一套复杂的流程体系和方法论，需要投入大量的时间和成本来满足要求。但是它有助于进行高完整性系统的正向开发。

11.2.3 ASIL 分解

ASIL 等级决定了对系统安全性的要求，ASIL 等级越高，对系统的安全性要求越高，为实现安全付出的代价越高，意味着硬件的诊断覆盖率越高，开发流程越严格，相应的开发成本增加、开发周期延长，技术要求更严格。ISO 26262 中提出了在满足安全目标的前提下降低 ASIL 等级的方法——ASIL 分解。

冗余系统是经常使用的安全保障措施。采用两个冗余系统可以将某个安全需求的 ASIL 等级分解到这两个冗余的安全需求上。由于采用冗余系统后，只有当两个系统的安全需求都不能得到满足时，系统才会失效，因此两个冗余安全需求的等级可以低于原始的安全需求的等级。

比如某个 ASIL D 的功能安全需求，可以分解为 ASIL B(D) 和 ASIL C(D)。分解后的 ASIL 等级后面括号里是指明原始需求的 ASIL 等级，用于在集成和需求验证时可以按照其原始的 ASIL 等级进行验证。ASIL 分解可以在安全生命周期的各个阶段进行，比如功能安全概念阶段、系统设计阶段、硬件设计阶段、软件设计阶段等。而且 ASIL 等级可以分多次进行，比如 ASIL D 等级分为 ASIL C(D) 和 ASIL A(D)，ASIL C(D) 还可以继续分解为 ASIL B(D) 和 ASIL A(D)。

ASIL 分解的一个重要要求就是独立性，如果不能满足独立性要求，冗余单元要按照原来的 ASIL 等级开发。所谓独立性就是冗余单元之间不应发生从属失效（Dependent Failure）。从属失效分为共因失效（Common Cause Failure）和级联失效（Cascading Failure）两种。共因失效是指两个单元因为共同的原因失效，比如软件复制冗余，冗余单元会因为同一个软件 bug 导致两者都失效。为了避免该共因失效，可以采用多种软件设计方法。级联失效是指一个单元失效导致另一个单元失效，比如一个软件组件的功能出现故障，写入另一个软件组件 RAM 中，导致另一个软件组件的功能失效，为了控制该级联失效，采用内存管理单元，可以探测到非法写入 RAM 的情况。

【例 11-2】 ASIL 分解实例。某车门落锁控制系统的结构如图 11-2 所示，其包括三个独立的输入信号，一个控制器与一个执行器。当车速大于某阈值时，或者输入传感器信号满足某种条件时（车内人员锁门）控制器经过逻辑分析与判断，决定是否触发执行器动作，从而实现车门自动落锁的安全功能 F。

图 11-2　车门控制系统的架构

假设对功能 F 进行 HARA 分析，得到其 ASIL 等级为 D，安全目标为避免非预期触发执行器。为了确保实现该安全目标，其系统的所有组件都应当继承其 ASIL 等级，及传感器、控制器和执行器都按照 ASIL D 进行开发，如图 11-3 所示。

由于只有当车速高于阈值时发生非预期的执行器触发才能造成危害，因此在系统架构中加入安全机制：当车速 v 小于阈值，不允许触发执行器。系统架构变更为图 11-4。

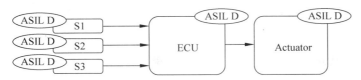

图 11-3　ASIL 等级在功能架构 F 上的分配

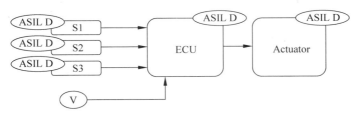

图 11-4　变更后的系统架构

由于当车速小于阈值时,非预期的触发执行器不会导致危害,因此安全功能 F 与设定的安全机制之间是冗余关系,可以同时满足安全目标。因此将功能 F 的安全需求分解为 ASIL D(D) 和 QM(D),分解后的 ASIL 等级如图 11-5 所示。这样原来的传感器就可以按照 QM 进行开发,而速度传感器则按照 ASIL D 开发。

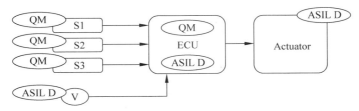

图 11-5　ASIL 分解后的系统架构

在此架构下,不同 ASIL 等级的软件存在于一个 ECU 内,为了保证软件之间的独立性,保证两者之间不相互影响,需要考虑内存保护机制以及合适的调度属性来保证存储空间和 CPU 时间的独立性,这样会增加软件开发成本。所以可以进一步采取硬件上的分离来保证这种独立性。方法是选择一个成本很低的简单的芯片(比如 PGA,Programmable Gate Array)来运行安全机制中的软件(图 11-6)。

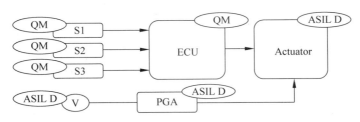

图 11-6　改进后的系统架构

11.3　预期功能安全

功能安全主要针对的是系统性和随机性的失效。随机性的失效发生的事件是无法确定的,但是却遵循某种概率分布的失效,一般适用于硬件,比如控制电路中的电阻由于老化导致的开路故障;系统性失效一般是由于系统开发或者运行过程中由于人为失误造成的。所有的软件失效都是系统失效,必须通过严格的测试验证流程进行排除。功能安全分析的前提是对系统运行的场景和能力有充分了解的基础上开展的。随着自动驾驶等更为复杂的应用的兴起,由于当前技术的局限性,对于系统运行的场景和能力还有很多未知的领域。由此造成的系统限制就不是由于系统的失效所引起的。预期功能安全(SOTIF)就是针对这类问题的一种解决方案。

预期功能安全是指由于系统功能不足,或者由可合理预见的人员误用所导致的危害或者风险。比如自动驾驶汽车上的环境传感器由于天气和环境的原因而无法探测或者探测能力降低,进而导致在这些场景下无法正确识别环境中的物体。此外,自动驾驶系统中大量使用了机器学习、深度学习的算法,这些算法需要大量的特定的场景数据进行训练。在一个地区训练的算法可能在另一个地区就无法适用。缺失的未知的不安全场景就可能造成汽车系统的不完备。预期功能安全的目标就是尽量缩小未知的不安全场景的区域,它是功能安全的有效补充。

探寻不安全场景需要进行大量的试验,测试需要耗费大量的时间和成本,因此仿真测试在此时就尤其重要。对于已知场景可以采用功能安全的基于需求的测试来进行。对于未知场景可以通过对场景的元素和参与者的随机化测试来探测系统的边界。在此类系统的算法研发、系统测试和安全验证的阶段中,可以引入不同的在环测试(MIL、SIL、PIL、HIL 以及整车级测试)。

11.4　开发符合功能安全标准的系统

11.4.1　开发流程、方法、工具

ISO 26262 标准给出了软件开发的参考流程以及流程各个阶段对应不同安全等级要求的方法。在 IEC 认证包中给出了方法对应的工具和使用方式。

基于模型的设计开发平台(如 MATLAB 和 Simulink)能够为各种嵌入式系统创建可部署的算法。Simulink 还允许在开发周期的早期就开始验证这些算法。MATLAB 提供的 IEC 认证工具包,参考工作流使用这些功能来提供一个综合的工作流,可以使用它来创建可测试的单元模型、集成模型和系统级模型。这个高级工作流分为两个部分,如图 11-7 和图 11-8 所示,第一阶段是基于模型的设计阶段,第二阶段是嵌入式软件测试阶段。

在上述工作流程中,测试使用的方法是处理器在环的背对背测试(Back-to-Back Test),使用的工具可以是 Embedded Coder 和 Simulink Test。

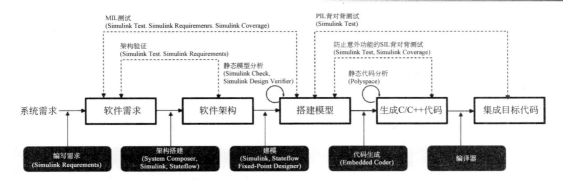

提示1：如果在PIL阶段执行了覆盖度分析则可以跳过SIL阶段。
提示2：如果使用了合格的编译器，PIL（或者HIL）时可以跳过单元测试，只需要作集成测试。

图 11-7　开发阶段 1：基于模型的设计（MBD）

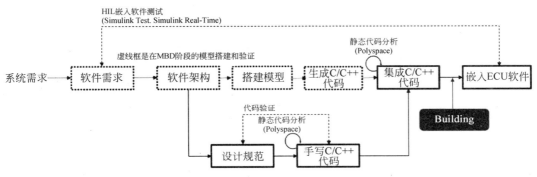

图 11-8　开发阶段 2：嵌入式软件测试

ISO 26262 第八章对在系统开发过程中使用的软件工具给出了定级和鉴定的方法。基本的方法是首先定义工具在流程中使用的场景，接着评估在此场景下可能会遇到的错误，评估这些错误被预防或者检测到的信心，根据评估结果对软件工具的置信度（Tool Confidence Level，TCL）水平分为 3 个等级。TCL 为 1 意味着不需要对工具进行进一步的鉴定；TCL 为 2 或者 3 时，就需要根据 ASIL 的等级采取一定的鉴定措施。对于 TCL 为 2 或 3 的工具，标准要求至少采取以下 4 种方法中的一种来提升使用工具的信心：

（1）提供软件工具的使用历史，以提高使用者的信心；
（2）评估工具的开发流程（第三方出具的评估材料）；
（3）验证软件工具（标准认证包中包含了测试流程和测试用例，用户在自己的环境中运行、对比即可）；
（4）采用安全标准的流程来开发工具。

11.4.2　需求管理与需求模型

1. 需求管理

经过 HARA 分析获得安全目标，经过分析和分解可以获得技术需求，再进一步分析、分解得到软件的需求,从而进入软件的设计流程。软件需求管理包括需求追溯和需求验证两部分。

需求是设计的来源。所有的需求都应当落实到设计上,从而建立追溯关系。当需求发生变更时,可以根据这种追溯关系快速地变更设计。ISO 26262 建议利用"软件架构设计和软件安全需求之间的双向可追溯性"对软件架构的设计进行验证,不同层次的需求也应当与不同层次的模型对象(模型子系统、端口、状态之间的跳转条件等等)建立双向追溯关系,比如软件的设计就应当与软件的架构建立双向追溯关系;上下层之间也应当建立追溯关系。

Simulink 的 Requirements 工具可以帮助设计者对需求进行编写,在模型、测试用例和生成的代码之间进行管理和追溯。需求可以通过多信息文本(Rich Text)进行编辑,也可以通过外部文档导入,如 Excel、Word 等。当需求变更时,系统将自动提示对应的模型和代码。

【例 11-3】 假设某定速巡航系统的需求如表 11-5 所示,建立其需求模型。

表 11-5 某定速巡航系统的部分需求

编号	描述	详细说明
R1	输入的最大油门开度为 100%	由加速踏板传感器输入的油门开度信号不能超过 100%
R2	定速巡航系统有车速限制	巡航控制系统有最低和最高车速限制
R2.1	车速必须高于 40km/h	车速至少为 40km/h 系统才能启动
R2.2	车速必须低于 100km/h	巡航系统能控制的最高车速为 100km/h

1) 编辑需求文档

新建一个模型,将其命名为 exp_4_3,然后可以在 Simulink 的 APP 中找到并单击 Requirements Manager,在需求管理器中新建一个需求文件,如图 11-9 所示。单击 New Requirements Set,新建一个需求文件,将其命名为 exp_4_3(该文件名的后缀为 .slreqx,与模型文件的后缀 *.slx 不同)。单击菜单栏中的 Requirements Editor,进入需求编辑器编辑按照表 11-1 的需求添加新的需求及其子需求,结果如图 11-10 所示。

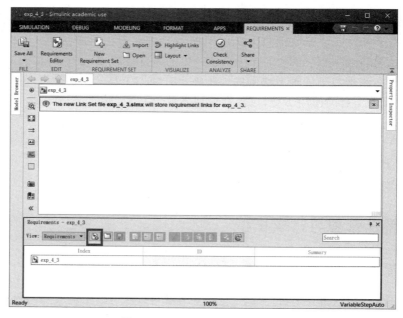

图 11-9 Requirements Manager

图 11-10 编辑需求文件

通过图 11-10 灰色框中的按钮可以切换到 Word 环境中(只在 Windows 系统中有效)进行编辑。在此环境中可以编辑图片、公式和表格等。

2) 将需求链接到模型

需求编写完毕后,就可以将需求与模型链接到一起。

具体做法是通过鼠标拖放操作将需求放入对应的模块中,完成后模块右上角会出现需求的图标(图 11-11)。单击该图标可以显示需求的具体内容。图中的需求窗口也可以通过单击模型窗口右下角的灰色按钮(图 11-11 中的灰色框位置),在出现的小窗口中选择 Requirements 打开。

3) 将测试用例链接到需求

Simulink Test 和 Simulink Requirements 能够将测试管理器(Test Manager)中的测试用例链接到需求。这可以确保需求能够通过测试被验证,还能够在测试验证过程中显示验证的状态,发现未被验证或者未通过验证的需求。

MATLAB 提供了一个比较完整的巡航控制系统案例。在命令行输入以下两行命令,可以打开该案例的模型:

```
>> slreqCCProjectStart
>> open_system('models/crs_controller')
```

然后在 APPS 中找到并单击 Simulink Test,在 Test 的工具栏中单击 Simulink Test Manager,此时会进入 Test Manager 的窗口界面。在窗口菜单栏中单击 Open a test file,在 tests 目录下可以找到测试用例的文件 DriverSwRequest_Tests.mldatx,选中并确认,即可调入测试用例,如图 11-12 所示。

打开需求管理器,单击需求 1.3,在其右键菜单中单击 Link from Selected Test Case,可以看到与该需求相链接的测试用例,如图 11-13 所示。从图中右侧窗口可以看到,该需求已

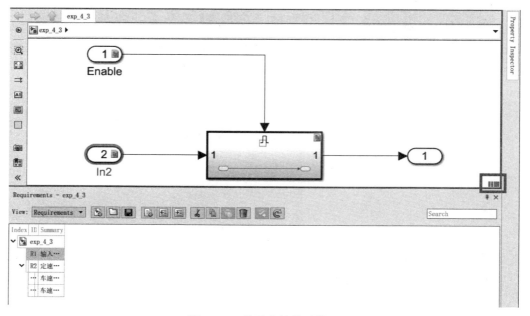

图 11-11 将需求链接到模型

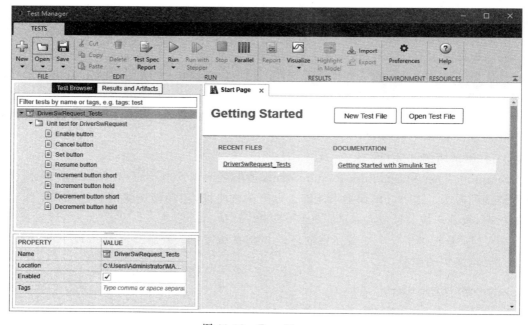

图 11-12 Test Manager

经被测试用例 Enable button 验证过了。单击该测试用例可以切换回图 11-12 的 Test Manager 窗口。

在 Test Manager 中运行测试,可以查看测试结果和报告。

此时在需求管理器中的 Display 下拉菜单中勾选 Verification Status,可以查看需求验

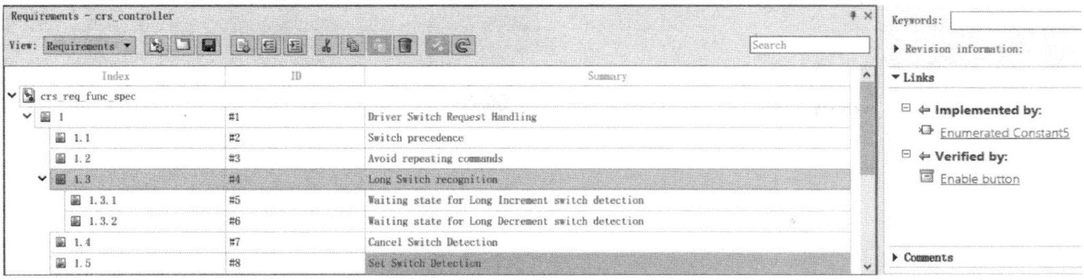

图 11-13 需求与链接的测试用例

证的情况,如图 11-14 所示。图中验证状态条的绿色表示验证通过,白色表示未被验证,而红色表示没有通过验证。如果状态条全是绿色,表示该状态条对应的需求已经被 100% 验证了。

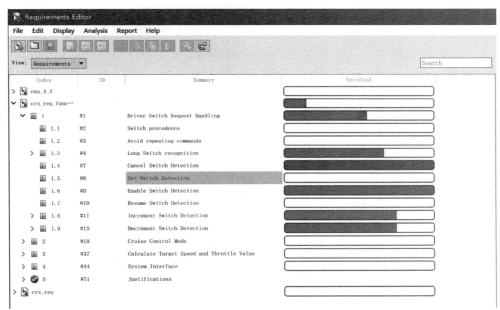

彩图 11-14

图 11-14 需求验证的结果

在需求管理器的右键菜单中同样可以打开 Implementation Status 来查看需求是否已经链接到模型。图 11-15 显示了巡航控制系统案例的需求管理与模型链接的情况。蓝色状态条表示需求链接的情况。

在需求编辑器中,还可以使用报告生成器生成需求,还可以生成追溯矩阵。使用方法请查看软件帮助文档。

2. 需求模型

需求分为三种:性能需求、功能需求和安全需求。在开始设计之前,必须解决"做什么"的问题,再解决"怎么做"的问题。对应设计模型,可以定义需求模型的概念:**需求模型**(**Specification Model**)就是对系统功能、性能、接口和安全属性的抽象表达,是一种可运行的

彩图 11-15

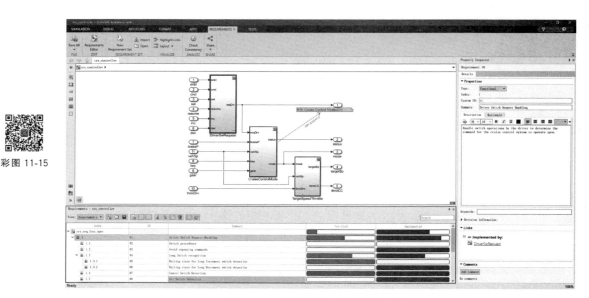

图 11-15 巡航控制系统的需求管理

模型。在需求模型中，安全属性通常是以约束条件的形式出现。而系统功能通常是系统输入与输出之间的因果关系。需求模型只描述了系统的输入和输出的关系，比如，"当输入为 A 时，输出就应当是 B"这样的描述就是需求模型对于输入和输出的描述。

建立需求模型的目的是以一种清晰、简洁、可分析和可执行的形式来表达系统；产生测试用例；将需求模型的期望输出与设计模型的输出进行比较，可以获知设计模型是否正确。

需求模型可以用于对比设计模型与需求模型之间的差异是否能够接受；可以验证系统的安全特性；可以自动生成面向需求的测试用例；可以在项目早期即开展需求建模进行集成验证。

建立输入/输出关系的方法有很多，本书主要介绍将自然语言表达的需求转换为使用 Simulink、Stateflow 或者真值表的因果图的建模方法。因果图(Cause-Effect Graphs)是在实践中将自然语言表达的需求转换为形式化需求的常用方法。因果图可以分为两部分：一部分将输入信号(Cause)进行等价类划分，用于触发相应需求(Effect)；另一部分根据触发的需求推导出期望输出(Test Oracle)。

创建需求模型的步骤如下：

（1）确定需求模型的输入/输出接口。列写与需求相关的需求模型的输入/输出信号。与当前需求无关的信号可以忽略。

（2）为信号的数值使用更高层次的表达形式。比如在自动巡航控制系统中，系统工作的车速范围。

（3）确定高层次的工作模式。根据需求确定控制器高层次的工作模式以及它们的激活条件。

（4）确定每一条需求的前置条件、实现效果和期望的输出。需求的前置条件决定了需求何时被激活，而实现效果决定激活后做什么。前置条件可以用真值表(9.3.3 节)进行表达。

制作真值表时,将需求的前提子句编码①到真值表的条件表(Condition Table)部分,将效果子句编码到动作表(Action Table)部分。在动作表中定义一个变量 REQ_ID,令其等于对应需求的编号,以实现需求的追溯,比如 REQ_ID=2.1,表示该条判断语句对应需求 2.1。

(5) 完成需求模型的设计。

3. 基于需求模型的测试

在基于需求的测试中,验证设计模型是否满足需求的测试用例由需求模型生成,其具体实施步骤如下:

(1) 在需求编辑器中编写需求。如前文所述,可以使用自然语言对系统的需求进行描述。

(2) 构建需求模型。以可执行的模型的形式设计需求模型,此过程可能会进一步发现问题进而导致修改需求。

(3) 链接需求。将每一条需求或者子需求链接到需求模型的某一部分。

(4) 为需求模型生成测试用例。为每一条需求产生至少一条测试用例,以证明其得到了满足。

(5) 创建测试转换子系统。需求模型和设计模型可能没有使用相同的输入/输出接口,因此需要通过测试转换系统对步骤(4)中产生的测试用例进行转换。

(6) 开发设计模型。使用需求文档独立地开发设计模型,然后将需求链接到设计模型。

(7) 验证设计并分析覆盖率。在设计模型中运行在步骤(5)中产生的测试用例,验证其结果是否符合需求模型和需求。产生设计模型的覆盖率报告,识别出缺失的覆盖率,如果需要,进一步细化需求。

上述需求模型开发过程可以用图 11-16 来描述。

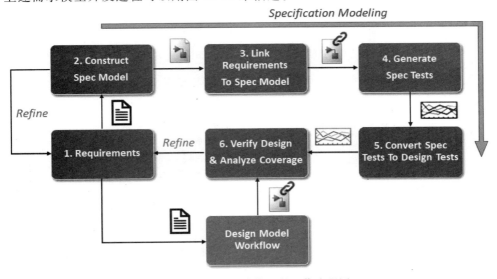

图 11-16 基于需求模型的工作流程图

---

① 这里的编码是指用 MATLAB 语言或者其他编程语言的代码进行表达。

【例 11-4】 建立飞机自动驾驶的翻滚控制器的需求模型,并进行基于需求的测试。

在命令行输入如下命令可以打开本示例对应的模型:

>> openExample('sldv/RequirementsBasedTestingUsingSpecificationModelingExample');

第一步:使用需求编辑器编写系统需求文档。

飞机的翻滚控制有两种最基本的模式:

(1) 翻滚保持模式(ROLL_HOLD_MODE):飞机保持当前的翻滚角度或者按照驾驶员指令改变翻滚角度。

(2) 航向保持模式(HDG_HOLD_MODE):保持飞机的航向角或者翻滚到驾驶员指定的航向角。

使用 Requirements 编写该系统的需求文档,如图 11-17 所示,方法见例 11-3 的介绍。
在命令行中输入如下命令可以打开该需求文档:

>> slreq.open('AP_Controller');

该文档描述了控制器的接口、高等级的控制模式以及期望的控制器行为。

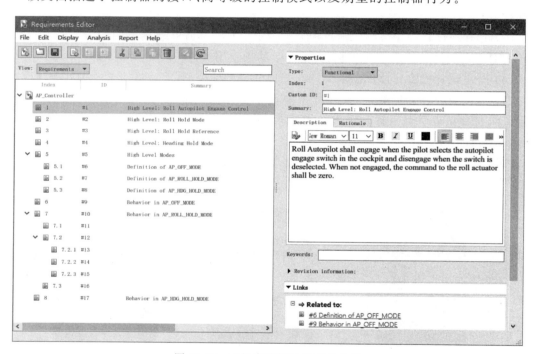

图 11-17 飞机翻滚控制的需求文档

第二步:创建需求模型。

在创建需求模型的时候需要考虑需求的类型、选择哪种模块以及抽象的层级。具体步骤如下:

(1) 确定需求模型的接口。按照需求列出需求模型的输入和输出信号,忽略那些与当前需求无关的信号。本例中,输入信号包括 Autopilot Engage Switch(自动驾驶控制器的使能开关)、Heading Engage Switch(为真时激活 HDG_HOLD_MODE,为否时则激活

ROLL_HOLD_MODE)、Roll Reference Target Turn Knob(向自动驾驶控制器提供的目标翻滚角度的刻度盘)、Heading Reference Turn Knob(航向模式的设定值)、Aircraft Roll Angle(当前瞬时翻滚角度)。输出信号包括 Aileron Command(输出到副翼执行器)、Roll Ref Command(输出副翼执行器的设定值用于在显示器上显示)。

(2) 使用高级的表达方式表达信号的数值。建议在需求模型中使用区间数值形式来表达信号。例如,输入信号 Aircraft Roll Angle,它代表飞机当前的翻滚角度,可能是 [−180°,+180°] 区间内的任何一个数值。需求描述了自动控制器在这些区间内的行为。可以将 Aircraft Roll Angle 划分为 5 个区域用于描述飞机的行为,如图 11-18 所示。

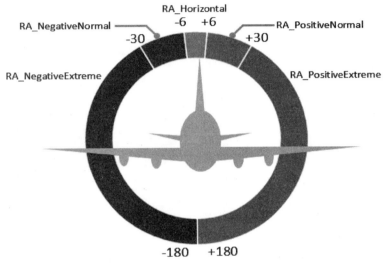

图 11-18 飞机翻滚角度的划分

(3) 确定高级工作模式。需求文档已经定义了高级工作模式以及它们的激活条件。表 11-6 列出了自动驾驶控制器各个状态激活的条件。

表 11-6 自动驾驶控制器状态激活条件

Autopilot Mode	Autopilot Engage Switch	Heading Engage Switch
关	关	自由状态
ROLL_HOLD_MODE	开	关
HDG_HOLD_MODE	开	开

(4) 确定每个需求的前提条件、效果和预期输出。前提条件决定了需求何时被激活,预期输出确定需求被激活后将要执行的动作。比如以下需求:只要驾驶员旋动旋钮,Roll Reference Target Turn Knob (Roll_Ref_TK) 在正常的数值范围内([−30°,−3°] 或者 [+3°,+30°]),Roll Reference (Roll_Ref_Cmd) 就应当被设定为 Roll_Ref_TK。

上述需求的前提条件是:Roll_Ref_TK 既可以在负的数值范围内([−30°,−3°]),也可以在正的数值范围内([+3°,+30°])。该前提条件是一个简单的"或"的逻辑表达,可以使用真值表来表达此前提条件。

效果或者预期输出的动作是:将 Roll_Ref_Cmd 设置为 Roll_Ref_TK。该条目指定输出信号期望的数值范围。

(5) 为需求创建真值表。将需求的前提条件编码到真值表的条件表部分(Condition Table),将效果或者预期的动作编码到执行表部分(Action Table)。为了实现对每条需求的追溯,为需求创建局部变量(REQ_ID)。

Simulink 提供了 Simulink Design Verifier 工具箱用于测试用例的自动生成,因此这里还需要添加一个 Simulink Design Verifier 的对象 sldv. test 到动作表中,表达式为 sldv. test (REQ_ID==2. 1)。图 11-19 是某飞机自动驾驶控制系统需求前置条件的真值表中的条件表和动作表。

Condition Table

<table>
<tr><th></th><th>DESCRIPTION</th><th>CONDITION</th><th>D1</th><th>D2</th><th>D3</th><th>D4</th><th>D5</th><th>D6</th><th>D7</th></tr>
<tr><td>1</td><td>Current mode is AP_OFF_MODE</td><td>Mode == AP_Mode.OFF</td><td>T</td><td>-</td><td>-</td><td>-</td><td>-</td><td>-</td><td>-</td></tr>
<tr><td>2</td><td>Current mode is AP_ROLL_HOLD_MODE</td><td>Mode == AP_Mode.ROLL_HOLD_MODE</td><td>-</td><td>-</td><td>T</td><td>T</td><td>T</td><td>T</td><td>-</td></tr>
<tr><td>3</td><td>Previous mode is not AP_ROLL_HOLD_MODE</td><td>PrevMode ~= AP_Mode.ROLL_HOLD_MODE</td><td>-</td><td>-</td><td>T</td><td>T</td><td>T</td><td>T</td><td>-</td></tr>
<tr><td>4</td><td>Aircraft roll angle is nearly horizontal</td><td>Phi == Range.RA_Horizontal</td><td>-</td><td>-</td><td>T</td><td>-</td><td>-</td><td>-</td><td>-</td></tr>
<tr><td>5</td><td>Aircraft roll angle is in positive extreme range</td><td>Phi == Range.RA_PositiveExtreme</td><td>-</td><td>-</td><td>-</td><td>T</td><td>-</td><td>-</td><td>-</td></tr>
<tr><td>6</td><td>Aircraft roll angle is in negative extreme range</td><td>Phi == Range.RA_NegativeExtreme</td><td>-</td><td>-</td><td>-</td><td>-</td><td>T</td><td>-</td><td>-</td></tr>
<tr><td>7</td><td>Roll_Ref_TK is commanding in either [+3, +30] or [-30, -3]</td><td>Roll_Ref_TK == Range.TK_PositiveNormal || Roll_Ref_TK == Range.TK_NegativeNormal</td><td>-</td><td>T</td><td>-</td><td>-</td><td>-</td><td>-</td><td>-</td></tr>
<tr><td>8</td><td>Aircraft roll angle is in negative extreme range</td><td>Phi == Range.RA_NegativeExtreme</td><td>-</td><td>-</td><td>-</td><td>-</td><td>-</td><td>-</td><td>-</td></tr>
<tr><td></td><td></td><td>ACTIONS: SPECIFY A ROW FROM THE ACTION TABLE</td><td>1</td><td>2</td><td>3</td><td>4</td><td>5</td><td>6</td><td>7</td></tr>
</table>

Action Table

	DESCRIPTION	ACTION
1	REQ 1: Ail_Cmd should be zero.	Ail_Cmd = Range.ZERO; Roll_Ref_Cmd = Range.All; REQ_ID = 1; sldv.test(REQ_ID==1);
2	REQ 2.1: Disp_Cmd shall be set to Roll_Ref_TK	Ail_Cmd = Range.All; Roll_Ref_Cmd = Roll_Ref_TK; REQ_ID = 2.1; sldv.test(REQ_ID==2.1);
3	REQ 2.2: Disp_Cmd shall be set to zero	Ail_Cmd = Range.All; Roll_Ref_Cmd = Range.ZERO; REQ_ID = 2.2; sldv.test(REQ_ID==2.2);
4	REQ 2.3: Disp_Cmd shall be set to +30	Ail_Cmd = Range.All; Roll_Ref_Cmd = Range.P_30; REQ_ID = 2.3; sldv.test(REQ_ID==2.3);
5	REQ 2.4: Disp_Cmd shall be set to -30	Ail_Cmd = Range.All; Roll_Ref_Cmd = Range.N_30; REQ_ID = 2.4; sldv.test(REQ_ID==2.4);
6	REQ 2.5: Otherwise Disp_Cmd shall be set to latched Phi	Ail_Cmd = Range.All; Roll_Ref_Cmd = Phi; REQ_ID = 2.5; sldv.test(REQ_ID==2.5);
7	This requirement is not active	Ail_Cmd = Range.All; Roll_Ref_Cmd = Range.All;

图 11-19 真值表中的条件表和动作表示例

这样当需求的条件满足时,Simulink Design Verifier 将自动找到测试用例。在命令行中输入如下命令可以打开需求模型:

```
>> spec_model = 'sldvexSpecPartial';
>> open_system(spec_model);
```

最终搭建的飞机翻滚控制器的需求模型如图 11-20 所示。

第三步:将需求链接到需求模型。

(1) 右键单击图 11-20 中的真值表(AP Controller Requirements),在右键菜单中选择 Requirements→Select for linking with Simulink。

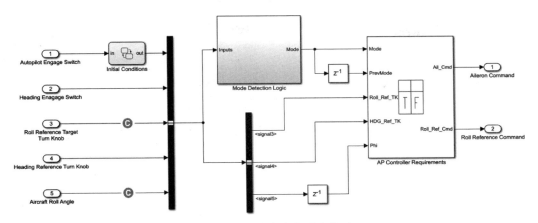

图 11-20 最终完成的需求模型

（2）在需求编辑器中打开需求文档，右键单击希望链接到真值表的需求，选择 Link from AP Controller Requirements（Truth Table）。如果存在多个真值表，每个表都需要链接一组需求，操作方法相同。

第四步：为需求模型产生测试用例。

使用函数 sldvoptions 可以为需求模型创建测试用例。使用函数 sldv.test() 可以将每一个需求都关联到一个独立的测试生成目标。在命令行输入以下命令将自动产生测试用例：

```
>> opts = sldvoptions;
>> opts.Mode = 'TestGeneration';
>> opts.ModelCoverageObjectives = 'None';
>>[~,files] = sldvrun(spec_model,opts,true);
```

测试用例生成完毕后会弹出结果窗口，如图 11-21 所示。

第五步：创建测试转换模块，使设计模型能够运行测试用例。

本例中，设计模型与需求模型有不同的输入和输出接口，在第四步中生成的测试用例是无法直接在设计模型中仿真运行的。例如：Aircraft Roll Angle 在需求模型中定义的类型是数值范围，而在设计模型中定义的是双精度（double）类型数据。

在测试转换过程中，对于一些是区间数值的变量，比如 RA_Horizontal，可以选取落在该区间内的任意值作为测试用例。也可以采用不同的取值策略，比如中间取值策略、边界取值策略或者随机取值策略。在本例中，转换模块选用了中间取值策略，读者可以通过以下命令打开该转换模块查看具体的做法：

```
>> design_model = 'sldvexDesignHarness';
>> load_system(design_model);
>> open_system('sldvexDesignHarness/Test Conversion');
```

第六步：在设计模型中仿真测试用例，确认需求是否满足。

为了验证设计，将需求模型、设计模型、测试转换模块和验证模块组合为一个控制模型，如图 11-22 所示。

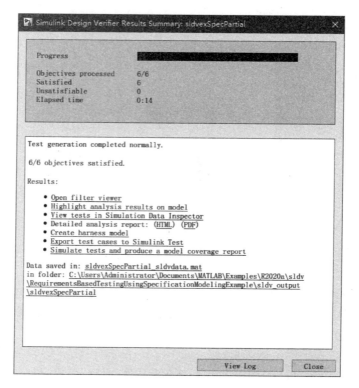

图 11-21　测试用例生成结果

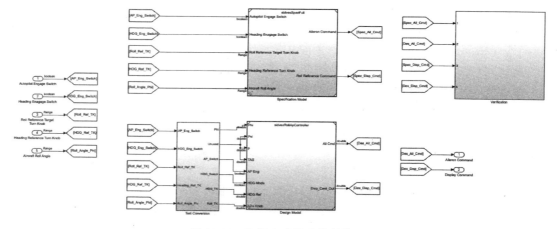

图 11-22　飞机自动驾驶控制模型

在菜单中单击 Run(Coverage)可以运行测试模型,并获取代码覆盖率报告。通过该报告可以查看哪些代码被执行过,哪些控制回路没有被测试过。

第七步:根据覆盖率报告修改需求模型。

添加缺失的需求,修改需求文档,修改需求模型,重复第五步和第六步的工作,最终实现100%的覆盖率。

本例中，添加一条丢失需求（图 11-23 中条件表第 3 条，图 11-24 动作表第 7 条）：

Condition Table

	DESCRIPTION	CONDITION
1	Current mode is AP_OFF_MODE	Mode == AP_Mode.OFF
2	Current mode is AP_ROLL_HOLD_MODE	Mode == AP_Mode.ROLL_HOLD_MODE
3	Current mode is AP_HDG_HOLD_MODE	Mode == AP_Mode.HDG_HOLD_MODE
4	Previous mode is not AP_ROLL_HOLD_MODE	PrevMode ~= AP_Mode.ROLL_HOLD_MODE
5	Aircraft roll angle is nearly horizontal	Phi == Range.RA_Horizontal

图 11-23　修改需求模型的条件表

Action Table

	DESCRIPTION	ACTION
		Roll_Ref_Cmd = Range.P_30; REQ_ID = 2.3; sldv.test(REQ_ID==2.3);
5	REQ 2.4: Disp_Cmd shall be set to -30	Ail_Cmd = Range.All; Roll_Ref_Cmd = Range.N_30; REQ_ID = 2.4; sldv.test(REQ_ID==2.4);
6	REQ 2.5: Otherwise Disp_Cmd shall be set to lateched Phi	Ail_Cmd = Range.All; Roll_Ref_Cmd = Phi; REQ_ID = 2.5; sldv.test(REQ_ID==2.5);
7	Disp_Cmd shall be set by the pilot via a cockpit control HDG_Ref_TK.	Ail_Cmd = Range.All; Roll_Ref_Cmd = HDG_Ref_TK; REQ_ID = 3; sldv.test(REQ_ID==3);
8	This requirement is not active	Ail_Cmd = Range.All; Roll_Ref_Cmd = Range.All;

图 11-24　修改需求模型的动作表

11.4.3　软件架构设计

对于复杂的系统，需求设计完成以后还需要进行软件架构设计，然后才进入详细设计阶段。软件架构是以层次化的结构表征软件的架构元素以及它们之间的交互。从静态的视角来看，架构包括了系统的功能和接口定义；从动态的视角来看，架构包括了系统的时序行为和流程顺序等。

软件架构设计的目的是设计满足软件安全需求及其他需求的架构。架构设计完成后需要验证其是否满足对应的 ASIL 等级要求以及功能要求，还要支撑后续的软件编写与验证工作。

系统架构设计的原则：

（1）层级划分适当；

（2）模块单元的复杂度不应太高；

（3）高内聚、低耦合；

（4）按照安全等级进行隔离。不同安全等级的模块应当分开搭建，以利于不同等级的测试。

MATLAB 提供了 System Composer 以实现架构设计。通过 System Composer 可以搭建结构化和图形化的系统架构模型，验证和细化需求，优化系统架构（图 11-25）。

在 MATLAB 命令行中输入命令 systemcomposer，在弹出的对话框中找到 SystemComposer，单击 Create Model，就可以新建一个空白的系统架构模型。

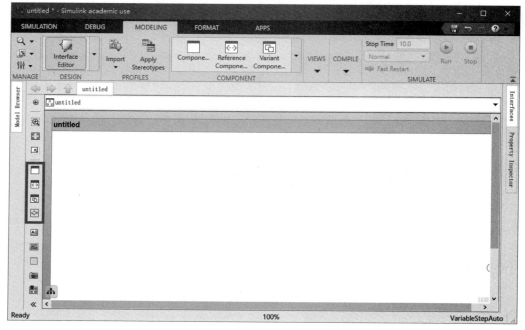

图 11-25 System Composer 的界面

在左侧工具栏中 System Composer 提供了四种模块搭建系统架构，依次是：组件（Component）、引用组件（Reference Component）、变形组件（Variant Component）、转接器（Adapter）。在模块边沿单击鼠标可以为模块添加输入和输出端口。组件的使用方法与普通 Simulink 模块类似，通过鼠标和右键菜单可以简单明了地完成各种操作，这里不再赘述。MATLAB 提供了一个无人机架构案例，在命令行中输入以下命令即可打开：scExampleSmallUAV。

11.4.4 单元开发与验证

1. 单元开发方法

在进行基于模型的控制系统设计时，系统由多个子系统构成，每个子系统又可能包含多个单元。根据算法的不同特点，单元开发可以采用不同的工具。比如逻辑密集型单元可以采用 Stateflow 设计，计算密集型单元采用 Simulink 设计，信号密集型单元采用 MATLAB 设计，对于已有的 C/C++ 代码的模块采用函数调用的方式集成到模型中。

在设计开发单元时，单元的复杂度不应过高，这会导致后续覆盖度的测试困难。对于复杂的单元应当及时发现、调整和修改。此外在单元设计开发时，还需要注意是否存在逻辑复用的情况。单元的复用度是指单元中存在重复的逻辑。对于这种情况，建议将其打包为库，通过库进行调用。

2. 单元验证

在对每个单元进行详细设计时，需要对开发的单元进行验证，其验证方法主要包括人工评审、静态分析以及动态测试。

1）静态代码分析

静态代码分析也称为源代码分析或静态分析，是一种用于源代码质量和可靠性的软件验证活动。这种分析使得软件开发人员和测试人员能够识别并诊断溢出、被零除和非法间接引用指针等错误。通过静态代码分析生成的指标提供了一种衡量和提升软件质量的方法。

静态分析不需要编写测试用例，借助工具可以高效地检查模型或者单元的合规性。根据设计载体的不同，可以在模型或者代码层面开展静态分析。

2）形式化验证

ISO 26262 功能安全标准中要求进行**形式化验证**：在数学上进行完备的证明，或者验证设计是否正确地实现描述的功能，或者排除了错误，同时也兼顾数据流和控制流的分析。相对于仿真测试或者动态测试，形式化验证采用了类似穷举的方法，可以更好地检查设计的鲁棒性，对于安全等级更高的单元，可以有效地提高设计的信心，保障设计的安全。一些常见的形式化验证内容包括数据溢出、积分溢出、除零、数组越界、死逻辑以及安全属性的验证等。这种验证往往依赖于开发者的经验以及测试用例的设计。反证法是一种常用的形式化验证方法，即如果所有反例都无法通过模型，即可证明模型通过了验证。如果在单元开发过程中不进行形式化验证，就有可能将问题遗留到后续的设计环节。

例如在开发定速巡航系统模块时，定义该模块的功能为根据传感器获取的车速信号与设定车速之间的偏差输入给控制器，控制器根据控制算法控制节气门开度。该模块设定的安全属性是：如果连续三个时钟周期都接收到制动信号，则触发油门信号归零。这个例子中安全属性的形式化验证可以采用穷举反例的方式进行。即通过设计一个、两个时钟周期的制动信号作为模块输入，检查该模块是否会触发油门归零的动作来进行形式化验证。

3）规范性检查

在进行单元开发时，需要及时对单元进行规范性检查，以确保模型的规范性。在 Simulink 中提供了 Model Advisor 这个应用帮助开发者进行一系列的检查和验证，如图 11-26 所示。在图 11-26 中，选择需要检查的内容，可以运行选中 ISO 26262 标准的检查，获取检查报告。该工具可以在 APPS 中找到。该工具包括了行业建模规范、信息安全等检查器，帮助开发者发现不规范的设计行为。还有一些工具提供了在线检查合规性的功能，帮助开发者及时发现不规范的设计行为。

4）动态测试

动态测试的目的是确认接口与需求的正确性。可以通过注入故障的方式来模拟失效，确认故障的存在逻辑以及失效的保护措施是否正常作用，也就是功能安全的安全机制是否按照要求被正确地执行。

需求测试是动态测试的重要内容。需求测试是根据"需求"编写测试用例，通过运行测试用例确认模块的功能行为是否与期望的一致，因此也称为功能测试。在需求测试中，测试用例来源于需求，应当建立起追溯关系。在测试完成后，可以检查需求验证的状态。在 Simulink 中提供了 TEST 这个应用，帮助完成需求与测试用例的链接、测试用例的编写、测试报告的生成等工作。

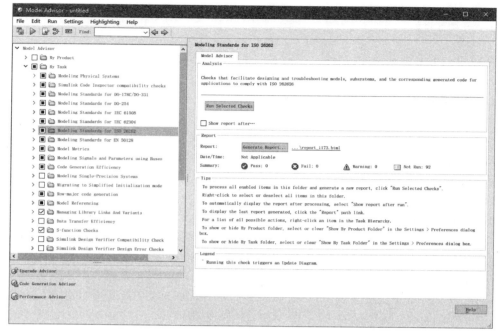

图 11-26　Model Advisor 的界面

另一个动态测试的指标是完整性,即模块所有的分支路径是否全部被覆盖到,因此也称为结构测试。结构测试使用覆盖度来进行评价,包括语句覆盖、分支覆盖和 MC/DC(Modify Conditon/Decision Coverage)覆盖。Simulink Coverage 可以帮助实现覆盖度测试和报告。此外,Simulink Design Verifier 可以基于覆盖度信息自动生成缺失的测试用例。

5) 代码测试

在基于模型的控制系统开发中,自动代码生成技术被广泛采用,因此对于生成的代码还需要进行背靠背测试(Back-to-Back Test),以确保在代码生成过程中没有引入错误,以避免非期望的系统行为。背靠背测试也称为等效测试或者对比测试。对比的对象可以是离散模型与连续模型,也可以是定点模型对比浮点模型,还可以是代码与模型的对比。这里可以采用软件在环进行对比测试(图 11-27)。

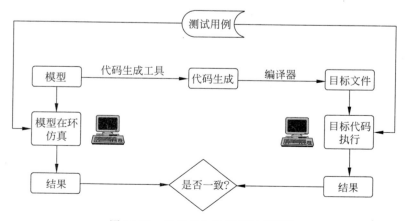

图 11-27　通过 SIL 进行背对背测试

如图11-27所示,在软件在环仿真时,模型通过代码生成工具生成代码,通过编译器编译后运行仿真模型与目标代码,然后对结果进行对比,通过数值一致性和结构一致性检查确认代码生成的正确性。注意,此处的模型仿真与代码运行是在同一个平台(电脑)上运行的,没有考虑跨平台运行可能的问题。后续还需要通过处理器在环仿真验证跨平台编译行为的正确性。

3. 软件集成验证

单元开发和验证充分进行之后,就可以利用已有的软件架构进行软件集成。软件集成之后需要验证集成之后的接口和功能。如果有手写代码集成到软件中,可以利用代码层面的静态分析和形式化验证工具验证集成代码的规范性、鲁棒性,同时开展代码层面的控制流和数据流的分析。这就是功能安全标准中对应的软件集成验证。

在软件集成层面可以开展基于被控对象模型的闭环仿真与测试,以验证集成层面的需求,包括集成层面的接口、故障处理等行为。

软件集成之后,仍然需要进行静态分析。Polyspace是代码级的静态分析与验证工具,功能覆盖了静态分析的各个方面,包括代码规范性检查、代码的指标统计与度量、代码缺陷检查以及代码的安全证明等。

4. 嵌入式软件测试

基于功能安全标准的系统开发的最后一步是嵌入式软件测试。此时,软件已经通过代码生成,下载到控制器中,通过硬件在环测试(HIL)可以有效地对系统进行测试。

习　题

1. 按照附录A中的上机实验指导完成上机实验六的上机任务。
2. 按照附录A中的上机实验指导完成上机实验七的上机任务。
3. 简述符合ISO 26262标准的汽车电子控制系统软件开发方法。

本篇参考文献

[1] 庄继德. 汽车电子控制系统工程[M]. 北京：北京理工大学出版社, 1998.
[2] 彭晓源. 系统仿真技术[M]. 北京：北京航空航天大学出版社, 2006.
[3] 刘杰. 基于模型的设计及其嵌入式实现[M]. 北京：北京航空航天大学出版社, 2017.
[4] ISO 26262：2018, Road Vehicles-Functional Safty[S]. ISO, 2018.
[5] 韩彦岭, 李净. 计算机操作系统[M]. 上海：上海科学技术出版社, 2018.
[6] 杨新桦, 刘宝健, 张亮, 等. 一种驾驶员驾驶水平评价系统及其开发方法[J]. 重庆理工大学学报（自然科学）, 2018, 32(9)：1-5.
[7] Jason Moore, John Lee. 使用 Simulink 开发 ISO 26262 应用的 11 项最佳实践[R/OL]. The Mathworks Inc., 2019.
[8] John Lee, Jon Friedman. Requirements Modeling and Automated Requirements-Based Test Generation[R]. SAE Paper, 2013-01-2237.

附录 A 上机实验指导

说明：

1. 上机实验的示例模型文件、数据文件都可以通过扫描本书提供的二维码获取。
2. 上机实验六 4 学时，其他实验 2 学时，共 16 学时。
3. 上机实验指导书中所用 MATLAB 版本为 2021a，需要的模块包括 Stateflow、Simscape、Parameter Estimator、Simulink Coder、Simulink Requirements、Simulink Test、SIL/PIL Management 等。

上机实验一　MATLAB 控制工具箱的使用

一、上机目的

1. 掌握 MATLAB 传递函数模型的搭建方法；
2. 掌握 MATLAB 状态空间模型的搭建方法；
3. 了解 MATLAB 控制系统设计工具箱。

二、上机任务

1. 在 MATLAB 中构建系统的传递函数模型：

$$G(s) = \frac{3s^2 + 2s - 4}{4s^3 + 3s^2 + 2}$$

MATLAB 命令行输入如下指令（注：>> 是命令行提示符，不是输入的指令）：

```
>> num = [3,2,0,-4];
>> den = [4,3,0,2];
>> G = tf(num,den)
```

完成后观察系统反馈的传递函数。

2. 在 MATLAB 中构建系统的零极点模型：

$$G_2(s) = \frac{3(s+3)(s+5)}{(s+1)(s+2)(s+4)}$$

MATLAB 命令行输入如下指令：

```
>> z = [-3,-5];
>> p = [-1,-2,-4];
>> k = [3];
>> G2 = zpk(z,p,k)
```

完成后观察系统反馈的传递函数。

3. 在 MATLAB 中构建系统的传递函数：

$$G_3(s) = \frac{4(s+2)(s^2+6s+6)^2}{s(s+1)^3(s^3+3s^2+2s+5)}$$

然后将其转换为部分分式和的形式。
MATLAB 命令行输入如下指令：

```
>> num = 4 * conv([1,2],conv([1,6,6],[1,6,6]));
```

```
>> den = conv([1,0],conv([1,1],conv([1,1],conv([1,1],[1,3,2,5]))));
>> G3 = tf(num,den)
>> [r,p,k] = residue(num,den)
```

请使用 help conv 和 help residue 命令了解多项式乘法函数和部分分式展开函数的使用方法。

4. 将 G3 转换为零极点增益模型。

MATLAB 命令行输入如下指令：

```
>> [z1,p1,k1] = tf2zp(num,den)
```

选择：观察输出，该系统是_____。

A. 稳定的；B. 不稳定的。

5. 构建系统的状态空间模型：

$$\dot{X} = \begin{bmatrix} 1 & 6 & 9 & 10 \\ 3 & 12 & 6 & 8 \\ 4 & 7 & 9 & 11 \\ 5 & 12 & 13 & 14 \end{bmatrix} X + \begin{bmatrix} 4 & 6 \\ 2 & 4 \\ 2 & 2 \\ 1 & 0 \end{bmatrix} u$$

$$Y = \begin{bmatrix} 0 & 0 & 2 & 1 \\ 8 & 0 & 2 & 2 \end{bmatrix} X$$

在命令行输入如下指令：

```
>> A = [1 6 9 10; 3 12 6 8; 4 7 9 11; 5 12 13 14];
>> B = [4 6; 2 4; 2 2; 1 0];
>> C = [0 0 2 1; 8 0 2 2];
>> D = zeros(2,2);
>> G4 = ss(A,B,C,D)
```

填空：观察输出结果，该系统有_____个输入，_____个输出。

6. 求取系统 G4 的能控性矩阵和能观性矩阵，判断系统的能控性和能观性。

在命令行输入如下指令：

```
>> co = ctrb(A,B)
>> ob = obsv(A,C)
>> rank(co)
>> rank(ob)
```

选择：该系统状态_____，_____。

A. 完全能控；B. 不完全能控；C. 完全能观；D. 不完全能观。

7. 求取 G4 系统的特征根，绘制系统的零极点图，判断系统的稳定性。

在命令行输入如下指令：

```
>> eig(A)
>> pzmap(G4)
```

选择：根据该系统的零极点图中极点的位置，判断该系统的稳定性为：_____。

A. 稳定的；B. 不稳定的。

8. 绘制 G4 系统在单位阶跃和脉冲激励下的响应曲线。

在命令行输入如下指令：

```
>> step(G4)
>> impulse(G4)
```

9. 已知某典型二阶系统的传递函数为：

$$G(s) = \frac{w_n^2}{s^2 + 2\xi w_n s + w_n^2}, \quad \xi = 0.6, \quad w_n = 5$$

绘制系统的阶跃响应曲线。

新建一个 m 文件，输入以下代码（注释行可以忽略），然后运行该程序，查看绘图结果：

```
% 构建系统传递函数
clc;
clear;
wn = 5;
alfh = 0.6;
num = wn^2;
den = [1 2*alfh*wn wn^2];
% 绘制闭环系统的阶跃响应曲线
t = 0:0.02:5;
y = step(num,den,t);
plot(t,y)
title('two orders linear system step responce')
xlabel('time - sec')
ylabel('y(t)')
grid on
```

10. 某系统框图如图 A-1 所示，求 d 和 e 的值，使系统的阶跃响应满足：

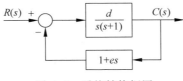

图 A-1　系统结构框图

(1) 超调量不大于 40%，
(2) 峰值时间为 0.8s。

题目解析：由图可得闭环传递函数为 $G_c(s) = \dfrac{d}{s^2 + (de+1)s + d}$，为典型二阶系统。由典型二阶系统特征参数计算公式 $\sigma = e^{-\xi\pi/\sqrt{1-\xi^2}} \times 100$，$t_p = \pi/(w_n\sqrt{1-\xi^2})$ 得

$$\xi = \ln\frac{100}{\sigma} \bigg/ \left[\pi^2 + \left(\ln\frac{100}{\sigma}\right)^2\right]^{\frac{1}{2}}, \quad w_n = \pi/(t_p\sqrt{1-\xi^2})$$

新建一个 m 文件，编写求解代码。参考代码如下：

```
clear
clc
```

```
close all
% 输入期望的超调量及峰值时间
pos = input('please input expect pos( % ) = ');
tp = input('please input expect tp = ');
z = log(100/pos)/sqrt(pi^2 + (log(100/pos))^2);
wn = pi/(tp * sqrt(1 - z^2));
num = wn^2;
den = [1 2 * z * wn wn^2];
t = 0:0.02:4;
y = step(num,den,t);
plot(t,y)
xlabel('time - sec')
ylabel('y(t)')
grid
d = wn^2
e = (2 * z * wn - 1)/d
```

请为以上代码增加注释，解释每行代码的含义。

三、课后扩展学习

通过阅读帮助文档学习以下函数的使用方法。
covar：连续系统对白噪声的方差响应。
initial：连续系统的零输入响应。
bode：求取系统对数频率特性图(伯德图)。
nyquist()：求取系统奈奎斯特图(幅相曲线图或极坐标图)。
rlocus：求系统根轨迹。
rlocfind：计算给定一组根的根轨迹增益。
sgrid：在连续系统根轨迹图和零极点图中绘制出阻尼系数和自然频率栅格。

四、课后作业

自学 ltiview 和 sisotool 两个工具箱的使用方法。(在命令行输入 ltiview 以及 sisotool 即可打开这两个工具箱。)

上机实验二　Simulink 系统建模方法

一、实验目的

1. 熟悉 Simulink 基本库中常用模块的使用方法；
2. 掌握 Simulink 建模基本方法。

二、上机任务一：熟悉 Simulink

1. 启动 Simulink

(1) 打开 Simulink：在主页菜单中单击 Simulink 按钮，或者在命令行输入"Simulink"。在弹出的开始页中单击 Blank Model 打开一个空白的 Simulink 模型窗口。

(2) 在模型窗口菜单栏中单击 Library Browser，打开 Simulink Library Browser。

(3) 请用五分钟时间浏览一下 Simulink 基本库中的各个子库及其包含的模块。

2. 简单系统建模

请搭建逻辑表达式(A-1)的 Simulink 模型，并使用正弦波信号作为输入信号，使用示波器显示输出信号。

$$y = \begin{cases} 3u, & t > 5 \\ u^2, & t \leqslant 5 \end{cases} \tag{A-1}$$

参考模型如图 A-2 所示。

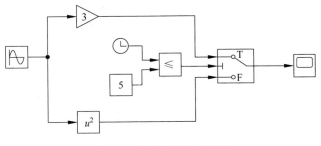

图 A-2　简单系统参考模型

3. 配置仿真参数

(1) 单击 Modeling 菜单，在工具栏中找到并单击 Model Settings，打开模型参数配置对话框。

(2) 设置模型仿真的起始时间为 3s,终止时间为 15s。

(3) 修改求解器类型为 Fixed Step。单击 Solver details,修改求解器步长为 1。观察示波器的输出波形。

4. 输出并保存仿真结果

方法一:使用示波器输出信号到工作区。

(1) 双击示波器,在示波器菜单栏中单击"配置属性",选择"记录"标签,勾选"记录数据到工作区",再选择保存格式为带时间的结构体,如图 A-3 所示。

(2) 运行该模型,完毕后在工作区找到名为"out"的变量。双击该变量可以打开数据查看器查看数据,请自行尝试相关操作。

(3) 在命令行中输入如下指令可以绘制仿真结果:

图 A-3 将示波器的信号输出到工作区

```
>> plot(out.ScopeData.time,out.ScopeData.signals.values)
```

在弹出的绘图窗口菜单中选择"插入",为图形添加坐标轴的标签(X 坐标轴设置为"time s")。

方法二:使用仿真数据检查器查看和保存信号。

(1) 在输出信号线上单击鼠标右键,在右键菜单中选择"记录所选信号",然后运行模型,如图 A-4 所示。

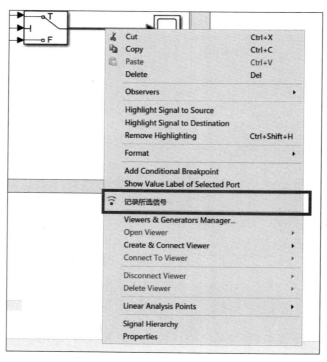

图 A-4 记录信号

(2) 单击信号线上的电波图标，打开仿真数据查看器。请自行了解仿真数据查看器的使用方法。

三、上机任务二：Simulink 系统建模方法

简化的车辆主动悬架两自由度物理模型如图 A-5 所示。

可以列写系统运动微分方程如下：

$$\begin{cases} m_s\ddot{z}_s + c_s(\dot{z}_s - \dot{z}_u) + k_s(z_s - z_u) = 0 \\ m_u\ddot{z}_u + c_t\dot{z}_u + c_s(\dot{z}_u - \dot{z}_s) + k_t z_u + k_s(z_u - z_s) = c_t\dot{u} + k_t u \end{cases} \quad (A\text{-}2)$$

请使用 Simulink 搭建该系统的仿真模型，并使用 A 级路面的白噪声作为系统输入，仿真输出车身振动加速度及其功率谱密度。请分别按照以下两种方法搭建系统仿真模型，并进行仿真对比。

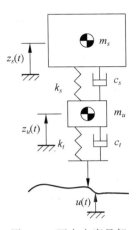

图 A-5 两自由度悬架物理模型

方法一：

1. 改写微分方程：

$$\begin{cases} \ddot{z}_s = \dfrac{1}{m_s}[c_s(\dot{z}_u - \dot{z}_s) + k_s(z_u - z_s)] \\ \ddot{z}_u = \dfrac{1}{m_u}[c_t\dot{u} + k_t u - c_s(\dot{z}_u - \dot{z}_s) - c_t\dot{z}_u - k_t z_u - k_s(z_u - z_s)] \end{cases} \quad (A\text{-}3)$$

2. 新建一个 m 文件，输入悬架参数如下：

```
ks = 22563;         % 悬架刚度 N/m
kt = 220000;        % 轮胎刚度 N/m
cs = 1600;          % 悬架阻尼系数 N·s/m
ct = 0.2;           % 轮胎阻尼系数 N·s/m
ms = 285;           % 车身质量 kg
mu = 35;            % 车轮质量 kg
V = 30;             % 车速,km/h
```

保存文件为 data.m，运行该 m 文件，将参数存入工作区。

3. 在 Simulink 模型窗口中拖入 4 个积分器，并在信号线上标注信号，如图 A-6 所示。

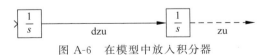

图 A-6 在模型中放入积分器

4. 按照式(A-3)拖入参数模块、加减模块等，搭建系统模型(输入信号暂且不考虑，在下一步中完成，这里使用一个子系统 roud input 替代输入信号模块)，建好的系统如图 A-7 所

示。注意,模型中的参数使用变量名,不要直接赋值。

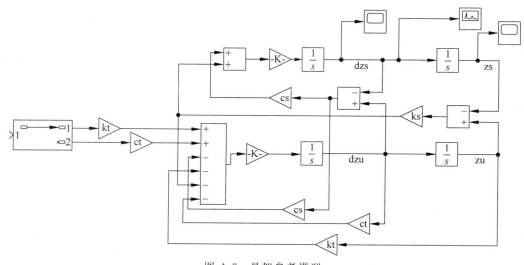

图 A-7 悬架参考模型

5. 双击 road input 子系统,构建白噪声路面输入信号。

参考 GB7031—86《车辆振动输入——路面平度表示方法》,白噪声路面输入的数学表达式为

$$u(t) = 2\pi n_0 \sqrt{G_q(n_o)v} \int_0^t w(t)\mathrm{d}t$$

其中,n_0 为参考空间频率,$n_0 = 0.1 \mathrm{m}^{-1}$;$G_q(n_0)$ 为路面不平度系数,A级路面为 $1.6 \times 10^{-5} \mathrm{m}^2/\mathrm{m}^{-1}$;$v$ 为车速;$w(t)$ 为高斯白噪声信号,其参数设置如图A-8所示。

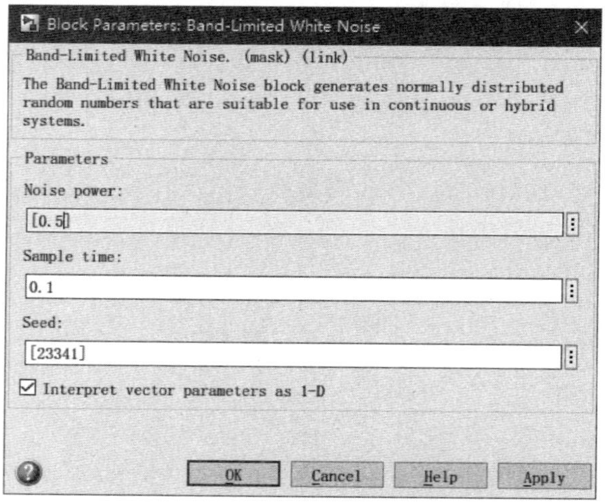

图 A-8 高斯白噪声信号的参数设置

按照以上内容,搭建路面输入模型如图 A-9 所示。

6. 将路面输入子系统连入顶层模型,再加入示波器和功率谱显示模块,悬架系统完整模型如图 A-10 所示。

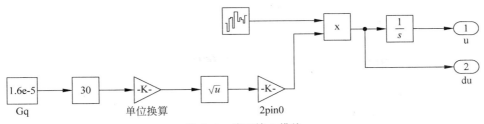

图 A-9 路面输入模块

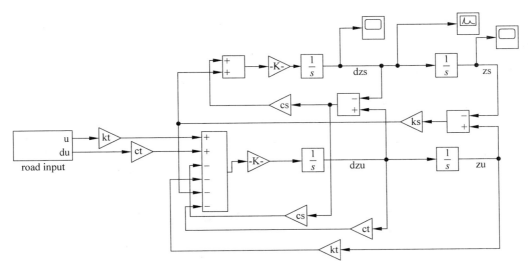

图 A-10 悬架系统完整模型

修改仿真时间为 30s,运行该模型,观察仿真结果。

方法二:

1. 改写微分方程:

$$\begin{cases} \ddot{z}_s = \dfrac{1}{m_s}[c_s \dot{z}_u - c_s \dot{z}_s + k_s z_u - k_s z_s] \\ \ddot{z}_u = \dfrac{1}{m_u}[c_t \dot{u} + k_t u - (c_s + c_t)\dot{z}_u + c_s \dot{z}_s - (k_s + k_t) z_u + k_s z_s] \end{cases} \qquad (A-4)$$

2. 选取状态变量,列写状态空间表达式:

令 $x_1 = z_s, x_2 = \dot{z}_s, x_3 = z_u, x_4 = \dot{z}_u$,有

$$\begin{cases} \dot{x}_1 = \dot{x}_2 \\ \dot{x}_2 = \dfrac{1}{m_s}(-k_s x_1 - c_s x_2 + k_s x_3 + c_s x_4) \\ \dot{x}_3 = x_4 \\ \dot{x}_4 = \dfrac{1}{m_u}[k_s x_1 + c_s x_2 - (k_s + k_t) x_3 - (c_s + c_t) x_4 + k_t u + c_t \dot{u}] \end{cases} \qquad (A-5)$$

写成状态空间表达式:

$$\dot{X} = \begin{bmatrix} 0 & 1 & 0 & 0 \\ -\dfrac{k_s}{m_s} & -\dfrac{c_s}{m_s} & \dfrac{k_s}{m_s} & \dfrac{c_s}{m_s} \\ 0 & 0 & 0 & 1 \\ \dfrac{k_s}{m_u} & \dfrac{c_s}{m_u} & -\dfrac{k_s+k_t}{m_u} & -\dfrac{c_s+c_t}{m_u} \end{bmatrix} X + \begin{bmatrix} 0 & 0 \\ 0 & 0 \\ 0 & 0 \\ \dfrac{k_t}{m_u} & \dfrac{c_t}{m_u} \end{bmatrix} \begin{bmatrix} u \\ \dot{u} \end{bmatrix}$$

$$Y = \begin{bmatrix} 1 & 0 & 0 & 0 \\ 0 & 1 & 0 & 0 \end{bmatrix} X \tag{A-6}$$

3. 在 data.m 文件中增加以下几行状态空间矩阵的赋值代码：

```
A=[0 1 0 0;-ks/ms -cs/ms ks/ms cs/ms;0 0 0 1;ks/mu cs/mu -(ks+kt)/mu …
    -(cs+ct)/mu];
B=[0 0;0 0;0 0;kt/mu ct/mu];
C=[1 0 0 0;0 1 0 0];
D=[0 0];
```

4. 新建一个 Simulink 模型，放入状态空间模块，填入系统各个矩阵，如图 A-11 所示。由于我们已经在 data.m 文件中定义好了 **A**、**B**、**C**、**D** 矩阵，并将其导入到了工作区，因此这里只需要填入矩阵名称即可。

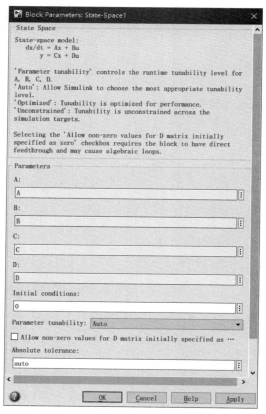

图 A-11　状态空间模块的设置

5. 建立输入子系统(见方法一),引入示波器等模块,最终系统模型如图 A-12 所示。修改仿真时间为 30s,运行该模型。

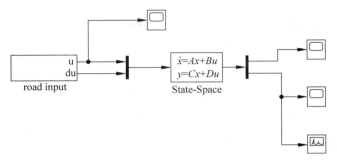

图 A-12 状态空间模型

请读者体会两种不同建模方法的差异。至于在工程实际中选用哪种方法进行系统建模,主要的考虑因素是系统的复杂程度、是否方便列写状态空间表达式以及自己的建模习惯等,不能一概而论。

四、课后作业(选做一题)

1. 在上述系统模型的基础上引入主动悬架控制器。主动悬架作动器的控制律为 $F_a = -k_s(z_u - z_s) - c_s(\dot{z}_u - \dot{z}_s)$。该控制器仅在 $0.05 \sim 25$ rad/s 间起作用(采用带通滤波器)。

2. 在方法二的系统模型的基础上引入主动悬架最优控制器(LQR 控制)。提示:可以通过 LQR 函数获取主动悬架的最优控制矩阵。

上机实验三 Stateflow 的使用

一、上机目的

1. 了解 Stateflow 的建模原理;
2. 掌握 Stateflow 基本建模方法。

二、上机任务

电喷发动机通过给预热塞通电,加热进气空气,帮助发动机在冷机时顺利启动。请按照图 5-1 所示的控制逻辑使用 Stateflow 工具搭建预热塞的控制逻辑程序。

1. 定义系统输入与输出信号,以及系统的状态。

该系统输入信号包括点火开关信号、发动机水温信号以及发动机转速信号(用于判断是否熄火)。输出信号包括预热塞的指示灯信号、预热塞的加热通电信号。依次定义输出变量:indicator_lamp、heating_signal。定义的输入、输出变量和常量如表 A-1 所示。

表 A-1 变量和常量表

Name	Scope	Type	Constant Value
engine_temperature	input	single	
engine_speed	input	double	
indicator_lamp	output	boolean	
heating_signal	output	boolean	
temperature1	Constant	Int16	85
temperature2	Constant	Int16	70
temperature3	Constant	Int16	80

具体操作如下:

新建一个 Simulink 空白模型窗口,在 Simulink 扩展库中找到 Stateflow,将 Stateflow 子库中的 chart 拖拽到模型窗口中,双击该模块,打开 chart 的编辑窗口。在 chart 的编辑窗口的菜单栏中单击 Modeling 标签,在菜单栏中单击模型浏览器,如图 A-13 所示。

变量定义的步骤如下:

(1)在浏览器菜单栏中单击 Add Data 按钮;
(2)修改数据名称;
(3)在 Scope 下拉菜单中确定是输入数据还是输出数据,或者是局部数据;
(4)在 Type 下拉菜单中选择数据类型;

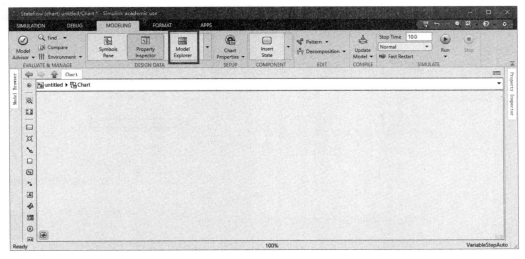

图 A-13　Stateflow 的编辑界面

（5）最后单击 Apply 按钮完成该信号的定义。

按照上述方法，依照表 A-1 所列变量定义各个输入、输出变量和常量。再单击菜单栏中的 Add Event 按钮，添加一个 stall 事件和一个 ignition 事件，如图 A-14 所示。ignition 事件选择上升沿触发，stall 事件选择下降沿触发，其 Scope 下拉菜单都选择"Input from Simulink"。

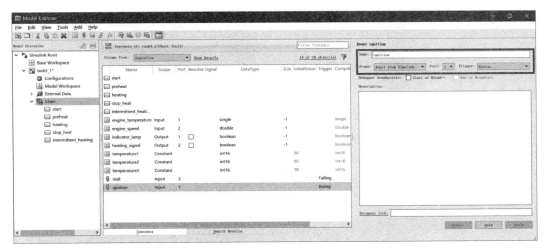

图 A-14　设置事件及其触发方式

最后设置流程图的初始化。单击模型树中的 Chart，在右侧对话框中勾选 Execute (enter) chart at initialization 选项，单击 Apply 按钮，如图 A-15 所示。如果跳过这一步，模型初始化时不会进行参数初始化，会导致 ignition 事件不被触发。

完成后关闭模型浏览器窗口，保存模型。

2．创建系统状态。

在模型窗口左侧工具栏中单击 State 按钮，拖拽一个 State 放到模型窗口中，修改其名

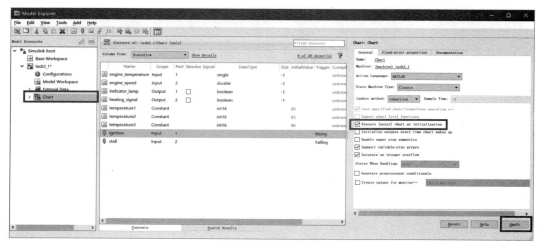

图 A-15 设置 Chart 属性

称为 preheat。最后拖放一个"Default transition"箭头到 Start 状态上。按照同样的方法依次建立"start"、"preheat"、"heating"、"stop_heat"和"intermittent_heating"状态,如图 A-16 所示。

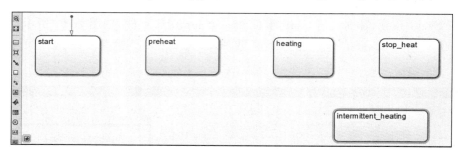

图 A-16 创建模型的各种状态

3. 按照控制时序图编辑状态迁移及其触发条件。

状态之间的迁移可以直接通过鼠标的操作进行状态之间迁移线的连接。在状态迁移线上双击鼠标左键,填写需要触发的事件名,也可以在方括弧[ ]中编辑状态迁移的条件语句。

4. 编写状态执行动作语句。

在每个状态"进入""激活"以及"退出"时,可以执行相应的程序。具体做法是在状态名的下面几行使用"entry"、"during"和"exit"作为提示符,在其后编写需要执行的语句,如图 A-17 所示。

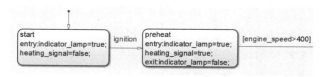

图 A-17 编写状态的动作语句

其他状态中的语句请根据控制逻辑图自行填写。最终状态如图 A-18 所示。

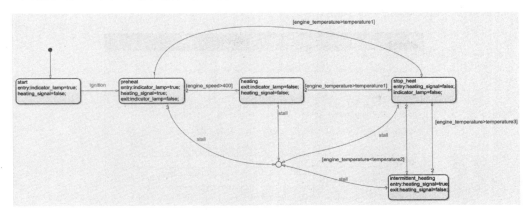

图 A-18　参考状态模型

5. 设计测试用例。

在模型中添加一个 Signal Builder 模块，双击该模块。在界面菜单 Signal 中新建一个 Sampled Sin 信号，该模块参数设置如图 A-19 所示。

删除"Signal 1"，再新建一个 Step 信号，调整该信号，使其形状如图 A-20 所示。修改两个信号的名称。最后关闭该窗口。

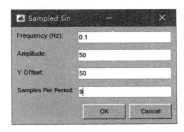

图 A-19　正弦波形的信号参数设置

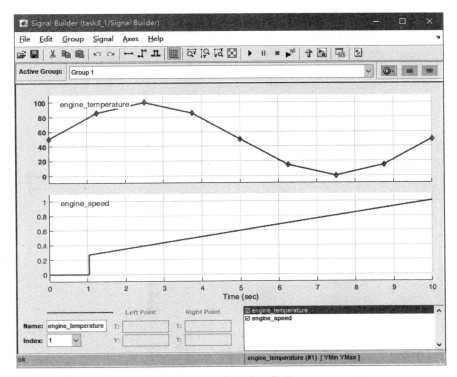

图 A-20　参考输入信号

在 engine_temperature 输出端加入一个 Data Type Conversion 模块,双击该模块,设置信号的极值和类型,如图 A-21 所示。

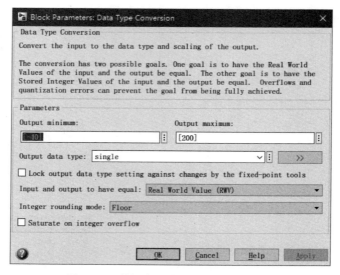

图 A-21 数据类型转换模块的编辑窗口

在 engine_speed 输出端加入一个 Gain 模块,设置增益系数为 1000,用以模拟发动机转速在 0~1000r/min 范围变化。最后将两个信号与 Chart 模块连接。

在模型中再增加两个 Step 模块,分别作为点火信号和熄火信号,修改其跳变时刻,在 1s 时点火,9s 时熄火。

最后放置示波器观察输出信号。完成后就可以运行该模块,观察仿真结果。参考模型如图 A-22 所示。

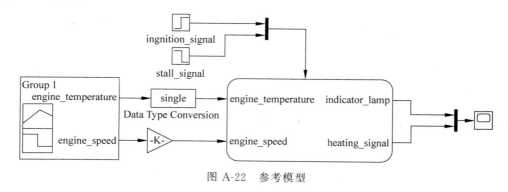

图 A-22 参考模型

三、思考题

试绘制你设计的发动机温度和转速的输入信号以及输出信号的波形,并对结果做简单的说明。

上机实验四　SimScape 的建模方法及参数估计工具箱

一、上机目的

1. 掌握复杂系统建模的理念；
2. 掌握 SimScape 多物理领域建模工具；
3. 理解直流电机的特性；
4. 掌握参数估计工具箱的使用方法。

二、复杂模型的开发方法

复杂模型通常按照以下步骤进行从简单到复杂的迭代建模方法进行开发：
1. 添加一个简单的模型组件；
2. 理解简单组件的功能和动作，完成该功能和动作的设计；
3. 预想系统的输出；
4. 验证模型的输出与预想的输出是否一致；
5. 如果不一致,检查模型中的错误和预想的系统输出是否有误,重复步骤 4；如果一致,再为模型增加一个新功能；
6. 重复以上步骤,直至完成复杂模型全部功能。

三、上机任务一：搭建直流电机系统模型

1. 按照教材第二篇 5.3.2 节例 5-2 所展示的步骤使用 SimScape 工具箱搭建直流电机模型。最终模型如图 A-23 所示。

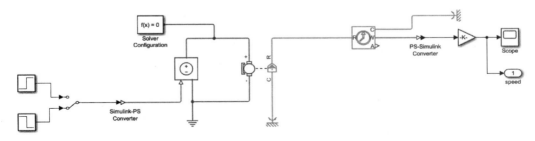

图 A-23　直流电机参考模型

2. 单击菜单栏中的 Model Settings 按钮,在弹出的模型参数配置窗口中修改仿真时间为 5s,求解器选择为定步长求解器,类型为 ode14x 或者 ode1be。步长设置为 0.01,如图 A-24 所示。

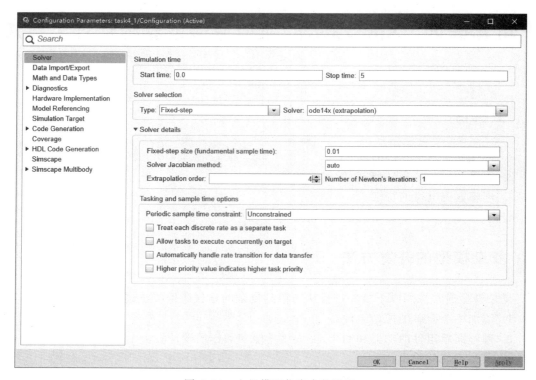

图 A-24　电机模型仿真参数设置

3. 运行模型(模型运行前将 moter_parameters.m 文件的参数调入工作区),测试仿真结果。

电机参数可以使用教材提供的参考数据。

填空:你搭建的直流电机的响应时间大约为_____s。

四、上机任务二:参数估计工具箱的使用

使用教材第二篇 6.3.4 节介绍的系统参数估计工具箱,根据提供的电机测试数据对电机的参数进行估计和验证。

1. 设置模型参数。双击电机模块,确认电机参数正确地使用了变量名。

2. 在菜单栏 APP 中单击 Parameter Estimator 应用,打开参数估计工具箱,如图 A-25 所示。

3. 单击菜单栏中的 New Experiment 按钮,新建一个实验,弹出实验编辑窗口,如图 A-26 所示。也可以在新建实验名称上单击鼠标右键,通过右键菜单中的 Edit 打开该窗口。

在此界面中可以设置输入和输出信号,编辑输出的测量数据,以及状态的初值和实验的参量。还可以将各种形式的数据导入实验,包括变量、MAT 文件、Excel 文件或逗号分隔的

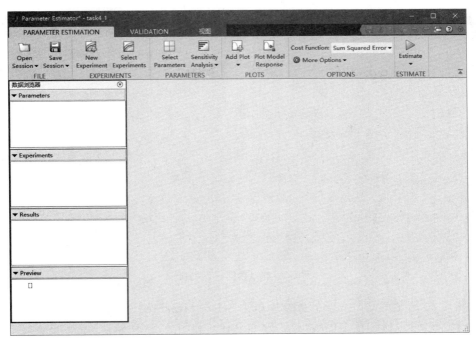

图 A-25　参数估计工具箱的界面

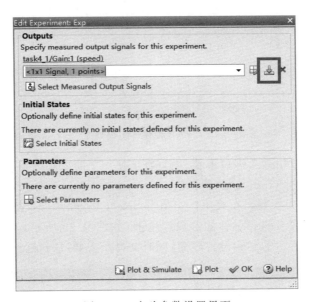

图 A-26　实验参数设置界面

文本文件。单击图 A-26 中用粗线框框住的按钮，可以打开 Import data 的界面，选择本书提供的"单位阶跃信号.xlsx"，将打开数据导入对话框。此数据文件包含两列数据，A 列为采样时间，B 列为电机的输出转速。数据来源于实测的单位阶跃信号输入下的电机转速测量实验。该信号是在开始实验后 1s 时使用 3.3V 阶跃电压作为电机输入，每 0.01s 采样一次的电机转速信号，与仿真模型中的 Step 模块参数设置相同。在此界面中单击菜单栏中的"导入所选内容"即可将该数据导入，如图 A-27 所示。

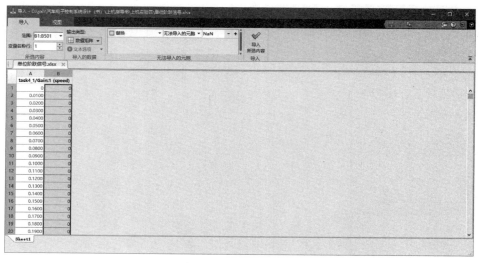

图 A-27　数据导入界面

在图 A-26 所示的 Outputs 的标签中单击 Select Measured Output Signals，弹出输出信号选择对话框，可以选择更多的输出信号（如果有），如图 A-28 所示。

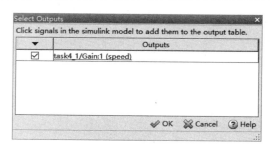

图 A-28　选择输出信号

由于本模型没有使用输入端口模块，而是直接使用了阶跃输入信号作为系统输入，因此图 A-26 中没有输入信号（Inputs）的编辑框。

4. 设置需要估计的参数。在菜单栏中单击 Select Parameters，在弹出的对话框中单击 Select Parameters，将需要进行估计的参数勾选上（如图 A-29 所示），单击 OK 按钮关闭该对话框，回到图 A-30 所示的实验设置界面，此时会显示需要进行估计的参数。

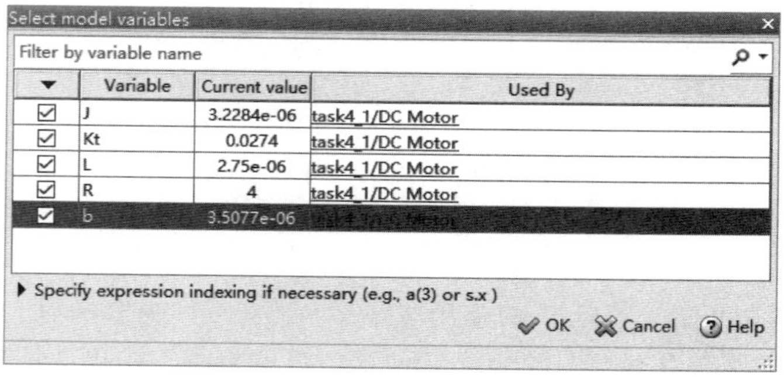

图 A-29　选择需要估计的模型参数

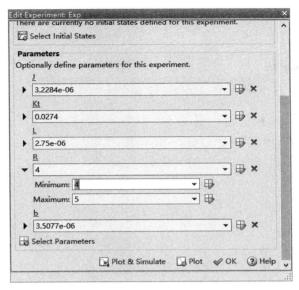

图 A-30　设置参数估计的范围

在图 A-30 所示的实验编辑窗口中单击电阻 R 左侧的黑色三角，可以设置参数估计的范围，以缩短参数估计的时间。默认的估计范围是正、负无穷大。使用万用表测量电机的电阻，结果大约是 4.5Ω。这里将电机电阻的大致范围 $4\sim5\Omega$ 填进去。

5. 查看仿真与实测数据。在实验参数设置界面（图 A-26）中单击 Plot & Simulate 按钮，可以绘制模型仿真结果与导入的测试数据的对比图形，如图 A-31 所示。

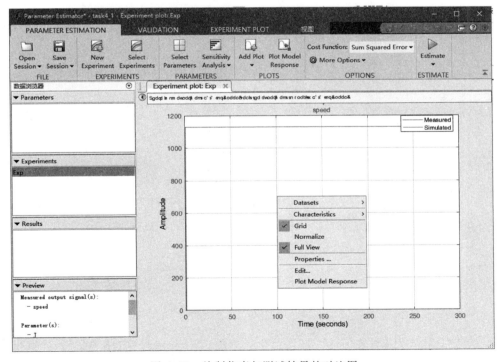

图 A-31　绘制仿真与测试结果的对比图

从图 A-31 可以看到，默认仿真时间为 300s，因此需要修改仿真时间，以保持它与测试数据实验的时间一致。在图中单击鼠标右键，在右键菜单中选择 Property，打开图形属性编辑器，在 Limits 标签下修改 X 轴的范围为 0～5，如图 A-32 所示。

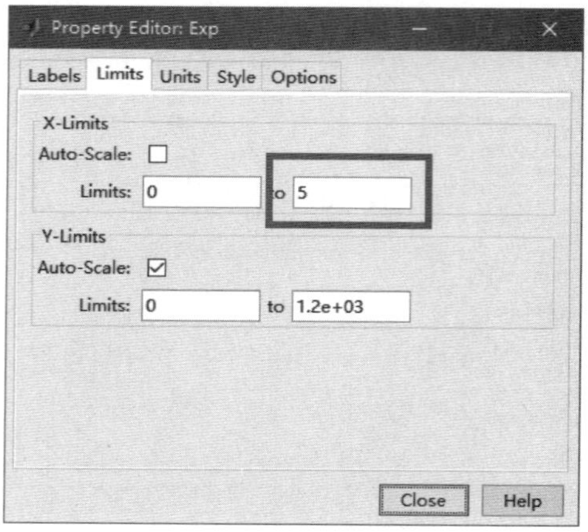

图 A-32 修改图形显示范围

最终显示的对比图如图 A-33 所示。从图中可以看到，仿真模型的仿真结果与实测数据有比较大的差异，仿真模型还不能表征实际电机的特性。

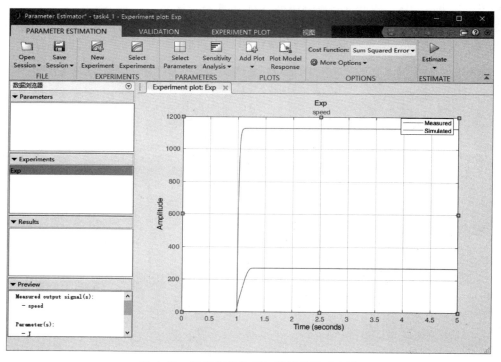

图 A-33 设置好的仿真与测试结果对比图

6. 参数估计。单击参数估计工具箱菜单栏中的 Estimate 按钮（图 A-25），计算机开始按照设计好的迭代算法修改参数，逐步逼近，并显示每次迭代的结果。整个过程可能需要较长的时间。图 A-34 是最终参数估计的结果。此时工作区中电机的参数已经进行了相应的修正,仿真结果与测量数据已经比较贴近了。

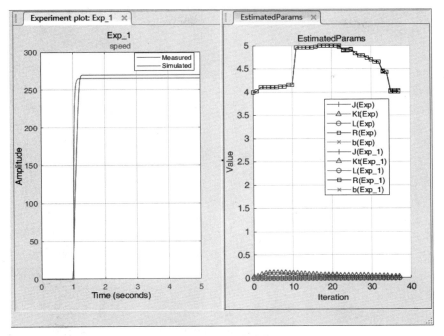

图 A-34　参数估计结果

7. 结果验证。我们可以使用另一组电机断电后的滑行转速测量的实验数据来对参数估计的结果进行验证。读者可以从"滑行信号.xlsx"文件中读取该数据。

现在修改模型输入信号,将其改为滑行实验时的电压波形。请按照图 A-35 所示的 Step 模块的参数设置进行输入参数修改。然后双击电机模块,打开电机模块的参数设置对话框,在 Mechanical 标签下,将电机的初始速度设置为 269.5610681。

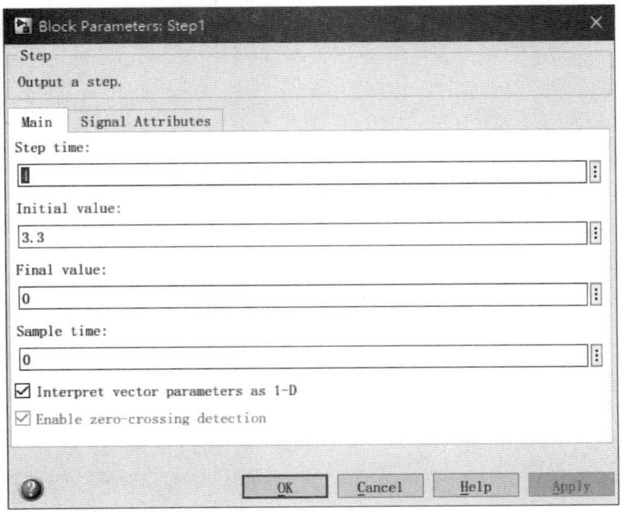

图 A-35　滑行仿真实验输入参数设置

在参数估计工具箱中新建一个实验,导入滑行实验数据,定义实验参量,选择实验参量,具体步骤与之前参数估计的设置一致。运行仿真并绘制结果,如图 A-36 所示。从图 A-36 来看,之前使用参数估计得到的电机模型能够比较好地与实测结果相吻合,可以作为替代实际电机的仿真模型使用。

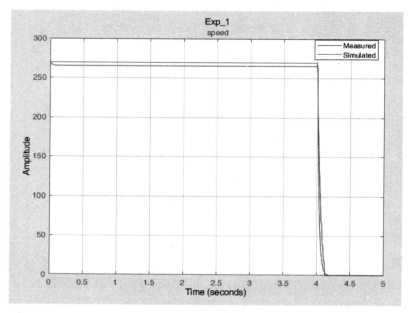

图 A-36　电机滑行实验数据与仿真结果的对比

在工作区单击鼠标右键,选择保存,将工作区的数据保存到一个 mat 文件中,下次使用时,可以将其重新调入,方便使用。

上机实验五　电驱小车速度控制器设计

一、上机目的

1. 掌握简单 PID 控制器的设计方法；
2. 了解 PID 控制特性；
3. 掌握 PID 控制器参数确定的方法。

二、上机任务

本实验通过模拟 51 单片机控制智能小车的车速，学习基本的 PID 控制器，了解模型在环仿真。

在第 10 章例 10-1 的基础上搭建直流电机 PI 控制器模型和小车模型，并进行模型在环仿真，初步确定 PI 控制参数。

1. 准备工作。将在实验四中确定的电机模型复制到新的模型中，并命名为 task5_1，保存文件到本实验的目录中。将电机模型的相应模块框选起来，通过鼠标右键菜单创建为子系统，子系统命名为 motor。将实验四中获得的电机参数的 mat 文件加载到工作区，该文件一并复制到本实验的工作目录中。

2. 搭建负载模型。在本实验中，我们使用一个微型车辆模型（网购平台有售）作为电机的负载，模拟一个纯电动小车的速度控制。

在电机子系统中放入一个 Simscape 的连接端口，如图 A-37 所示，将其连接到电机的输出轴上。然后双击该端口模块，设置端口位置为子系统的右侧。修改该端口名称为 torque。

在顶层模型窗口创建一个子系统，在其中也放入一个 Simscape 的连接端口 Connection Port，命名为 torque，再将该子系统的名称修改为 vehicle。最后将 vehicle 与 motor 的两个 torque 端口连起来。

小车模型使用 Simscape 库中的 Driveline 子库提供的轮胎与车辆模型，如图 A-38 所示。将这两个模块放入 Vehicle 子系统中。再放入其他一些模块，最终车辆模型如图 A-39 所示。

双击轮胎模块，修改轮胎滚动半径为 0.015m；双击车辆模块，按照图 A-40 修改车辆参数。

现在单击"运行"按钮，测试一下在 3.3V 恒定电压输入下车辆的速度响应。

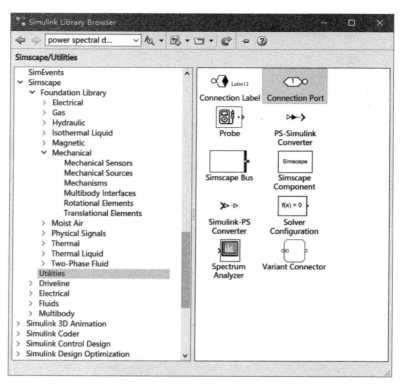

图 A-37 Simscape 的端口模块

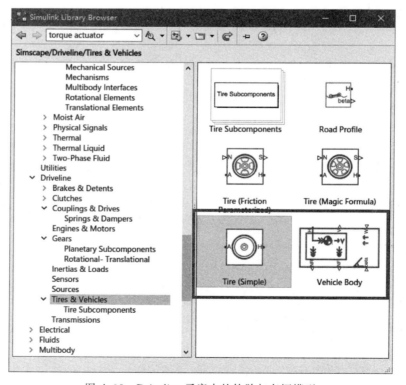

图 A-38 Driveline 子库中的轮胎与车辆模型

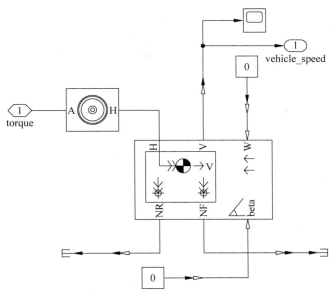

图 A-39 Vehicle 子系统

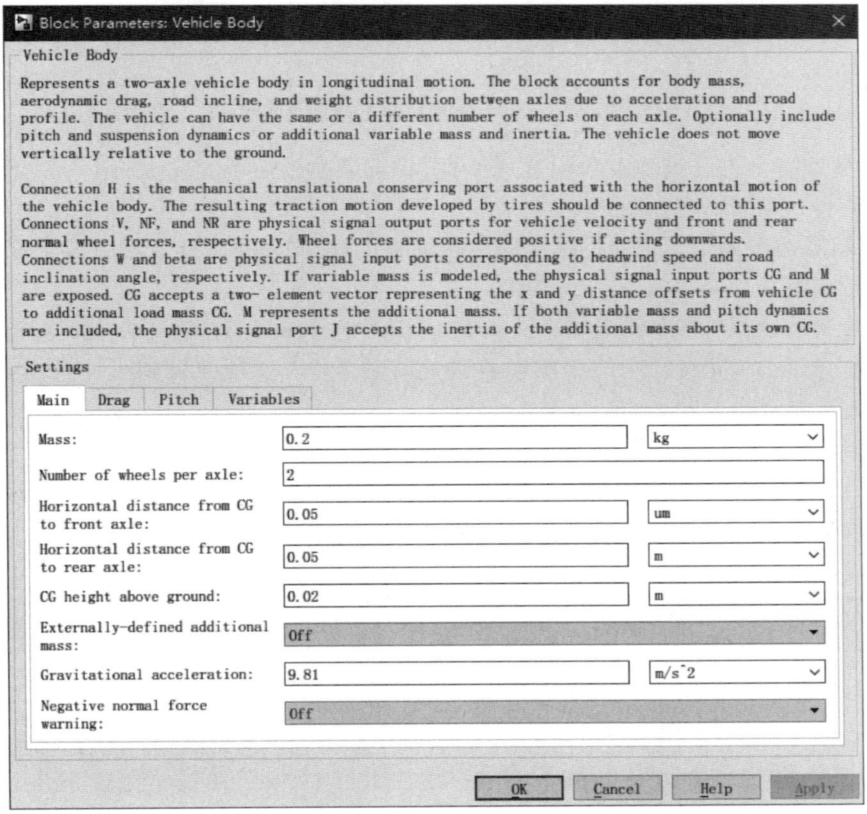

图 A-40 车辆参数设置

3. 控制器设计。控制器按照当前车速与设定的目标车速的差值,调整作用在直流电机上的电压,实现控制车速的目的。这里使用简单的 PI 控制器,参考模型如图 A-41 所示。其中 PID 控制器选择离散 PID 控制器。

图 A-41　PID 控制参考模型

模型中 Saturation 模块下限为 0,上限为 3.3,这是 51 单片机输出电压范围。顶层参考模型如图 A-42 所示。

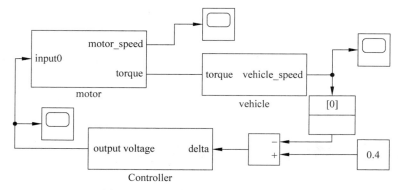

图 A-42　小车车速控制系统参考模型

4. 模型配置。打开模型参数配置对话框,将求解器设置为定步长,求解器类型和步长可以由系统自动配置,不做修改。

5. 控制器参数调节。PID 控制器模块默认的比例、积分和微分常数分别为 1、1、0,需要进一步进行调整。

比例控制器比例系数的确定方法:假设车速偏差 0.4m/s 时,需要控制器输出最大电压 3.3V,因此 1m/s 的偏差对应的比例增益常数就是 8.25,这样就得到了比例常数的初值。然后根据仿真结果进一步调整。

请根据 PI 常数调整过程,填写表 A-2。最终要求调整到系统响应时间小于 0.5s,稳态误差小于 ±0.02m/s。调整顺序为首先初步确定比例常数,其次修改积分常数,最后根据结果进行微调。

表 A-2　PID 常数调整记录表

序号	比例常数 P	积分常数 I	系统响应时间	稳态误差	控制效果
1	8.25	1			
2					
3					
4					
5					

注:1. 响应时间和稳态误差的填写不用非常准确,可以在示波器中通过坐标定位的方式读取。
　　2. 控制效果的描述可以使用诸如响应速度慢、振荡较大、稳定性差等语句进行描述。

三、实验结果总结

请根据 PI 控制器常数的调整过程,总结比例控制器与积分控制器对控制效果的影响规律,回答以下问题。

1. 比例控制器常数 P 增大有何作用?太大的 P 会导致什么问题?
2. 积分控制器常数 I 增大有何作用?太大的 I 会导致什么问题?
3. 尝试增加微分系数,并调整其大小,观察控制效果,并描述微分常数对控制效果的影响。

上机实验六　需求管理与电驱小车控制器测试

一、上机目的

1. 掌握需求管理器的使用方法；
2. 了解系统测试的目的和意义；
3. 掌握模块测试的方法和工具；
4. 了解覆盖度测试的目的和意义；
5. 掌握覆盖度测试的方法和工具。

二、需求分析

需求是设计的来源，需求应该回答"要做什么"的问题，而设计是根据需求解决"怎么做"的问题。需求通常分为性能需求、功能需求和安全需求三大类。性能需求可以是系统控制器实现的具体性能指标，如响应时间、超调量和稳态误差，也可以是被控对象需要满足的技术指标。安全需求往往是指控制系统需要满足的各种约束条件。而功能需求是指系统输入与输出之间需要满足的因果关系。

请分析电驱小车控制器应当满足的需求，并列入表 A-3 中（至少两条）。

表 A-3　电驱小车控制器需求分析

序　号	需　求　说　明

三、上机任务一

根据电驱小车控制器的需求分析，使用 Requirements 编写小车的需求文档，并将其链接到控制器模型。注意，如果之前设计的控制器不能满足某项需求，则需要对控制器进行修改以满足该需求。

具体操作提示如下：

1. 打开电驱小车仿真模型，调入模型参数文件到工作区。

2. 在 APP 中找到 Requirements Manager,单击打开需求管理器。

3. 在需求管理器的菜单栏中单击 New Requirement Set 按钮,新建一个需求集,并命名。

4. 单击 Add Requirement,添加一个需求到新建的需求集。在 Detail 面板中输入该需求的详细信息。

5. 在需求编辑器中编辑拟好的各项需求,并将其链接到相应的模型(先在模型窗口点选相应的模型,然后回到需求编辑器,在其菜单栏中单击 Add Link 即可,也可以直接拖动某一项需求到模型窗口中的某个模块上)。

四、上机任务二

完成控制器的模块测试。Simulink 提供的 TEST 工具箱可以创建一个独立于模型之外的测试框架(Test Harness,也译为测试环境)。它可以为需要测试的模型或者子模块建立独立的输入、输出和验证环境。通过这个工具,用户可以将需要测试的子模块从模型中隔离出来完成单元测试;也可以在测试框架中为需要测试的控制器添加被控对象的模型,进而创建出一个闭环测试的场景。测试所添加的模块不会出现在主模型中,从而保持了主模型的"清洁"。

操作步骤和提示:

1. 单击菜单栏的 APP 菜单,找到 Simulink Test,单击打开 Test 工具箱。

2. 鼠标点选模型中的 Controller 子模块,在 Test 的菜单栏中单击 Add Test Harness,打开测试框架的创建窗口,如图 A-43 所示。

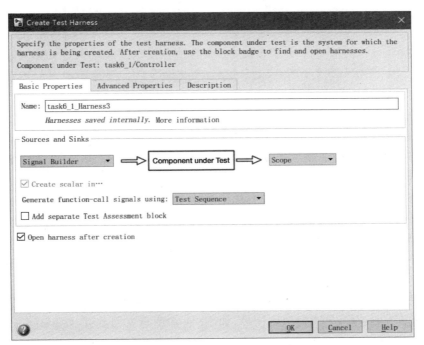

图 A-43 创建测试框架

3. 在 Sources and Sinks 标签下选择某种输入信号类型和输出信号类型，单击 OK 按钮，即可创建控制器子模块的测试框架。创建好的测试框架示例如图 A-44 所示。

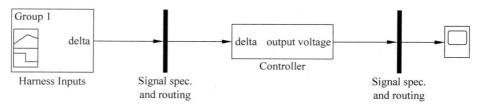

图 A-44　Controller 子模块的测试框架

4. 根据需求分析设计输入信号，然后运行该测试用例，观察模块输入结果是否满足设计要求。设计好的测试框架可以单击"保存"按钮保存在模型文件中，通过 Manager Test Harnesses 按钮可以打开测试框架管理器，查看和调取设计好的测试框架，如图 A-45 所示。在此界面中也可以将设计好的测试框架输出为外部文件。

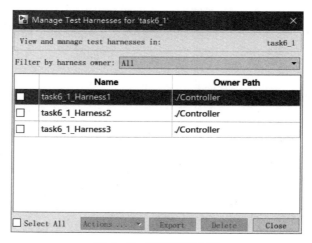

图 A-45　测试框架管理

5. 在 Harness 菜单栏中单击 Simulink Test Manager 按钮，打开测试管理器。单击菜单栏中的 New，新建一个 Test File，保存文件名为 test1。此时新建了一个新的测试文件，如图 A-46 所示。

6. 在 New Test Case 1 的标签下找到 SYSTEM UNDER TEST，单击 Use current model 按钮（图 A-46 中框中的按钮）。再单击 TEST HARNESS，在其下拉菜单中选择之前设计好的测试框架。

7. 单击 INPUTS 标签，在其标签下可以设置输入信号，也可以从 mat 文件中读取输入信号。

8. 单击 SIMULINK OUTPUTS 标签，在其标签下单击 Add，在模型中选择输出信号的信号线，并在弹出的菜单中勾选该信号，如图 A-47 所示。回到 Test Manager 窗口，单击 Done 按钮，完成输出信号的选择。

9. 单击菜单栏中的 Run 运行该测试用例，并查看测试结果。

上机实验六 需求管理与电驱小车控制器测试

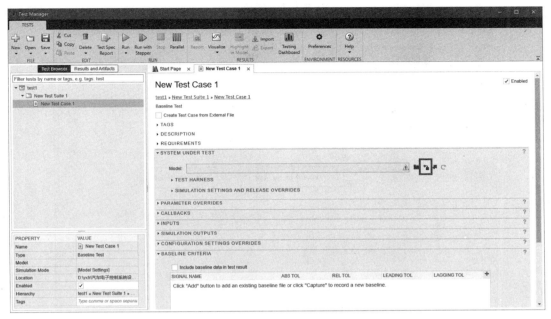

图 A-46 新建测试文件

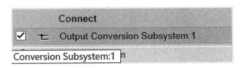

图 A-47 选择输出信号

五、上机任务三

使用 Test Sequence 构建图 A-48 所示模型的测试框架。

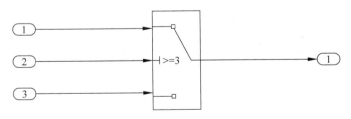

图 A-48 需要进行测试的模型

操作步骤：

1. 按照图 A-48 所示构建系统模型。完成后打开 TEST,新建一个测试框架（Add Test Harness）。

2. 在 Source and Sinks 标签下选择输入信号为 Test Sequence,再勾选 Add separate Test Assessment block 选项,如图 A-49 所示。

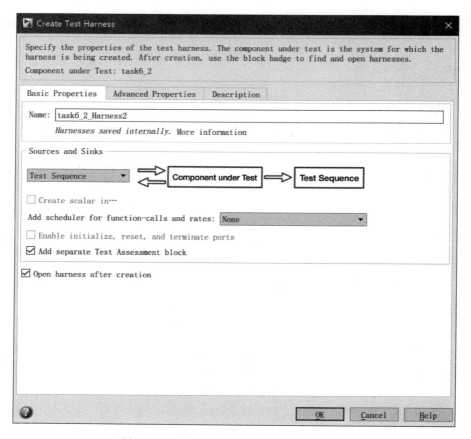

图 A-49　选择 Test Sequence 构建测试框架

3. 单击 OK 按钮，关闭该对话框，弹出新建的测试框架，如图 A-50 所示。

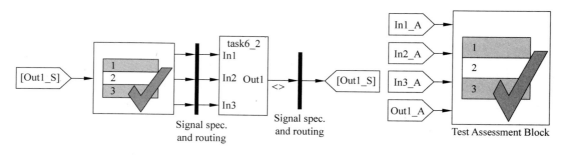

图 A-50　新建的测试框架

4. 双击测试框架中的 Test Sequence，打开测试流程编辑器，编辑信号的初始值，如图 A-51 所示。

5. 在 Transition 单元中添加一个 transition，输入代码为 after(2,sec)。此时会自动添加一个 Step_1。该语句表示在 2s 后执行 Step_1 的程序。

6. 编辑 Sep_1 需要执行的语句。最终效果如图 A-52 所示。

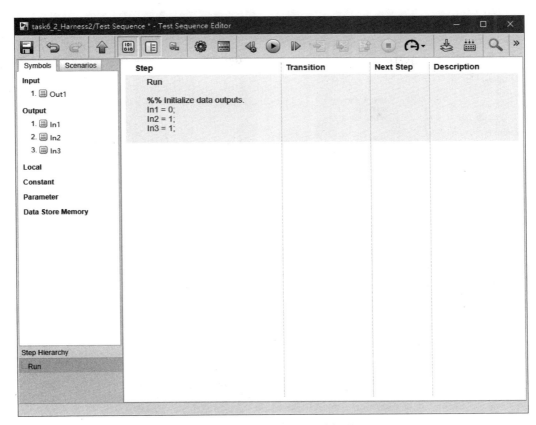

图 A-51　Test Sequence 编辑器

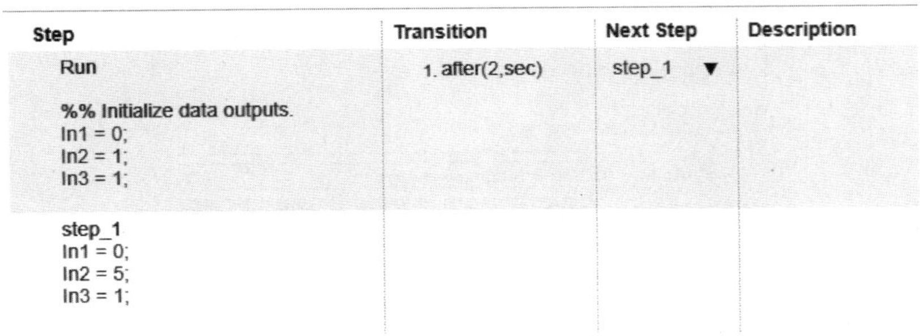

图 A-52　输入信号的测试程序

7. 回到测试框架，双击 Test Assessment Block 模块，打开测试评估模块。编写测试评估程序。测试评估程序示例如图 A-53 所示。

8. 测试程序编写完毕后，单击 Run 按钮，运行测试程序。若某项测试步骤没有通过验证，Diagnostic Viewer 会给出警告信息。

9. 将测试框架链接到需求。在右键菜单中选择 Requirements→Open Outgoing Links Dialog，打开导出链接对话框，单击 New，选择相应的需求集合即可，如图 A-54 所示。

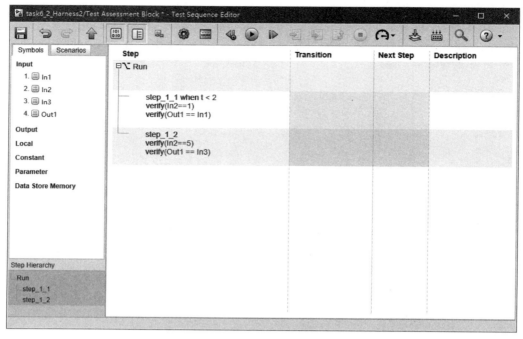

图 A-53 测试评估程序

图 A-54 将测试框架链接到需求

六、将需求链接到测试用例上

通过 Test Manager 可以将需求链接到测试用例上,还可以查看每个需求实现的进度,显示验证状态以及需求是否通过了测试。

操作步骤：

1. 打开需求管理器。
2. 打开需求文档。
3. 鼠标右键单击某条需求，在右键菜单中选择 Link from Selected Test Case 即可。链接好的需求可以在 Details 面板最下端看到，如图 A-55 所示。图中单击每条需求，都可以显示该需求被验证的情况。

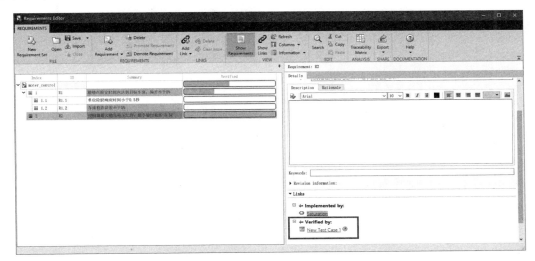

图 A-55　链接需求到测试用例

4. 回到 Test Manager 界面，运行测试用例，在 Results and Artifacts 标签下会显示测试是否通过。在需求管理器界面中，单击菜单栏 Columns→Verification Status，可以显示该需求被验证的情况。

七、上机任务四

将电驱小车控制器的需求链接到设计好的测试用例上，并查看需求验证的情况。

八、覆盖度测试

覆盖度测试是通过分析模型的执行情况来确定模型和生成的代码的测试工作是否完整。Test Manager 会收集每个测试的覆盖度，还可以验证覆盖率的结果是否跟踪到特定的需求。

九、上机任务五

对电驱小车控制器进行覆盖度分析，并修改测试模型，完成覆盖度测试。

操作步骤和提示：

1. 打开 Coverage Analyzer(在 APP 中可以找到)。

2. 在菜单栏中单击 Coverage On。

3. 单击 Settings，在 Coverage 标签下勾选 Enable coverage analysis，然后勾选 Subsystem 选项；单击 Select Subsystems，选择需要进行覆盖度分析的子系统，这里选择 Controller。关闭该窗口。

4. 单击菜单栏的 Analyze Coverage 执行分析，执行完毕后会给出详细的覆盖度测试报告。未覆盖的模块将以高亮显示。

上机实验七　电驱小车控制器的软件在环仿真

一、上机目的

1. 理解软件在环仿真与处理器在环仿真的作用、区别；
2. 了解软件在环仿真与处理器在环仿真的原理；
3. 掌握软件在环仿真的方法。

二、进行软件在环仿真的目的

当模型算法开发和验证完毕后，我们可以使用自动代码生成工具从模型产生 C 代码。通常代码生成工具是通过认证并值得信任的，但是并不能完全保证其不会在生成过程中出错，比如在定制化的代码生成过程用户可能会引入一些错误。我们必须确保生成的代码与模型算法的一致性，因此进行软件在环仿真是必要的。

三、软件在环与处理器在环仿真的原理

软件在环仿真（SIL）和处理器在环仿真（PIL）将顶层模型或者模型中的一部分编译后生成代码，用于测试模型与生成的代码在数值上的等效性，检查代码测试的覆盖率，以尽早测试和修复错误。SIL 仿真是针对开发计算机编译生成代码；PIL 是在开发计算机上交叉编译，针对目标控制器生成代码，并下载到目标硬件（不一定是实际控制器，也可以用其他硬件替代）中运行。

在 SIL 或者 PIL 仿真时，Simulink 将在每个采样间隔通过通信的信道（I/O 接口）向目标计算机或者目标硬件发送激励信号；当计算机或者目标硬件接收到 Simulink 的激励信号时，处理器就执行一次 SIL 或者 PIL 的运算，执行时间为该运算器的采样步长。然后 SIL 或者 PIL 再通过通信信道将计算结果发送给 Simulink。这就完成了一个采样周期。此过程不断重复，仿真不断进行。总之，SIL 和 PIL 并不是完全实时运行，Simulink 与目标代码之间会通过信道交换数据。

SIL 仿真过程，生成的代码作为独立进程在 MATLAB 进程之外运行，但是仍然运行在开发计算机上，而 PIL 仿真时，生成的目标代码是在目标处理器或者仿真器上执行的。

本实验进行 SIL 仿真和验证。硬件在环仿真 PIL 由于需要目标硬件支持，而读者可能获取的硬件各不相同，不具备通用性，因此此处不做实验操作的示例。MATLAB/Simulink 支持的硬件在其官网上有详细的列表，读者可以自行查看和选用。

四、电驱小车控制器的代码生成与 SIL 验证

操作步骤：

1. 将经过模型在环仿真验证后的电驱小车模型另存到新的目录下，文件名为 task7_1.slx。注意：该目录的工作路径不能包含特殊字符或者汉字，否则编译会出错。

2. 设置代码生成的对象。打开模型参数配置窗口：单击菜单栏中的 Model Settings 按钮。单击 Code Generation 标签，在 Target Selection 中单击 Browse 按钮选择系统目标文件（System target file）为 ert.tlc，生成代码的语言为 C 语言。

3. 设置验证方式。单击左侧窗口中的 Verification 标签，在右侧主窗口中勾选 Enable portable word sizes 选项，再打开 Advanced parameters 设置窗口，在下拉菜单中选择生成 SIL 模块，如图 A-56 所示。

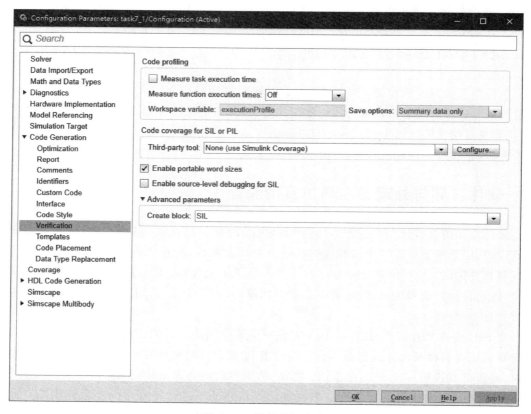

图 A-56　设置验证方式

4. 设置目标操作系统。单击 Templates 标签，在右侧勾选 Generate an example main program，然后在 Target operation system 的下拉菜单中选择 BareBoardExample 或者 VxWorksExample，单击 OK 按钮关闭该窗口，回到模型窗口。

5. 代码生成。在工作空间导入模型参数。在电驱小车控制器子模块的右键菜单中选择 C/C++ Ccode→Build This Subsystem，弹出可调整参数确认的对话框，在此对话框中可

以选择 PI 控制器的 K_i 和 K_p 参数的类型，这里暂时不做修改，默认该变量为 inlined。单击 Build 按钮，编译完成后会生成一个新的模型文件，其中只有一个模块，这就是生成的 SIL 模块，如图 A-57 所示。

图 A-57 生成的 SIL 模块

在工作目录下会生成一个新的文件夹 controller_ert_rtw，此目录下包含了生成的 C 文件，读者可以自行浏览。

6．SIL 验证。将 SIL 模块复制到模型中，让两个控制器输入相同的信号，输出信号送入比较器，最后使用示波器观察比较结果。模型连接如图 A-58 所示。运行该模型，观察比较器的输出是否为零，若输出为零则测试通过。如果有 Simulink Coverage 工具箱，则会给出覆盖度测试报告。

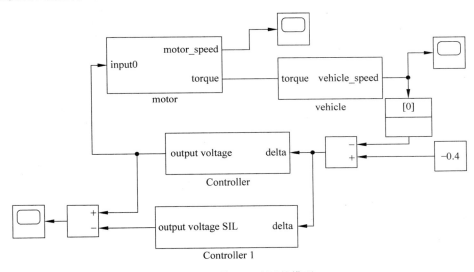

图 A-58 做 SIL 验证的模型

五、课后练习

请使用实验六中设计的测试框架，调用你设计的测试案例进行 SIL 测试和验证。